KB193987

시민사회 속의 기독교회

NGO를 통한 선교와 교회

모든 인간은 하나님의 형상을 닮은 존엄한 존재입니다. 전 세계의 모든 사람들은 인종, 민족, 피부색, 문화, 언어에 관계없이 존귀합니다. 예영커뮤니케이션은 이러한 정신에 근거해 모든 인간이 존귀한 삶을 사는데 필요한 지식과 문화를 예수 그리스도의 사랑으로 보급함으로써 우리가 속한 사회에 기여하고자 합니다.

목회사회학연구신서 2

시민사회 속의 기독교회

엮은이 · 조성돈 · 정재영 ‖ 펴낸이 · 김승태

초판 1쇄 찍은 날 · 2008년 1월 25일 ‖ 초판 1쇄 펴낸 날 · 2008년 1월 28일

편집 · 김지인 ‖ 본문편집디자인 · 김선영

표지 디자인 · 박한나

영업 · 변미영, 장완철 ‖ 물류 · 조용환, 엄인휘

등록번호 · 제2-1349호(1992. 3. 31) ‖ 펴낸 곳 · 예영커뮤니케이션

주소 · (110-616) 서울시 성북구 성북1동 179-56 ‖ 홈페이지 www.jeyoung.com

출판사업부 · T. (02)766-8931, F. (02)766-8934 e-mail: edit1@jeyoung.com

출판유통사업부 · T. (02)766-7912 F.(02)766-8934 e-mail: sales@jeyoung.com

Copyright ⓒ 2008, 목회사회학연구소

ISBN 978-89-8350-467-8(03230)

값 10,000원

♣ 이 책에 수록된 논문들은 굿미션네트워크의 지원에 의해 쓰여겼습니다.

목회사회학연구신서 2

시민사회 속의 기독교회

NGO를 통한 선교와 교회

굿미션네트워크 편

조성돈·정재영 편집

예영커뮤니케이션

머리말

    대한민국에서 이제 '시민사회'라는 말은 그리 낯설지 않은 단어가 되었다. 1987년 민주화 이후 분권화된 권력의 상징은 시민사회의 발전으로 나타났다고 할 수 있다. 이제 시민사회는 제3섹터라는 이야기를 듣고 있다. 그것은 국가라고 하는 제1섹터, 그리고 영리활동의 경제 분야의 제2섹터에 버금가는 사회적 제도가 되었음을 의미한다. 이러한 중요성은 점점 더 강조되어지고 있다. 그러나 과거에는 시민사회를 통한 시민운동이 정치적 의미로 많이 이해되었다. 특히 몇몇 운동가들에 의해 이끌어지는 운동의 형식은 시민이 없는 시민사회라는 지적을 받기도 했다.

    그러나 최근에 시민운동은 점점 지역화와 비정치화의 길을 가고 있다. 그러면서 대중성을 확보하고 시민들의 참여가 활발하게 일어나고 있다. 거기에는 시민운동이 그 주제를 다양하게 넓히고 있는데 기인하고 있다. 이제 정치적인 주제만이 아니라 생활 주변의 일들에 대해서, 그리고 다양한 형태의 봉사에 대해서 관심을 가지고 자발적인 시민의 참여를 이끌고 있는 것이다.

2007년 한국교회는 심각한 도전 앞에 섰다. 아프가니스탄 피랍사태로 나타난 한국사회의 교회에 대한 반감이다. 우리가 경험했던 바와 같이 그것은 심각의 수준을 넘어 위기로 나타났다. 많은 목회자들이나 교인들이 정말 한국교회가 그렇게까지 반사회적인 모습을 가지고 있었는가에 대해 미처 몰랐던 것이다. 이러한 위기의식에서 교회는 사회와의 소통이 얼마나 중요한가에 대해서 자각을 하기 시작했다. 내 교회만 잘 되어 보겠다는 생각에서 벗어나서 이제 한국교회가 어떻게 이 사회에 봉사하고 이바지할 수 있을까에 대해 생각하게 된 것이다. 이러한 상황 속에서 시민사회단체(NGO) 운동에 대한 기대가 생겨났다. 그것은 시민사회를 통해 한국교회가 이 사회와 소통할 수 있는 통로를 가질 수 있지 않겠는가 하는 것이다.

이러한 상황 속에서 본서를 내게 된 것은 시기적절하다고 본다. 본서는 시민사회 속에서 교회가 어떠한 태도를 취해야 할 것인가에 대해서 생각해 보고 있다. 여기서 오해의 소지를 줄이기 위해 한 가지 개념적 설명을 하고 넘어가는 것이 좋을 듯싶다.

시민사회는 이미 위에서 사용했던 바와 같이 비영리단체로서 시민들이 자발 결사체로서의 의미를 가지고 있기도 하고 더 나아가서는 그러한 제 단체들이나 각 개인들의 참여를 전제로 하며 이를 통한 개인들의 의식 계발 및 참여 가능성을 열어 주는 선한 사회구조라고 할 수 있다. 이러한 의미에서

시민사회는 민주주의의 더 나은 형태로 볼 수 있다. (마이클 에드워즈: 시민사회)

본서는 그러면 이러한 시민사회 안에서 교회는 어떠한 태도를 취해야 할 것인가에 대해서 생각하고 있다. 그간 한국 교회의 논의는 기독교가 사회에 참여를 할 것인가에 대해 질문을 해 왔다. 그러다 보니 그 논의가 기독교와 사회의 이분법, 또는 기독교와 세상이라는 이분법에서 벗어나지 못했었다. 그러나 이제 그러한 논의를 넘어 시민사회라는 현 상황에서 교회가 무엇을 할 것인가에 대해 논의해 보고자 한다.

특히 시민과 제 단체들(NGO)의 참여를 전제로 하는 시민사회에서 교회가 교인들을 바른 시민으로 교육시키고 파송하며, 동시에 교회 자체가 NGO적인 역할을 감당하고 나아가서 기독 NGO들이 그 통로의 역할을 할 수 있는 데까지 나아갈 수 있도록 하는 것이 본서의 목적이다.

이러한 의도 속에서 본서는 신학자들과 사회학자들을 종합하여 시민사회와 하나님 나라에 대해서 논의를 해 보고, 현 상황의 분석과 교육 방법까지 고찰하고 있다. 여기서 더 나아가서 실제적으로 시민사회에 참여하고 있는 교회와 기독교 NGO를 조사하여 사례로 내어 놓고 있다. 그리고 그 교회와 단체에 참여하고 있는 개인들을 조사하여 그러한 운동과 신앙과 삶의 관계, 그리고 의식의 변화와 삶의 태도의 변화 등에 대해서 조사하였다.

한국교회에서 시민사회에 대해 이렇게 체계적으로 연구된 것은 없는 것으로 안다. 본서가 그 기초를 놓게 된 것에 대해서 기쁨과 함께 자부심을 가지게 되는 이유이다. 부디 이 책

을 통해 한국교회에서 NGO를 통한 선교에 대해서 그리고 시
민사회의 참여에 대해서 활발한 논의가 일어나기를 기대해
본다.

2008년 1월 28일
굿미션네트워크
회장 임태종

차례

종교와 시민사회

박영신 · 연세대학교 명예교수/사회학

1. 논의거리

'시민사회'에 대한 폭넓은 관심에도 불구하고 시민사회의
논의는 여전히 단순한 논의의 틀에서 벗어나지 못하고 있다.
'국가'와 '시장'과 구분되는 '시민사회', 이 세 영역의 관계를
둘러싼 문제에 초점을 맞추고자 하는 논의들이 주종을 이루
고 있다. 그 너머 더욱 깊은 수준으로 파고들어가고자 하는
논의는 눈에 띄지 않는다. 최근에 와서 좀 더 다양한 분석을
시도하는 논의가 있다고 해도 그것은 여전히 현상의 논의 수
준에 머물러 있다.

어쩌다 종교의 영역에까지 들어가 보려는 예외의 경우가
있기는 하다. 하지만 그것 역시 틀에 박힌 피상의 논의 수준
에서 맴돌고 있을 따름이다. 보기를 들어, 종교에 대한 관심
을 기울이겠다고 하는 논의도 주로 사회봉사활동을 벌이고

있는 종교 집단의 역할에 시선을 집중한다. 한편으로는 이해됨직하다. 조선 시대 말기 개신교의 선교 전략도 사회봉사와 밀접히 이어져 있었고(박영신, 1985 또는 1996) 이후 사회봉사의 제도화 과정에서도 기독교가 끼친 기여와 활동이 무시할 수 없을 만큼 엄청나기 때문이다.

그러나 종교와 시민사회에 대한 논의는 좀 더 깊은 데로 들어갈 필요가 있다. 봉사활동에 주목할 경우에도, 어떻게 해서 기독교가 이 영역에 일관된 관심을 두어 왔으며, 또 둘 수밖에 없었는지, 종교 지향성과 사회활동 사이의 관계에 대하여 논할 수 있어야 한다. 종교와 사회라는 두 영역의 관계는 단순히 우연이라고 할 수 없는 '의미의 관계'가 있기 때문이다. 시민사회에 대한 논의도 마찬가지이다. 시민사회는 어떤 '의미'의 틀에 의하여 자체의 정당성을 확보하여 시민사회다운 사회로 나아갈 수 있으며, 그 사회 구성원은 어떤 '의미'의 세계 안에서 시민다운 시민으로 살아갈 수 있는 것인가? 이와 같은 물음에 다가서려는 논의는 좀처럼 찾아보기 어려운 정황이다. 이 글은 이러한 물음에 답하고자 한다.

2. 종교의 문제

여기서 말하는 '의미'의 문제는 종교와 이어져 있다. 삶의 '의미 체계'를 제공해 주는 것은 종교이기 때문이다. 그러므로 시민사회의 의미 문제를 논하기 위해서도 종교의 영역과 만나야 한다. 이러한 논지는 곧바로 사방에서 쏘아댈 눈총을 받을 수 있다. 인간의 합리성으로 모든 것을 헤아리고 풀이할 수 있다고 믿고 있는 오늘날, 일찍이 이성에 의해 몰아냄을 당한 종교를 새삼 논의의 한가운데로 끌어들이는 것 그 자체가 지금껏 우쭐거려온 지식 행위의 자존심에 손상을 입힐 것이기 때문이다. 당연히 시민사회에 대한 논의를 종교에 이어보겠다고 하는 것은 몹시 어색하고 도무지 사리에 맞지 않는 것처럼 들릴뿐더러, 합리성이라는 무기로 모든 것을 다스릴 수 있다고 확신해 온 오늘의 지식 세계에게는 무척이나 거북스럽게 느껴지게 될 것이다.

이러한 생각의 맥락에서, 곧바로 떠오르는 인물 하나가 있다. 합리성과 '대화'의 문제를 끌어낸 독일의 철학자 하버마스이다. 시민사회를 논할 때면 수많은 논자들이 거의 빼놓지 않고 그의 이름과 생각을 들먹일 만큼 그는 탁월한 사상가로 올라서 있다. 인간의 이성을 높이 치켜세우고자 하는 그에게 종교란 오늘의 삶에서 별다른 적절성을 행사하지 못하고 있는 지난 시대의 유물이자 시대에 뒤떨어진 낡은 문화물일 따름이다. 사실상 계몽주의 이후 종교를 겨냥한 여러 갈래의 비판은 예외 없이 이러한 종교 이해에 머물러 있다. 모든 것을 인간의 이성으로 해결해야 하고 또 해결할 수 있다는 입장이기에 그러하다. 그는 오직 이성의 힘으로 삶의 모든 조건을 더욱 합리화해 가고자 한다(Habermas, 1987). 그리하여 종교는 아예 떨쳐버려야 할 대상이다. 적어도 지난날의 하버마스가 남긴 사회 이론에서는.[1]

---

[1] 하버마스가 요제프 라칭거 추기경이 교황에 취임하기 한 해 전인 2004년 그와 생각을 나눴던 내용이 책으로 엮어 나왔는데(Jurgen Habermas

그러나 이 생각에는 애매함과 불투명함이 있다. 이성을 누구보다 강조하고 있는 하버마스조차도 이성이 이룩해 놓은 '근대'를 완전무결한 이성의 형상물이라고 생각하지 않는다. 인간이 지켜가야 할 '삶의 세계'를 짓누르며 뒤틀어놓고 있는, 참으로 건조하기 이를 데 없는 '정치 체제'와 '경제 체제'가 기승을 부리고 있고 그 소용돌이 속에서 참된 삶이 제 모습을 잃어버리고 이렇게 저렇게 뒤틀리고 비뚤어지고 있기 때문이다. 그가 말하는 '근대의 왜곡'이다. 이 문제를 어떻게 해결할 것인가? 이성을 구가하던 근대가 이렇듯 왜곡된 삶을 낳았다면 그 이성을 더 확장한다고 해서 삶의 왜곡을 바로잡아 그가 강조하는 '삶의 세계'를 살릴 수 있는 것인가? 이에 대한 해결의 방도가 명쾌하지 않고 그 설득의 힘도 충분하지 않다.

정확히 말하면 '삶의 세계'는 근대로부터 끌어낼 수 있는 것도 아니고 근대의 자원으로 만들어 낼 수 있는 것도 아니다. 그것은 오랜 전통과 이어져 있는 세계이고, 종교의 의미 세계와 맞물려 있는 세계이다. 물론 그 종교는 지난날의 틀로 복귀하거나 그 틀을 재생하는 것을 뜻하지 않는다. 여기서 말하는 종교는 계몽주의 이후 이성이 던지는 물음에 계속 귀를 막은 채 자기의 울타리 안에 스스로 감금되어 있는 것이 아니라, 이성이 던지는 물음에 끝없이 귀를 열어 두고자 하는 의미 추구의 세계를 가리킨다. 이것은 고유한

/Joseph Ratzinger, 2006), 여기에서 하버마스는 종교에 대하여 한층 열린 태도를 보여 주고 있다. 이것은 중요하다. 그 이전의 생각과 비교가 되기 때문이다. 이에 대한 나의 생각을 곧 글로 발표하고자 한다.

종교의 영역을 포기하자는 것도 아니며, 이성의 지배 아래로 들어가 그 안에서 연명해 가자는 것도 아니다. 떨쳐낼 수 없는 삶의 부분이자 삶의 밑바탕으로 존속해 오고 있고 또 존속할 수밖에 없는 삶의 영역을 가리킨다. 인간이란 그 누구도 삶의 '의미' 문제를 저버리지 못하기 때문이다. 근대를 지배하는 삶의 영역이 넓어지면 넓어질수록 종교의 영역은 줄어들 수밖에 없다는 단순 논리는 전혀 사실과 맞지 않고 차라리 사실에 어긋나고 있다. 원시 시대의 삶의 상황에서도 그리고 근대의 극대화를 누리게 된 오늘날의 삶의 상황에서도 궁극의 의미를 마련해 주는 종교의 기능은 한결같고, 그 힘은 삶 속에 언제나 '충만'해 있다. 역사에서 읽을 수 있는 바와 같이, 종교의 상징과 조직과 행동 지향성은 언제나 바뀔 수 있다. 하지만 종교를 떠받들고 있는 궁극의 의미 세계와 관심은 어떤 가감도 없이 변하지 않고 인간의 삶과 함께 그대로 남아 있다. 인간이 목석으로 둔갑하거나 생명 없는 기계로 전락하기 전에는, 바꾸어 말해 인간이 인간으로 남아 있는 한에는 궁극의 의미 세계에 대한 관심을 저버리지 못한다. 이 점은 근대를 이룩한 근대인에게도 꼭 같이 적용되는 인간의 조건 상황이며 삶의 정황이다. 벨라(1982: 29-30)의 말로 인간은 '종교 인간'(homo religious)이며, 종교 인간으로서의 인간의 모습은 어느 시대 어느 공간에서도 떨쳐버릴 수 없는 인간 존재의 특성이다.

그러므로 하버마스가 말하는바 뒤틀려 짓눌리고 있는 '삶의 세계'를 되살리기 위해서는 삶의 의미를 자아내었던 종교의 전통과 만나지 않을 수 없으며, 삶의 의미를 찾고 그 의미의 틀에 기대어 살아가는 '종교 인간'의 삶을 논구하지 않을 수 없다. 근대가 만들어놓은 어두운 체제 밑에서 삶은 구겨질 대로 구겨져 오직 이웃을 잃은 채 자기의 이익과 편리만을 추구한다. 잔인한 시대의 삶의 정황이다. 그렇다고 해서 근대의 모순 속에 삶을 내맡길 것은 더욱이 아니다. 자기중심의 계산과 타산에 터한 삶 그 너머 이웃 일반과 함께 삶에 참여하는 공동체의 결속 관계를 새롭게 다져갈 수 있어야 한다. 이러한 생각의 줄기에서 벨라는 하버마스의 '근대 계획'을 받아들이지 못하며 '이성의 절대화'를 신뢰하지 못한다. 삶이 갈기갈기 찢기어 고립과 이기성과 소외의 세계를 낳고 있는 '근대의 왜곡'을 바꿔 바로잡기 위해서는 깊은 수준에서 공동체의 결속 관계를 떠받쳐주는 종교의 세계와 새삼 만나야 한다.(Bellah, 2006: 107-122)

3. 종교와 사회 관심

종교에 대한 사회(과)학의 이해는 사회 이전으로 거슬러가지 못한다. 종교가 인간의 삶과 이어져 있고 그 삶의 의미 세계를 담당하고 있는 한 종교에 대한 논의는 인간들이 함께 모여 사는 그 사회로부터 시작할 수밖에 없다. 사회의 실체가 드러나는 바로 그 어디에서, 삶에 일정한 의미를 주고 그 의미 안에서 삶을 엮어간 의미 세계가 나타났고 그 의미의 세계에 어울리고 그 의미를 나타내는 종교 의례가 행해졌다는 뜻이다. 이러한 뜻에서 사회와 종교는 역사의 처음부터 함께 숨 쉬고 있었으며 그 오랜 삶의 역사를 함께 움직여 왔다고 할 수 있다.

종교는 원래 가족 중심이었다. 삶의 단위가 가족이었고 종교의 관심 영역이 가족 안에 갇혀 있었다. 애초부터 인간은 선택의 기회를 누리지 못하였다. 가족이라는 집단 속으로 태어났을 뿐이다. 자신이 누구인지를 확인하는 것도 그 개인이 태어난 가족 안에서 가능하였다. 출발의 거점이 개인이 아닌 가족이라는 집단이었다. 그 속에서 자기 식구들과 함께 살았으며, 그렇게 살아가는 동안 자기의 모습도 익힐 수 있었다. 집안의 어른이 세상을 떠나게 되면 그는 집안 식구들과 함께 먼저 떠난 조상을 기리는 종교 의례에 참여하여, 자신도 그 가족의 구성원이라는 것을 확인하고 자기 집안과의 결속을 굳혀갈 수도 있었다. 가족 구성원들에게 죽은 선조는 신앙의 대상이었고 집안의 어른은 종교 의례를 집행하는 제사장이었다. 이러한 의례 때문에 한 집안에 속한 사람과 그 집안에 속하지 않은 사람이 구별되었다. 이러한 과정을 밟으면서 가족은 자체의 뚜렷한 의미를 획득하였고 개인도 자기의 모습과 됨됨이를 굳혀갔다. 가족이 최초의 사회 형태로 역사 속에 그 모습을 드러내기에 이른 과정이었다(Fustel de Coulanges, 1980: 1부, 2부 1-8장).

중국의 종교에 뿌리를 둔 우리 전래의 조상 숭배 의식을 보아도 마찬가지이다. 종교는 가족의 존속과 결속에 의미의 틀을 마련해 주는 기능을 수행하였다. 삶의 관심도 자연히 가족의 결속과 지속성 및 그 확장에 머물러 있었다. 죽은 선조는 살아있는 후손으로부터 제사를 받는 한편, 살아있는 후손은 죽은 선조의 보호를 받는다는 조상 숭배의 의식이 제도화되면서 그것은 곧 신앙의 체계로 굳어지게 되었다. 전래되

는 종교마다 특수한 점이 없지는 않았지만 조상과 후손 사이
의 관계를 강조하고 혈연의 관계를 강화시켜 왔다는 점에서
는 모두 같았다. 유교를 받아들인 이후에는 이러한 조상 숭
배가 더욱 공식화하고 체계화한 형식을 갖추기에 이르렀을
뿐이다(최길성, 1986: 17-31). 조상 숭배와 같은 의례를 통
하여 가족이나 친족 구성원은 자기가 속한 가족이나 친족 집
단의 결속 관계를 확인하고 그러한 관계의 중요성을 강화할
수 있게 되었다. 가족 중심의 의미 체계를 제공해 준 것은 종
교의 기여였다.
　이후 서구 사회의 종교와 제도는 특별한 방식으로 변화의
과정을 밟는다. 국가의 등장과 함께 가족에 대한 관심과 헌
신의 요구는 그 독점의 자리를 잃게 되고 그 관심과 헌신의
도도 약화되었다. 작은 친족 집단이라는 사회 단위에서 권위
를 행사해 온 집안의 '아버지'라는 우두머리처럼, 국가의 통
치자들은 '국가의 아버지'로서 권위를 행사하고자 하였다. 이
제 종교는 더 이상 작은 가족 단위의 존속과 복리라는 좁은
관심의 영역 안에 머물러 있을 수 없었다. 종교는 가족 단위
를 넘어 국가라는 더욱 넓은 단위의 안정과 번영에 관심과
헌신을 쏟는 기능을 맡아야 했다. 이러한 요구에 따라 종교
의례도 바뀌었다. 혈연에 터한 가족이나 친족 집단을 단위로
하여 베풀었던 종교 의례와는 달리, 국가 구성원 모두를 한
덩어리로 묶어 모을 수 있는 국가 단위의 종교 의례로 확장
되어야 했다. 당연히 의례의 공간도 가족의 울타리를 벗어나
서 국가의 신전으로 옮겨갔다(Fustel de Coulanges, 1980:
132-137; Weber, 1958: 94-98; 박영신, 1987: 29-30).[2]

---

2) 신약의 세계를 사회학으로 풀이하면서 이와 같은 점을 강조하고 있는 글

가족 단위로 예배를 보는 의례의 관행이 완전히 사라지지는 않았지만 종교 의례가 더 이상 가족 단위 안에 머물러 있을 수 없었다. 도시의 구성원 모두가 참여하는 국가 수준의 제사와 예배의 의례를 필요로 했기 때문이다. 도시 국가의 신전은 도시 국가의 결속을 강화시켜주는 종교 의례의 공간이었다.

종교 의례의 집례자도 아버지로부터 통치자인 왕으로 바뀌었다. 조상을 기리는 자기 가족 중심의 종교 의례에 참여하고 참여하지 못하는 것을 기준으로 삼아 가족 구성원의 자격이 결정되던 관행으로부터 벗어나, 국가 단위로 행한 종교 의례에 참여하고 참여하지 못하는 것을 기준으로 도시민의 자격이 결정되는 법과 제도가 나타나기 시작하였다(Fustel de Coulanges, 1980: 특히 185-190). 종교는 국가 중심의 의식 세계에 어울리는 새로운 '의미의 체계'를 발전했다.

기독교의 등장은 위에 든 가족 중심의 의미 틀과 국가 중심의 의미 틀이 행사해왔던 종교 지향성을 허물어뜨린 새로운 의미 체계의 탄생을 뜻하였다. 더 이상 가족이나 친족이 절대의 관심 세계일 수 없었으며 국가와 민족 또한 절대의 헌신 대상일 수 없었다. 기독교는 가족 단위이든 국가 단위이든 그것이 삶의 족쇄가 될 수 없다는 새로운 의미의 세계를 선포하였다. 가족의 이익과 복리에 모든 관심을 집중시켜서도 안 되며 국가의 결속과 목표에 모든 에너지를 쏟아 부어서도 안 된다는, 그야말로 세상을 뿌리째 새로 보는 급진의 의미 체계였다. 기독교는 가족 중심의 혈연관계와도 상관없고 인종과 국가의 구분과도 무관한 인간 일반에 대한 관심

(Kee, 1980: 4장)도 볼 것.

과 보살핌을 강조하는 삶의 지향성을 강조하고 나왔던 것이다.

'선한 사마리아인'이 바로 이러한 삶의 의미와 지향성을 가리켰다. 기독교는 참다운 '이웃'의 이미지를 설정한다. '선한 사마리아인'의 이야기는 거의 죽게 된 사람을 보고도 옆으로 피해 가는 사람들과는 달리 그 사람을 보고 '불쌍히 여겨' 그에게 다가가서 상처를 싸매주고 돌보는 삶을 모범으로 그려 놓고 있다(박영신, 2007).3) 기독교의 의미 체계 안에서는 더 이상 혈연의 울타리가 중요하지 않으며 인종과 국가의 담벼락과 사회 신분의 칸막이가 전혀 중요하지 않았다. 이 의미의 체계는 사회의 모든 구획과 모든 담벼락을 넘어설 수 있는 변형의 가능성을 불어넣어 그러한 삶을 실행해야 한다고 가르쳤다.

사회학의 창건자 막스 베버는 이 점에 특히 주목했다. 그는 바울이 갈라디아 교회에 보낸 편지에서(갈 3: 28) "너희는 유대인이나 헬라인이나 종이나 자유인이나 남자나 여자 없이 다 그리스도 예수 안에서 하나이니라"고 한 것을 따오기까지 하였다(Weber, 1958: 98). 현존하는 사회 신분상의 차별은 그리스도 예수 안에서 무참히 무너질 것이었다. 실제로 사회의 구분이나 차별 없이 모두가 이 종교에서 가장 강조하는 성만찬이라는 종교 의례에 함께 참여할 수 있었다.

이것은 특별한 뜻을 가지고 있었다. 기독교는 오랫동안 혈연에 따라 오직 가족 구성원만이 종교 의례에 참여할 수 있

---

3) 이러한 주제와 이어지는 논의도 볼 것(박영신, 1999; 박영신/정재영, 2006: 1부 4장, 2부 3장, 박 영신, 2006). 아담 스미스가(Smith, 1976) 말하는 '동감'(sympathy)은 이러한 점을 사회과학의 붓으로 이론화한 것이라고도 볼 수 있다.

었던 의례 참여의 불평등성을 허물어뜨렸고, 나아가 국가에 속한 국가 구성원만이 종교 의례에 참여할 수 있었던 의례 참여의 불평등성도 무너뜨렸다. 이 종교는 어떤 배타성도 용인하지 않았다. 2천 년 전의 사회 신분이 가하는 제약은 가히 상상하기도 어려울 만큼 엄격하고 경직된 것이었지만 그것마저도 기독교의 신앙 밑에서 무력화되고 말았다. 그리스도 예수를 믿는다고 하는 믿음 그것만이 기준이었다. 모두가 '그리스도 안에서 하나'였으며 모두를 '그리스도 안에서 하나'라며 받아들였던 것이다.

　이렇듯 종교는 삶의 단위인 사회 집단과 불가분한 관계에 놓여 있었다. 사회 집단에 적절한 의미의 체계를 제공하여 사회의 안정과 존속을 기할 수 있도록 하고 판단의 기준과 행동의 지향성을 제공하였다. 물론 사회가 바뀌면 종교의 대응 또한 달라질 수 있다. 그렇다고 해서 종교는 사회 변동의 한낱 부산물에 지나지 않는다고 보아서는 안 된다. 오히려 그 반대이다. 사회의 변동 그 자체가 종교 지향성을 일정한 방향으로 몰아간 것은 아니었다. 사회 변동의 현상을 풀이하고 거기에 의미를 준 것은 종교였다. 종교마다 그 풀이의 내용과 대응의 방식을 달리하였다. 서양 문명권에서는 기독교가 친족이나 국가를 단위로 한 고대 도시의 종말을 불러오게 되었지만, 중국을 중심으로 하는 동양 문명권에서는 유교가 친족이나 국가를 단위로 하는 도시를 허물어뜨린 것이 아니라 친족 집단을 근간으로 하는 촌락의 성격과 구조를 도시 속에 그대로 유지시키고자 했다.(Weber, 1951: 16-19) 어떤 종교 지향성인가에 따라 사회 구조가 다르게 나타났던 것이다. 기독교의 역사는 사회 변혁의 역사였다. 그 변혁은 오랫

동안 여러 문명권을 지배해 왔던 좁은 삶의 의식 세계를 더욱 넓혀가고자 하는 지향성을 가지고 있었다. 그리하여 가족이나 혈연 중심의 의미 체계도 허물고 국가와 민족 중심의 의미 체계도 상대화했던 것이다. 기독교가 퍼진 곳에서는 이러한 사회 변혁이 일어날 수밖에 없었다.

4. 종교와 시민사회의 형성

기독교가 이룩한 사회의 변혁은 기독교인의 참여 지향성에서 비롯되었다. 그 지향성은 삶의 터전에 대한 적극의 개입과 참여의 행동을 뜻하였다. 기독교는 삶의 현장으로부터 떨어져나갈 수 없는 참여를 요구하고 삶의 현장에 대한 책임을 요청한다. "하나님이 이 세상을 이처럼 사랑하사 독생자를 주셨으니…"(요 3: 16) 하고 선언하고 있는 데서, 이 세상은 결코 방치해서는 안 될 관심의 영역이라는 것을 확인할 수 있다.[4] 하나님이 깊은 관심을 보이고 있는 이 세상을 기독교인이라면 당연히 깊은 관심을 가져야 한다. 바로 이로부터 삶의 현장에 대한 기독교인의 책임이 잉태한다.

물론 이 뜻은 세상의 질서를 있는 그대로 두둔하거나 마냥 지켜가려는 것이 아닐 것이다. '말씀'은 세상과 맞서기도 한다. "세상이 그를 알지 못하고"(요 1: 10) 그를 거부하기도 한다. 벨라가 표현하고 있듯이(Bellah, 2006: 132), 세상에는 '양면의 가치'가 있다는 느낌도 받는다. 특히 이웃에 대한 사

---

4) 이 구절을 통하여 그리스도인의 책임을 강조하고 있는 이범성의 글(2007)을 볼 것.

랑을 강조하고 그것이 '하나님 사랑'과 이어져 있는 것이지만 그것마저도 절대의 자리에 올라 있을 수는 없었다. "하나님을 사랑"하는 것이 "크고 첫째 되는 계명"(마 22: 37-38)이기 때문이다. 기독교에서 그것 이상 더 높은 것은 있을 수 없다. 그것은 절대의 계명이다. 아무리 인간에 대한 사랑을 이야기하고 아무리 세상에 대한 관심을 이야기한다고 하더라도 절대자 하나님에 대한 절대의 헌신 이상 절대의 가치를 지난 명령은 없다. 이 절대의 헌신 때문에 이 세상의 됨됨이 그 어느 것도 있는 그대로 절대화하여 고착시킬 수 없게 된다. 하나님이라는 초월의 존재는 모든 것을 넘어서며 그 모든 것을 심판한다. 하나님만이 누릴 수 있는 초월의 권위이다. 기독교가 뿜어내고 있는 초월의 의미가 여기에 있다.

초월의 하나님이 요구하는 '계명'은 현존하는 세상의 질서와 팽팽한 긴장을 자아낼 수밖에 없다. 이 세상에 대한 관심의 줄을 놓치지 않으면서 이 세상의 기준과 유착하거나 영합할 수 없는 것이 기독교의 지향성이다. 긴장이 움터 나올 수밖에 없는 이유이다. 두말할 나위도 없이 기독교 역사에 나타난 여러 갈래의 해석과 입장에 따라 세상의 질서와 기독교의 가르침 사이에 이는 긴장의 수준이 다 같지 않고 긴장의 정도도 다 같지 않다. 그 수준도 다르고 그 정도도 다르기 마련이다. 그렇다 하더라도 기독교를 따른다면 이 세상의 됨됨이와 편안하게 지낼 수는 없었다. 도리어 불편해 할 수밖에 없었다. 필요하다면 세상과 반목하고 적대하고 대결해야 했다. 이러한 현상은 지난 기독교의 역사에 점점이 이어져 있다. 그리스도의 가르침은 이 세상의 질서와 이 세상의 흐름을 비호하는 데 그 뜻이 있지 않았다. 그 질서를 거슬러야 했고 그 흐름을 넘어서야 했다.

그럼에도 이 긴장의 상황을 처리하는 방식은 여러 갈래였다. 때로는 긴장의 상황에서 벗어나기 위하여 기독교인들은 스스로 현존 질서가 던지는 도전에 맞서지 않고 아예 그 질서에 영합해 버리거나, 아니면 숫제 현존 질서로부터 퇴거하여 자기들만의 외딴 안식처를 만들고자 했고, 필요하다면 현존 질서와 적당히 타협하고 짝하려고도 했다. 이처럼 긴장의 상황에 대하여 기독교의 입장과 지향성은 서로 달랐다(Niebuhr, 2001). 여기서 말하는 '긴장의 의미'를 다시 삶의 현장으로 끌어들인 것은 종교개혁이었다. 개혁가들은 세속의 영역과 신성의 영역, 이 둘 사이의 긴장을 재확인하고 그 중요성을 결단코 가볍게 벗어던지지 않았다. 그들은 세속에서 벗어나 뒤로 물러서지도 않았고, 세속에 맞춰가거나 세속 속에 묻혀버리지도 않았다. 그 세속 질서와 맞서고자 하였다. 세속 질서 안에서 세속 질서를 바꾸고자 했다. 급진 개혁가들이 표출한 새로운 변혁의 가능성이었다. 이 점은 '만인 제사장론'과 '이 세상은 하나님의 영광을 드러내는 무대'라고 하는 개혁신앙의 정신에서 구체화되어 나왔다.

우선 '만인이 제사장이다'는 이 유명한 글귀는 루터의 종교개혁사상을 압축하고 있는 3대 논문 가운데 하나로 꼽고 있는 "크리스천의 자유"라는 글에 들어 있다. 그는 강렬하고도 명쾌한 필치로 '모든 믿는 자들은 다 제사장이다'고 풀이하였다(루터, 1993: 279-347). 물론 그는 오늘의 민주주의 체제와 꼭 같은 체제 변혁을 시도하지도 않았고 그 스스로 민주화를 이룩하고자 하는 운동을 꾀하지도 않았다. 그는 자신의 신학과 주석을 통하여 교회의 모든 위계질서를 허물고 보통

교인들이 다 하나님을 섬기는 종이고 청지기라는 점을 밝히고자 했을 따름이었다. 그러나 이것은 놀라운 힘을 발휘하였다. '만인 제사장론'은 교황 중심의 체제를 혁파할 수 있는 길을 연 생각의 열쇠가 되었으며, 중세의 권위 질서를 단숨에 무너뜨린 혁명의 계기가 되었다(루터, 312-215; Wriedt, 2003: 101-102).

종교개혁을 통하여 개인은 오랫동안 억압되어 왔던 굴레를 벗어나 자신의 존엄성을 확인할 수 있게 되었다. 누구나 할 것 없이, 그리고 어떤 교권의 체제를 통할 필요도 없이 하나님을 섬기는 도구였다. 하나님을 섬기는 종이자 청지기라는 점에서 모두가 '제사장'이었다. 이제 더 이상 개인이 혈연과 세습의 관계와 그 위에 세워진 귀족주의와 위계 구조에 얽매여 있을 필요가 없었다. 모든 제약의 사슬을 끊어버리고 자율성과 책임성의 공간을 확장해 주었다. 뒤이어 나온 칼빈의 개혁사상도 이러한 생각과 이어질 수 있었다. 그는 인간에 대한 일체의 영광을 거부하고 오직 하나님의 영광을 찬양해야 한다고 주장하였다. 인간 자신에게 영광을 돌리는 행위는 하나님께 영광을 돌리지 않는 행위가 되기 때문이다(Calvin, III, 13, 2). 인간은 하나님의 영광을 찬양해야 하며 삶의 모든 영역과 수준에서 증언하며 살아가야 한다는 생각이었다. 인간의 생각과 뜻이 들어가 있는 것이라면 그 무엇이든 영광을 돌릴 대상으로 떠받들어서는 안 되었고 그 어떤 제도나 체제이든 그것을 찬양해서는 안 되었다. 영광을 돌리고 찬양해야 할 대상은 오직 하나님뿐이었다. 그 이외에는 어떤 것도 영광의 자리로 올려놓을 수 없었다.

'세계는 하나님의 영광을 드러내는 무대'라는 생각도 변혁 지향성을 더해 주었다. 이것은 활동의 무대를 어느 영역에 제한하거나 축소할 수 없다는 것을 뜻하였다. 참여의 영역을 더욱 확장했던 것이다. 성경은 어떤 삶의 영역도 하나님의 다스림으로부터 제외하지 않는다. 하나님이 다스리는 영역이 따로 있고 세속이 다스리는 영역이 따로 있을 수 없다는 생각이었다. 하나님은 모든 영역을 다 다스리는 존재이다. 마찬가지로, 하나님의 영광을 드러내는 영역도 따로 있을 수 없었다. 그의 영광을 드러내는 활동 공간은 어느 한 곳에 한정되어서는 안 되었다. 당연히 교회 안에 한정되어서도 안 되었다. 교회 안팎을 가릴 것 없이 모든 삶의 영역이 하나님의 영광을 드러내는 무대가 되어야 했다. 삶의 모든 영역이 하나님의 영광을 드러내어야 할 공간이었고, 세계 전체가 하나님의 영광을 드러내는 무대이었다.

종교개혁은 이러한 사회 참여의 동기를 불어넣어 주었다. 세상이란 무의미하기 때문에 무시하거나 피해가야 할 영역이 아니었으며, 그것은 어찌할 수 없는 삶의 조건이기에 순응해가야 할 영역도 아니었다. 세상의 모든 영역은 하나님의 영광을 드러내어야 할 공간이었으며, 그 영광을 찬미하고 증언하는 활동의 무대이었다. 그러므로 왜곡된 이 세상을 있는 그대로 받아들일 수 없었다. 하나님의 영광을 위하여, 그의 영광을 증언하기 위하여 현존하는 세상 속에 들어가 구체적인 방식으로 그것을 변형해야 했다(벨라, 56-57).

삶의 영역은 더 이상 권력자들이 독점하거나 지시하고 명령할 수 있는 것이 아니었으며, 더 이상 교회의 울타리 안에

간혀 있을 것도 아니었다. 부름 받은 사람은 자발성을 가지고 모든 영역에 두루 적극 참여해야 했다. 당연히 국가와 사회의 영역도 하나님의 영광을 드러내야 할 무대였다. 지금껏 순응하기만 했던 세속의 질서를 하나님의 뜻에 따라 변형해야 했으며, 지금껏 더럽게 여겨 내버려두었던 세속의 영역도 하나님의 영광을 드러내는 활동의 무대로 삼아야 했다. 경제 활동을 의미 있는 무대로 삼아 경제 구조를 변형했으며 정치 활동도 의미 있는 참여의 무대로 여겨 정치 구조를 변형했던 것이다. 익히 알려진 대로, 베버(Weber, 1958)가 밝혀 놓은 합리적인 '근대 자본주의'는 개신교 윤리가 낳은 결과물이었다. 개신교도들에게 경제 활동은 더 이상 수치스런 것도 아니고 경멸하거나 가볍게 여길 것도 아니었다. 다른 삶의 영역과 마찬가지로 그 영역에서도 하나님의 영광을 드러내야 했다. 서구에서 경제 활동을 재구성하여 '합리화'할 수 있게 된 근대의 변동은 이 개혁주의 의 윤리 지향성 때문에 가능했다. 개신교의 정신은 정치 영역으로도 침투해 들어갔다. 왈쯔(Walzer, 1965)는 베버의 '개신교 윤리 논지'를 정치 영역에 적용하여 영국의 시민전쟁을 '급진 정치'의 출발로 보고 이것을 퓨리턴주의 이념과 조직과 활동 지향성과 연결 짓고자 했다. 이렇듯 종교개혁이 내놓은 의미의 틀은 개혁 신학자들의 의도와는 상관없이 이후 영국의 청교도 혁명 과정에서 실제로 효험을 드러내었고, 사회 변혁과 민주 시민사회의 주요한 원리로 작용하기도 하였다(벨라, 1980: 79).[5]

---

5) 종교개혁의 정신이 근대의 변동을 이끌어내었다고 하는 연구물은 만만찮게 많다. 일찍이 미국의 저명한 사회학자 머턴은 종교개혁의 정신을 근대

종교개혁의 정신은 어떤 영역도 신앙의 관심에서 벗어날 수 있는 여지를 허용치 않았다. 개신교는 교황이나 제왕 할 것 없이 그 권위의 절대화를 받아들일 수 없는 만인 제사장의 의식 세계를 지켜가는 한편, 그러한 평등 지향성의 뜻을 담아 삶의 모든 영역 속으로 들어가 사회 변혁의 길을 터놓았던 것이다. 이제 모든 삶의 영역이 하나님의 영광을 드러내야 할 활동의 무대가 되었다. 시민의 참여를 가능케 한 종교의 힘이자 행동 지향성이었다. 이 신앙은 혈연관계와 국가 권력의 세습 구조를 그대로 온존시켜온 일체의 의미 체계를 돌파하여 당당한 개인으로 사회의 모든 영역에 들어가 적극으로 활동할 수 있는 '시민'의 참모습을 새롭게 그려주었다. 다른 말로, 시민이 자율성을 가지고 모든 삶의 영역에서 정당하게 참여하게 된 것은 종교개혁에서 비롯된 의미 체계 때문이었다. 모든 삶의 영역에 들어가 적극 참여할 수 있는 당당한 사회 구성원도 그렇게 빚어져 나왔던 것이다.

5. 우리의 역사, 기독교, 그리고 시민사회

한말 우리나라에 들어온 개신교 기독교 또한 변혁 지향성

과학의 발전에 이어 그 연관성을 밝혀두기도 하였다. 종교개혁이 직접 근대 과학의 발전에 개입한 것은 아니었지만 칼빈이 담아낸 윤리 의식은 자연과학의 세계를 탐구케 한 가치 지향성을 낳았다는 논지이다(Merton, 1957: 574-606), 칼빈주의자들은 경제 영역과 정치 영역 뿐 아니라 과학의 연구 영역에서도 자기 절제와 기강을 통하여 낡은 질서를 깨고 새로운 질서를 구성해냈던 것이다.

을 지니고 있었다. 당시 조선 사회가 나라 안팎의 여러 문제로 어려움을 겪고 있었지만 전래하는 종교 전통에서는 어떤 생명력 있는 해결의 실마리를 내놓지 못하고 있던 상황이었다. 서양 종교라고 하는 기독교가 이 땅에 들어온 것이 이 때였다. 이 종교가 새로운 변혁의 길을 열어 주고 변혁의 능력을 불어넣어 주었던 것이다.

기독교는 인륜 관계에 일차의 가치를 두어온 친족 중심의 의미 체계를 도전하기 시작하였다. 전래하는 조상 숭배의 의식 세계가 말하고 있듯이 종교의 관심은 가족의 존속과 결속이라는 좁은 세계에 갇혀 있었다. 유교는 이러한 효 중심의 인륜 관계를 떠받드는 윤리 의식을 매우 효과 있게 사회 신분 제도에 침투하고 또 교육의 과정에도 투입하였다. 삶의 모든 영역을 유교라는 종교의 틀로 다스리고 그 틀로 제도화했던 것이다(박영신, 1978, 5-6장). 반천 년 동안 조선 사회를 지탱해 온 이 위대한 종교도 나라가 위기를 맞고 있는 상황에서는 어떠한 새로운 대응의 능력을 보여 주지 못하고 있었다. 기독교는 바로 이러한 상황을 돌파할 수 있는 새로운 가능성으로 작동하기 시작하였다.

기독교의 가르침은 전래하는 종교의 테두리를 넘어서는 것이었다. 이 새 종교는 혈통에 터한 가족 단위에 관심을 쏟고 있던 전래하는 종교 지향성 그 너머, 하나님이라는 초월의 존재와 그 권위에 대한 일차의 헌신을 요구하고 나왔다. 이것은 유교라는 종교에 의해 정당화되고 있던 모든 삶의 영역에 대한 도전을 뜻하였다. 모든 것을 넘어서는 그 초월의 존재에 대한 신앙은 지금껏 절대의 것으로 떠받들던 모든 가치와 의례와 습속을 상대화해, 새로운 변화를 이끌어낼 수 있었다. 기독교는 친족 중심의 의례도 무너뜨리고 나아가 사회의 모든 폐습도 깨고 사회의 모든 장벽도 허물어뜨릴 수 있었다. 당시 기독교인이 된다는 것은 조상 숭배와 같은 가족 중심의 종교 의례를 거부하고 축첩과 같은 폐풍을 청산하고, 양반과 상민이라는 신분의 벽을 뚫고 남자와 여자의 차별까지도 없애겠다는 결의와 능력을 말해주는 것이었다(박정신, 2004: 125-179; 박영신, 1987, 361-363, 또는 박영신/정재영, 2006: 68-72). 빗발쳐 올 사회의 비난이 두렵다고 하더라도 기독교에 입교하는 사람은 마땅히 기존의 삶의 방식을 포기하고 새로운 삶의 지향성을 받아들여야 했다. 기독교에 입교한 양반 출신이 지난날 하층 계급 출신과 어울리기가 어려웠다는 점을 솔직하게 털어놓은 자기 고백문과 같은 이야기가 보기이다. 그는 "나는 양반입니다만, 하나님이 한 사람은 양반을 만들고 또 다른 한 사람은 상놈으로 만들지는 않았습니다. 사람들이 그렇게 차별을 둔 것입니다. 하나님은 모든 사람을 평등하게 만들었습니다." 하고 간증했다(박영신, 1987, 364, 또는 박영신/정재영, 2006: 72). 우리나라의 초대 기독교인들은 사회의 관행과 습속에 휘둘리지 않았다. 아무리 소수라 하더라도 그들은 다수에 굴복하지 않고 당당하게 맞설 수 있는 사람들이었다. 그리하여 초대 기독교인들은 이를 데 없이 '별난' 사람들로 보일 수밖에 없었다.

기독교의 의미 세계는 이처럼 엄청난 사회의 변혁을 가져올 수 있었다. 그 오랜 세월 동안 누구도 감히 부술 수 없었던 사회의 벽을 이 양반 입교자는 허물었던 것이다. 이러한 행동 지향성은 교회를 통하여 사회 운동으로 전개되어 나왔다. 우리가 받아들인 기독교는 국교의 전통을 가진 나라에서 온 것이 아니라 미국 특유의 개신교 전통을 배경으로 한 것이었다. 미국의 교회는 국가 중심으로 관리되지 않았고 국가에 예속되지 않았으며 국가와 유착되어 있지 않았다. 국가의 간섭을 받지 않고 국가로부터 떨어져 있는 '자원'(voluntary) 집단의 성격을 교회가 지켜오고 있었다(박영신, 1987, 364-365, 또는 박영신/정재영, 2006: 73). 일찍이 프랑스의 귀족 토크빌(Tocqueville, 1945)이 깊은 인상을 받고 기록해 둔 바와 같이, 미국의 민주주의 속에는 특별한 점이 있었다. 그 민주주의 밑바탕에는 활발하게 움직이고 있는 시민 결사체와 정치 결사체가 자리하고 있었다(윗글, II: 123-128). 이들 결사체는 "국가 그 한 가운데 분리된 국가"로 존재하고 "정부 안의 다른 정부"로 기능하고 있었다(윗글, I: 200). 교회의 모습 또한 그러한 조직체와 같았다. 교회는 특정 교리와 가르침을 따르는 사람들이 모이는 자원 집단이었다. 이러한 자원 집단의 전통을 가진 교회가 한말 우리 사회 곳곳에 세워지게 되었던 것이다.

기독교는 이들 교회를 통하여 삶의 모든 영역에 적극 참여하고 모든 영역을 바꿔갔다. 종교개혁 정신에 따라 모든 사람들이 쉽게 읽을 수 있게 성경을 한글로 옮기고, 모두 성경을 읽을 수 있도록 한글을 가르치고 배웠다. 지금껏 무시했던 한글을 들어 거룩한 경전의 글이 되도록 격상하면서, 중국 글에 얽매어 있던 중화주의의 틀에서도 벗어날 수 있게 되었다. 한글을 소통의 도구로 삼은 마당에 교회는 공공의 공간으로 사회에 참여하였다. 교회는 예배의 처소이자 교육의 공간이기도 하였다. 일반 수준에서 토론이라는 것을 알지 못하고 있던 시대에 교회는 토론회도 열었다. 이 토론회를 통하여 주제를 두고 찬반으로 논쟁을 벌이는 소통의 능력과 관행도 익힐 수 있게 되었다. 교회에서 훈련 받은 이들 기독교인들이 사회 변혁의 공간으로 나아갔다. 이들은 한말 독립협회가 활발하게 움직이고 있을 때는 그 활동의 무대 한 가운데로 들어가 적극 참여하였고, 학교를 세워 교육으로 나라를 바로잡자는 운동을 펼칠 때는 그 일을 앞장서 이끌어가기도 하였다. 이들은 일제 강탈기 밑에서도 굴하지 않고 여러 방식으로 반일 독립 운동의 대열에 들어섰다. 뜻을 펴기 위하여 모이고 그 뜻을 함께 펴기 위하여 책임 있게 참여코자 하였다. 오늘의 말로 하면 '시민다운' 삶의 지향성이었다. 이러한 삶의 지향성이 교회로부터 움터 나왔던 것이다(박영신, 1987, 365-367, 또는 박영신/정재영, 2006: 73-75). 교회라는 공간 안에 함께 모여 서로 생각을 나누고 공통된 의사를 도출했다는 점에서 교회는 우리나라의 소통 문화를 혁파한 "공공의 공간"이었고(Y. Park, 2004), 그 과정에서 이른바 '정치 능력'을 키워주었다는 점에서 교회는 시민의 됨됨이를 부추기고 그 능력을 키워 준 '정치 훈련장'이기도 하였다(C. Park, 2004).[6]

그러나 이 시민성의 기독교는 이후 그 활력을 잃어버리고 만다. 일제 강탈기의 폭압 밑에서 겨레의 수많은 지도자들이

---

6) 좀 더 자세한 논의에 대해서는 C. Park, 2003, 4장 볼 것.

나라밖으로 떠난 그 자리는 허전하고 쓸쓸했다. 드러내 놓고 활동하지 못하여 지하로 들어가거나 세대의 요구에 순응하고자 하는 갈림길 그 사이에 모두 들어서 있었다. 광복 이후 잠시 동안이지만 지난날 기독교가 보여 준 참여의 활력이 되살아난 듯했다. 하지만 교회가 이내 권력과 유착하면서 권력의 퇴락과 함께 불명예를 떠안아야 하는 지경에 들고 말았다.[7] 군사 쿠데타 이후 경제 부흥과 성장을 내건 '정치 종교'가 등장하자 교회는 여기에 편승한다. 인권과 자유를 박탈하고 민주주의마저 압살해도 모두가 경제 성장주의에 길들여진지라 교회마저 침묵하기만 한다. 그리고는 교회 성장과 부흥에 몰두한다. 모든 국민을 동원하며 국가가 이끌어 갔던 '경제 성장 종교'에 교회는 적극 협력하고 동조하는 하수인의 역을 자임하고 나섰던 셈이다. 그것도 좁다란 자기 집안 중심의 의식 세계를 자극하여 물질의 부를 추구코자 하는 경제 행위를 열렬하게 추종하고 정당화해 주기만 하였다(박영신, 1995; Y. Park, 2000; 518-520). 마침내 아버지가 아들에게 부를 대물림하듯이 교회조차 직접 간접으로 '세습'하는 관행(?)을 만들기에 이르게 되었다. 한 교인의 말로 "세상 사람들과 똑같[은] 욕심 때문에" 이미 초월의 존재인 "하나님을 두려워하지 않는 것 같은 행태"이다(시민사회 면접녹취, 2007: 17). 또 다른 교인이 관찰하고 있는 대로, "교회가 작고 보잘 것 없고 힘들 때 교회가 세습을 하지 않[는다]". 세습에서 드러나고 있는 사사로운 "이기심"과 탐욕이다(시민사

---

7) 이 시대의 한국 역사와 기독교의 관계를 알아보기 위해서는 박 정신, 2004: 여러 곳 볼 것.

회 면접녹취, 2007: 9). 이와 같이 좁은 자기 이익과 물질의 부에 사로잡혀 있는 동안 그 너머 이웃이 겪고 있는 상처와 아픔에 대한 시민 된 관심은 아주 뒷전으로 밀려나 버린 것이다. 공공에 대한 관심의 실종이었다.

역사에서 지울 수 없는 어두운 시기였다. 교회마저 자유와 인권을 포기하면서라도 경제를 살려야 한다는 독재 정권 밑으로 기어들어가 그 거대한 경제 성장주의의 그늘에서 혜택을 누리고자 한, 참으로 부끄러운 시대를 살았다. 이 과정에서 교인들 스스로 경제주의의 흐름 속에 자신을 맡기고는 교회 바깥사람들과 조금도 다를 바 없는, 그렇고 그런 길거리의 '보통 사람'으로 떨어지고 만 것이다(박영신, 1987, 367-368, 또는 박영신/정재영, 2006: 75-76). 교회 바깥 다른 사람들이 값있게 여기는 것을 교인도 꼭 같이 값있게 여기고, 교회 바깥 다른 사람들이 바라는 것을 교인도 꼭 같이 바라고, 교회 바깥 다른 사람들이 즐기는 것을 교인도 꼭 같이 즐기는 평범화의 과정을 밟게 된 것이다. 그렇게 소금의 맛을 잃어버리고 빛의 구실도 하지 못한 채 오늘에 이른 기독교회의 자기 모습이다.

6. 생각거리: 시민사회의 종교

위에서 본 것처럼 종교는 언제나 자신이 자리하고 있는 사회와 밀접한 관계를 맺고 있다. 그 사회의 됨됨이를 떠받드는 의미의 틀을 마련해 주고, 필요하다면 그것을 바꿀 수 있는 가능성과 능력도 제공해 준다. 그러나 종교는 그러한 모습을 온전하게 지켜가는 대신에 일그러뜨리곤 한다.[8] 기독교도 마찬가지이다. 현존하는 세상의 질서와 하나님의 영광, 세속의 흐름과 하나님의 뜻, 이 둘 사이에서 피할 수 없이 일어나는 긴장의 압력에 짓눌려, 긴장을 통한 현존 질서의 변형을 겨냥하지 않고 현존 질서에 유착하거나 좁은 자기 세계로 퇴각한다.

오늘의 기독교는 잃어버린 초월에 대한 감수성을 되살릴 수 있어야 한다. 이로부터 좁다란 가족이나 친족 집단이 요구하는 헌신의 틀을 넘어서고 국가가 강요하는 유착의 틀도 넘어설 수 있을 뿐만 아니라, 시장이 유혹하는 논리의 틀도 넘어설 수 있는 초월의 가능성이 나오는 것이다. 모든 것을 초월의 기준에 맞춰가야 한다. 교회란 타산과 편리를 따라 움직이지 않고 세상의 기준에 따라 성공과 실패가 가름하지 않는 공동체이다. 그 모든 것을 넘어서는 생명체이다. 실험 교회라고도 할 수 있는 한 작은 교회에 속한 젊은 교인이 자기 교회를 두고 한 말 그대로, "세상에서 절대 인정받지 말자, 철저하게 하나님께 인정을 받자"고 하는 교회의 자기 참모습을 세워갈 수 있어야 한다(시민사회 면접녹취, 2007: 30).

기독교는 좁다란 모든 이익의 틀로부터 벗어나는 초월의 경험과 행위를 요구한다. '선한 사마리아인'이 표상하고 있는

---

8) 이러한 점은 정수복 박사가 지은 『한국인의 문화적 문법』(2007)을 중심으로 연 29번째 〈삶의 정치 콜로키움〉(2007년 8월 21일/대화문화아카데미)에서 논의한 내용과도 통하는 이야기이다.

삶의 지향성과 만나는 지점이다. 교회는 모름지기 도움을 필요로 하는 이웃에 대한 관심과 헌신의 미덕을 가르쳐야 한다. 이것은 다름 아닌 시민다운 시민이 갖추어야 할 마음가짐이다. 시민의 삶이란 자기 이익의 테두리를 벗어날 수 있는 삶을 말한다. 시민은 개인 차원의 봉사활동에 머물지 않고 국가 수준에서 이웃 일반을 보살펴 주는 사회를 만들어가고자 한다. 시민사회는 이들 시민이 적극 참여하는 삶의 공간이다. 아무리 국가가 많은 것을 책임져 준다고 하더라도 시민은 구경꾼으로 남아 있고자 하지 않는다. 국가의 혜택을 제대로 받지 못한 채 구석진 곳에서 도움을 필요로 하는 사람들은 아직도 많이 있기 때문이다. 공동체의 복지조차도 시장의 논리에 맡겨 효율성을 높이자고 하는 달콤한 소리가 있지만 시민은 이에 선뜻 동의하지 않는다. 이웃을 도와야 하는 공동체의 책임은 사사로운 이익을 추구하는 시장의 논리에 맡겨질 것이 아니기 때문이다. 국가 행정의 전횡을 막고 시장의 횡포를 막기 위해서는 시민이 긴장하고 있어야 한다. 도도한 국가와 시장과 마주하여 '선한 사마리아인 된' 삶을 살아가는 것, 그것이 시민된 모습이며 그러한 사람들이 적극 참여하는 사회가 시민사회인 것이다.

교회는 이러한 시민을 길러내야 한다. 개인으로부터 국가에 이르는, 아니 범세계 공동체에 이르는 모든 수준에서(Y. Park, 1996) '선한 사마리아인'의 마음가짐을 자극하여 자발성과 책임성을 부추기며 이를 일관되게 지켜갈 수 있도록 해야 한다. 교회가 단위가 되어 지역사회에 적극 참여하는 프로그램도 갖고 있고, 거기에 교인들이 열성을 다해 참여하기도 한다(시민사회 면접녹취, 2007: 여러 곳). 이들 가운데는 교회 단위로 교회의 이름을 걸고 봉사활동에 참여하는 것이 아니라 이름 없이 일반 자원 단체를 돕고 시민운동 단체에 적극 참여하는 경우도 있고(윗글: 27), 아예 시민운동을 하나님 나라를 세우는 도구로 보고 간사로 일하는 경우도 있다(윗글: 51). 이들이 시민사회의 일꾼들이다.

오늘날 이러한 참여의 능력을 교회가 북돋고 있으며, 끼리끼리 모이는 것이 아니라 교회가 다른 시민사회 조직체와도 긴밀하게 관계를 맺고 있는지, 교회 스스로 물어볼 수 있어야 한다. 이러한 여러 차원의 과제들이 엮어질 때 비로소 교회가 선한 사마리아인들이 모인 생명력 있는 공동체로 서있게 될 것이며, 나아가 시민사회에도 활력을 불어넣을 수 있을 것이다.[9]

도움 받은 글

대화문화아카데미, 〈삶의 정치 콜로키움 29번째〉(2007년 8월 21일/대화문화아카데미).

박정신, 「한국 기독교사 연구」(서울: 혜인, 2004).

박영신, 「현대사회의 구조와 이론」(서울: 일지사, 1978).

―――――, "초기 개신교 선교사의 선교 운동 전략," 「東方學志」, 46-47-48 합집(1985년 6월), 또는 박영신, 「새로 쓴 변동의 사회학」(서울: 학문과사상사, 1996).

―――――, 「역사와 사회 변동」(서울: 민영사/한국사회학연구소, 1987).

---

9) 미국의 사회학자 우스노우(Wuthnow, 2004) 바로 이러한 점에 착안하여 교회와 시민사회의 관계를 논하고 있다.

-----, 「우리 사회의 성찰적 인식」 (서울: 현상과인식, 1995).

-----, "초월의 가치와 공동체의 삶," 「神學思想」, 106집(1999년 가을).

-----, "한국 교회의 선교 사명과 '하나님 나라'"(굿미션네트워크 주최 2006 NGO선교 심포지움 〈통전적 선교와 NGO〉 강연/ 연세대 연합신학대학원/2006년 12월 12일).

-----, "'선한 사마리아 사람,' 그에게서 찾는 '시민다움,'" 「새가정」, 2007년 6월호.

박영신/정재영, 「현대 한국사회와 기독교」 (서울: 한들출판사, 2006).

벨라, 로버트 엔., 「사회 변동의 상징 구조」 (서울: 삼영사, 1982).

〈시민사회 면접녹취록〉(정재영, 2007)

이범성, "시민사회와 NGO 그리고 하나님 나라"(〈일상과 초월〉 필자 모임 발표문/2007년 8월 14일).

정수복, 「한국인의 문화적 문법」 (서울: 생각의 나무, 2007).

최길성, 「韓國의 祖上崇拜」 (서울: 예전사, 1986).

Bellah, Robert N./Steven M. Tipton (엮음), *The Robert Bellah Reader* (Durham, North Carolina: Duke University Press, 2006).

Fustel de Coulanges, N. D., *The Ancient City* (Baltimore: Johns Hopkins University Press, 1980).

Calvin, John, *Institutes of the Christian Religion* (Grand Rapids, Michigan: Wm. B. Eerdmans, 1989).

Habermas, Jürgen, *The Theory of Communicative Action* I, II (Boston: Beacon Press, 1987).

Habermas, Jurgen/Ratzinger, Joseph, *The Dialectics of Secularization* (San Francisco: Ignatius Press, 2006).

Kee, Howard C., *Christian Origins in Sociological Perspective* (London: SCM Press, 1980).

Merton, Robert K., "Puritanism, Pietism, and Science," *Social Theory and Social Structure* (New York: Free Press, 1957).

Niebuhr, H. Richard, *Christ and Culture* (New York: HarperCollins, 2001).

Park, Chung-sin, *Protestantism and Politics in Korea* (Seattle:

University of Washington Press, 2003).

Park, Chung-shin, "The Protestant Church as a Political Training Ground in Modern Korea" (Presented for the Symposium on The Impact of Christianity on Korean Culture at the Center for Korean Studies, University of California, Los Angeles, May 7, 2004), 또는 *The International Journal of Korean Studies*, 2007년 겨울호.

Park, Yong-Shin, "A New Morality for the Global Community," Young Seek Choue/Jae Shik Sohn(엮음), *Tolerance, Restoration of Morality and Humanity* (Seoul: UNESCO HQs/Kyung Hee University, 1996).

Park, Yong-Shin, "Protestant Christianity and its Place in a Changing Korea," *Social Compass*, 47권 4호(2000).

Park, Yong-Shin, "The Church as a Public Space: Resources, Practices, and Communicative Culture in Korea" (Presented for the Symposium on The Impact of Christianity on Korean Culture at the Center for Korean Studies, University of California, Los Angeles, May 7, 2004), 또는 *The International Journal of Korean Studies*, 2007년 겨울호.

Smith, Adam, *The Theory of Moral Sentiments* (Indianapolis: LibertyClassics, 1978).

de Tocqueville, Alexis, *Democracy in America* I, II (New York: Vintage Books, 1945).

Walzer, Michael, *The Revolution of the Saints: A Study in the Origins of Radical Politics* (Cambridge, Massachusetts: Harvard University Press, 1965).

Weber, Max, *The Protestant Ethic and the Spirit of Capitalism* (New York: Charles Scribner's Sons, 1958).

Weber, Max, *The Religion of China* (New York: Free Press, 1951).

Weber, Max, *The City* (London: Heinemann, 1958).

Wriedt, Markus, "Luther's Theology," Donald K. McKim (엮음), *The Cambridge Companion to Martin Luther* (Cambridge: Cambrdige University Press, 2003).

Wuthnow, Robert, "Can Religion Revitalize Civil Society?," Corwin Smidt (엮음), *Religion as Social Capital: Producing the Common Good* (Waco, Texas: Baylor University Press, 2003).

시민사회 사상의 역사와 딜레마

이승훈 · 연세대학교 BK21연구교수/사회학

1. 들어가는 말

이 글은 서구에서 논의된 시민사회 사상을 소개하고, 나아가 기독교가 시민사회 사상과 어떤 관련성이 있는지를 밝히는 데 그 목적이 있다. 사실 '시민사회'라는 개념은 대부분의 현대인들에게 매우 익숙한 말이 되었다. 이 글을 쓰기 위해 한 인터넷 사이트에서 '시민사회'란 말이 들어간 신문 기사를 검색해 보았다. 최근 1년 동안 9개의 서울 종합일간지에서 무려 3,125건의 기사가 검색되었다. 모든 신문에서 대략 하루에 한 번 이상은 '시민사회'란 말을 쓰고 있는 셈이다. 이런 개념을 새삼스럽게 또 다시 소개할 필요가 있을까라는 생각이 들기도 한다. 하지만 자주 사용한다고 해서 그 뜻을 정확하게 알고 있다는 것은 아니다. 오히려 일상에서 많이 사용될수록 그 개념이 뜻하는 바가 모호해지는 경우가 더 많다. 학자들의 경우도 크게 다르지 않다. 각자의 입장에 따라서 시민사회는 매우 다양한 의미로 쓰인다. 아마도 그것은 시민사회란 개념 속에 그 말이 등장하게 된 시대 상황과 문화가 압축되어 있기 때문일 것이다. 다시 말하면, 사회 상황이나 역사 맥락에 따라서 시민사회는 서로 다른 뜻과 내용을 지닌 개념으로 사용된 것이다.

따라서 시민사회의 개념을 소개하기 위한 가장 최선의 방법은 시민사회 사상의 역사를 소개하는 것이라 생각한다. 오늘날 사용되고 있는 시민사회의 다양한 의미는 역사상 특정 시기에 나타났던 시민사회 사상의 한 단면이기 때문이다.

이런 맥락에서 이 글은 다음과 같은 순서로 구성된다. 먼저 2절에서는 '시민사회'의 사상이 어떤 역사와 과정을 겪으면서 변해왔는지를 유형별로 살펴보고자 한다. 이를 위해 먼저 '시민'의 개념을 명확히 할 것이다. '시민사회'란 말 그대로 시민들의 활동 공간이다. 따라서 시민을 무엇으로 이해하는가에 따라서 시민사회의 성격이나 내용도 달라지게 된다. 어떤 측면에서 보자면 시민사회의 변화는 시민 개념의 변화 과정과 그 맥락을 같이 한다고 볼 수도 있을 것이다. 그런 다음 시민사회 개념이 학자들에 따라서 어떻게 사용되고 있는지를 보고자 한다. 시민들의 자유스러운 활동 공간으로서의 시민사회는 중세의 질서가 균열을 보이고, 공동체, 종교, 전통 등에 포섭되어 있었던 개인이 분리되면서 비로소 나타날 수 있었다. 따라서 시민사회 개념이 등장하게 된 배경을 인간의 행위 동기로서 이해관계라는 개념이 등장하게 된 맥락에서 분석할 것이다. 그런 다음 시민사회 개념의 변화 과정을 간략하게 추적할 것이다. 그 과정이란 국가로부터 시민사회가 분리되어 나오고, 그 시민사회가 다시 시장과 공동체의 영역으로 분화하는 과정이라고 볼 수 있다. 3절에서는 시민사회 개념의 변화 과정에서 나타난 딜레마와 그 딜레마에 대한 대안들을 유형별로 분류하여 설명할 것이다. 앞서 말한 바와 같이, 시민사회 사상은 당시 학자들이 살았던 시대 상황의 결과물이다. 따라서 시대의 맥락 속에서 사상을 이해해야 한다. 하지만 동시에 그 딜레마와 대안에 관한 논의는 현재 우리 사회에도 여전히 유효하다. 최근 시민사회와 관련된 논쟁들도 이 딜레마와 대안이라는 틀에서 크게 벗어나지 않는다고 보기 때문이다. 이런 의미에서 오늘을 사는 우리들에게 여전히 의미 있는 논의가 될 것이다. 마지막으로는 결론을 대신하여 이러한 시민사회 딜레마에 기독교가 어떤 의미를 가지는지 그 함의를 간략하게 살펴볼 것이다. 역사상으로도 그렇고, 현재 서구의 시민사회 논의에서도 그렇고, 기독교의 사상과 단체들은 시민사회의 중심을 차지하고 있다. 왜 그런지에 대한 간략한 논의를 하려는 것이다. 이것은 또한 우리 사회의 기독교와 교회가 과연 이러한 역할을 하고 있는지에 대한 반성이기도 하다. 한국사회와 기독교에 대한 분석은 이 책은 다른 장에서 더 상세하게 다뤄질 것이다.

2. 시민사회 개념의 등장과 변화

(1) 시민이란 누구인가?

시민사회에서 말하는 '시민'이란 어떤 존재를 말하는가? 원래 '시민'은 고대 도시 국가에서 관직과 공공 생활에 대한 참여를 통해 정치 결정권 행사하였던 성인 남성들을 의미하였다. 이들은 오이코스(Oikos)라는 가계 경제의 책임을 맡고 있으면서 생산 활동에 참여하지 않는 사람들을 뜻하였다. 하지만 노예 노동을 바탕으로 안락한 삶을 누리고 있었던 특권층에게만 공공 활동이 한정되어 있었다는 점에서, 이들 특권층은 오늘날 말하는 시민과는 그 뜻이 달랐다. 오늘날 우리가 말하는 시민의 기원은 서양의 중세로 거슬러 올라간다. 서양 중세에서 시민은 도시에 거주하는 주민들을 가리키는 개념이었지만, 이들 대부분이 상공업자였기 때문에 상공업자를 주로 가리키는 것으로 이해되어 왔으며 부르주아(Bourgeois)라는 개념으로 표현되었다.[10] 하지만 오늘날 시민은 부르주아 등과 같이 특정한 사회 계층의 범위를 훨씬 넘어서는 개념으로 확장되었다. 노동자 등과 같은 하층 계급의 저항에서 기인한 것이든, 아니면 전쟁이나 세금 등과 같이 하층 계급을 동원해야 했던 국가의 필요성에서 기인한 것이든, 근대 국가 형성 과정에서 하층 계급은 국가의 동등한 구성원으로 통합되었다. 이로써 특정한 계층으로서의 시민 계급은 해체되었고, 이제 '시민'은 근대 국가의 구성원 일반

---

10) 물론 근대 초 서양에서 '시민'의 범주를 부르주아에만 한정할 수는 없다. 당시의 시민의 범주에는 부르주아 뿐만 아니라, 산업화나 도시화 등의 사회 변동과 맞물려 등장한 관료와 군인, 전문직 등 매우 다양한 신분의 사람들로 구성되었다. 이에 대한 논의를 보기 위해서는, 노명식, "개관: 19세기 유럽의 시민 계급," 「시민계급과 시민사회 – 비교사적 접근」 (서울: 한울, 1993), 50쪽을 볼 것.

을 가리키는 보통 명사가 되었다.

오히려 최근에 사용되는 '시민'이란 용어는 특정한 부류의 계층을 가리킨다기보다는, 특정한 가치와 행위를 뜻하는 말로 더 자주 사용된다. '시민다움'이란 말이 그러한 예이다. 이때 시민은 '시민다움'의 가치와 그 가치에 바탕을 둔 시민 지향성의 행동을 전제로 하는 개념이 된다. 다시 말하면, 시민이란 "공공의 문제에 관심을 가질 뿐 아니라, 이를 해결하기 위하여 자유롭게 토론하고 참여할 수 있는 '시민성'을 가진 존재"를 뜻하는 것이다. 그것은 근대 초 서구에서 등장하였던 부르주아 계급의 활동과 관련이 있다. 하버마스에 따르면, 초기 시민 계급은 국가가 부과하는 세금의 납부자 또는 법과 정책의 대상자에 불과했지만, 차츰 자신들의 이해관계를 보호하기 위하여 정치적 자유와 해방에 대한 요구를 하면서 여론의 조성을 통하여 국가의 의사 결정 과정에 참여하게 되었다. 하버마스는 이것을 '근대 초의 부르주아 공공 영역'이라 불렀으며, 현대사회의 정당 결성과 의회민주주의의 토대가 되었다고 주장한다. 현대 민주주의의 등장에 기여한 초기 시민 계급의 이러한 활동 때문에, 오늘날 시민이란 말은 공공에 대한 관심과 참여를 담고 있는 용어가 된 것이라 할 수 있다.

간단하게 말하면, '시민사회'란 바로 이런 시민들의 상호 교섭의 공간이었다. 따라서 시민사회란 중세의 전통, 신분, 종교 등으로부터 자유로워진 시민들의 존재를 전제한다. 외부의 어떤 강제도 부정하고 시민들의 자율적인 공간이라는 점에서 국가 영역과 대비되어 사용된다. 또한 각각의 개인들이 사사로운 필요와 이해관계를 추구한다는 점에서 사적 영역이지만, 동시에 모든 사람들의 관심사가 논의되고 스스로 살아갈 질서를 만드는 곳이라는 점에서 공공 영역이기도 하였다. 이처럼 시민사회는 개인과 공동체, 사사로움과 공공성이 서로 충돌하고 조절되는 공간으로 이해되었다. 시민사회 사상 역시 국가의 간섭으로부터 자유로운 시민들만의 공간이 분리되는 과정에 대한 설명이자, 자유로운 개인들이 어떻게 서로 협력하여 사회의 질서를 만들어갈 수 있을 것인가에 대한 고민의 역사라 할 수 있을 것이다.

(2) 시민사회란 무엇인가?

앞서 말한 것처럼 시민사회의 성격과 내용은 과연 '시민'을 어떻게 이해하고 있는가에 따라 다르다. 시민이 자신의 이익만을 추구하는 존재로 이해하면, 시민사회는 시장과 같은 개인의 이해관계를 추구하는 영역이 될 것이다. 반면 공공 의식을 가진 존재로서 시민을 인식하게 되면, 당연히 시민사회는 공공의 관점에서 여러 가지 과제와 문제가 다뤄지고 처리되는 영역이 될 것이다. 따라서 시민사회 개념에 대한 설명은 이해관계를 인간 행위의 동기로 이해하기 시작한 시점부터 설명해야 한다. 이때가 시민에 대한 새로운 이해가 등장한 때이고, 나아가 시민사회 개념이 등장하게 된 배경을 구성하기 때문이다.

1) 행위 동기로서 이해관계 개념의 등장

오늘날 우리들은 인간이란 자신의 이해관계를 위해 행동하는 존재라는 점을 너무나 당연시하는 경향이 있다. 하지만 인간의 행위 동기로서 이해관계라는 개념이 나타나기 시작한 것은 근대부터라고 할 수 있다. 그 이전 고대 그리스에서는 자기 이익만을 위해 사는 사람은 '바보'(idiot)라고 불렀으며, 중세의 귀족들은 명예나 열정을 이해관계보다도 소중하게 생각하였다. 이해관계 개념은 중세 질서가 무너지고 새로운 근대 질서가 등장하는 과정에 나타난 새로운 개념이었다.

중세에서 인간의 본질은 신분과 전통, 그리고 종교 질서가 부여하는 귀속 지위에 의해 결정되었다. 곧 인간이 자기 자신을 이해하는 방식은 자신을 초월해 있는 외부의 권위에 의존한 것이었다. 하지만 근대 질서가 자리 잡아 가면서, 과거 개인의 정체성을 구성해 주었던 외부의 권위들도 차츰 영향력을 상실해갈 수밖에 없었다. 이제부터 인간은 새로운 시각에서 인식되어야 했다. 이 새로운 시각은 크게 두 가지로 나누어서 설명할 수 있다. 하나는 인간을 이타성과 도덕 감정을 소유한 도덕 존재로서 보는 입장이고, 다른 하나는 자신의 이해관계에 따라 움직이는 이기적 존재로서 인간을 이해하는 입장이다. 앞의 입장이 중세 기독교의 영향이 남아 있는 흔적이라고 한다면, 뒤의 입장은 근대 들어서 새롭게 등장한 개념이라 하겠다. 먼저 앞의 입장부터 살펴보기로 하자. 근대 초에는 비록 중세의 기독교 질서가 세속화되는 과정에 있기는 했지만, 기독교의 영향은 여전히 인간을 이해하는 방식에 커다란 영향을 미치고 있었다. 다만 그것이 중세와 다른 점이 있다면, 과거에는 인간 도덕성의 바탕이 신으로부터 직접 주어진 것이었던 반면, 새로운 입장은 도덕의 근원으로서의 인격신의 요소를 배제하고 그 자리에 인간 내면에서 찾을 수 있는 '자연스러운 박애심'을 위치시키고 있다는 점이다. 인간이 본질로서 가지고 있는 '사회성'의 요소가 인간으로 하여금 사회나 다른 사람들과의 관계에서 도덕적으로 행동하게 한다는 것이다. 예를 들어, 인간은 누구나 다른 사람들로부터 존경이나 인정을 받고자 하는 욕구를 가지고 있다. 때문에 다른 사람들의 인정을 받기 위해서 도덕적으로 행동한다는 것이다. 이러한 인간 이해는 비록 인격신이라는 요소가 빠지기는 했지만, 그 기본 바탕에는 신이 창조한 인간의 도덕 성품이라고 요소가 깔려 있었다.

한편 이해관계를 추구하는 존재로서 인간을 인식하는 입장이 있었다. 전통 질서의 구속으로부터 벗어난 개인들은 이제 다른 무엇이 아닌 이해관계라는 측면에서 자신들의 행위를 인식하기 시작한 것이다. 사실 처음 인간의 행위 동기를 이해관계라는 관점에서 파악하기 시작한 것은, 오늘날 우리가 생각하는 이기주의와는 거리가 먼 것이었다. 오히려 기존의 질서가 무너진 상황에서 새로운 도덕 질서를 세우기 위한 시도로서 이해관계에 주목하게 되었다. 중세 시대 이해관계는 인간을 좌우하는 다양한 열정들 가운데 하나였다. 하지만 왕이나 지배 집단이 변덕스럽고 예측 불가능한 열정에 휘둘리게 되면 공동체 전체가 위험에 빠질 수 있었다. 과거에는 전통과 종교가 이러한 열정을 제어할 수 있을 것으로 기대되었지만, 기존 질서가 무너진 근대 상황에서는 이러한 열정을 제어할 수 있는 방법이 없었다. 이 문제를 도스토예프스키는 자신의 소설 속에서 이반 카라마조프의 입을 통해 다음과 같이 표현했다. "신이 없다면 무슨 일인들 못할 것인가?" 중세를 지탱해 주던 종교 질서가 세속화되었다면, 이것을 대신할 새로운 도덕 질서의 근원은 어디서 찾아야 하는가라고 물었던 것이다. 그때 당시의 사상가들이 발견한 것이 이해관계라는 열정이었다. 이해관계가 가지는 예측성, 불변성, 그리고 무해성[11] 등은 사악한 열정을 제어할 수 있는 이해관계의 유익한 특성으로 인식한 것이다. 따라서 초기에 행위 동기로서 이해관계라는 개념은 순전히 지배자와 정치가들에게 해당되는 개념이었다. 하지만 그 후로 수십 년 동안 영국과 프랑스에서 이해관계를 인간 행위 일반에 적용하기 시작하였고, 이후 인간 행동의 패러다임으로 굳어지게 되었다. 18세기 엘베티우스가 "자연의 세계가 운동의 법칙에 의하여 지배되듯이, 도덕은 이해관계의 원리에 의하여 지배된다."라고 주장한 것도 이러한 맥락에서 이해할 수 있다.

시민사회의 사상은 인간에 대한 이러한 이중의 이해에 근거해 있다. 근대 질서는 개인 외부로부터 주어진 규범과 강제로부터 벗어나 자유로워진 개인들로부터 세워져야 하는 것이었다. 이 자유로운 개인들의 상호 교섭과 활동 영역이 시민사회로 이해되었고, 따라서 인간의 본질과 행위 동기를 어

---

[11] 열정은 광폭하고 위험하지만, 물질적 이해를 추구하는 것은 단순하고 무해한 것이라 여겨졌다. 상인의 부드럽고, 평화롭고, 해가 되지 않는다는 이미지는 약탈하는 군대와 잔혹한 해적과 대배되면서 설득력을 가졌던 것으로 보인다.

떻게 이해하는가에 따라 시민사회의 내용과 성격도 달라지게 되었다. 다시 말하면, 시민사회 사상의 역사는 자기 이해관계를 추구하는 사사로운 개인과 공동체나 보편 이익에 헌신하는 공공성을 어떻게 조화시킬 수 있을 것인가라는 문제와 씨름해온 역사라고 할 수 있을 것이다.

2) 국가로부터 시민사회의 분리

18세기 중반까지도 유럽의 정치 사상가들에게 시민사회는 국가와 구별되는 생활 영역으로 인식되지 않았다. 그들에게 시민사회란 사회구성원들을 법률에 의해 지배하고, 그것을 통해 평화로운 질서와 좋은 정부를 보장하는 정치 질서의 한 유형이었을 뿐이었다. 18세기 스코틀랜드 계몽주의자 가운데 하나였던 아담 퍼거슨에게도 시민사회란 미개하고 조야한 질서와 대비된, 세련되고 문명화된 정치 질서를 의미하였다. 곧 시민사회란 문명화된 국가를 의미하는 것이었다. 그럼에도 불구하고, 아담 퍼거슨을 근대 시민사회의 중요한 사상가로 거론하는 것은 그의 사상 가운데 이후 시민사회 사상에 큰 영향을 끼친 요소들이 있었기 때문이다. 퍼거슨에 의하면, '문명화된' 사회는 부의 원천이 전례 없이 확장되고, 기계 기술의 발달과 노동 분업을 통하여 효율성이 증대되는 사회이다. 정부 또한 이러한 원리에 따라 사회갈등을 축소하고 질서를 유지하며, 상업과 제조업의 발달에 도움을 주기도 한다.

하지만 이러한 '문명화' 또는 '세련화' 과정은 의도하지 않은 부정의 결과를 낳기도 한다. 그것은 시민들로부터 '공공

정신'의 상실을 야기시킨다는 점이다. 시민들은 '공공 문제에 대한 청렴한 애정'을 잃게 되었고, 이제 공공 생활은 '허영과 탐욕, 야망만을 만족시키는 장'으로 간주되었다. 그리고 유산 계급이 오직 상업과 제조업에만 몰두했던 것처럼, 다른 모든 계급들도 사사로운 이익과 사치, 명성을 위한 경쟁과 투쟁으로 내몰았다. 이것은 사회에서의 불평등을 증대시키는 결과를 낳을 뿐만 아니라, 국가 행정의 범위와 권력을 강화시킴으로써 독재 정부로의 길을 열어 놓는 위험을 낳는다. 이러한 위험성에 대한 퍼거슨의 해결책은 시민 결사의 창조와 강화였다. 인간은 동물과는 달리, 사회 내에서 자신의 동료와 의논하고, 설득하고, 반대하고 싸우는 등의 선천 능력을 가지고 있다. 따라서 시민 결사에서의 활동을 통하여, 사람들은 이기적 본성을 제어하고 전체 사회에 대한 공공 정신을 회복할 수 있으리라 기대한 것이다.

비록 퍼거슨은 시민사회 개념을 오늘날과 같이 국가와 명확하게 구별하여 논의하고 있지는 않다. 하지만 그의 사상 속에는 현대 시민사회 사상의 많은 요소들이 있다. 무엇보다도 국가의 행정 활동, 상업과 제조업의 활동, 그리고 공공 정신과 시민 결사의 활동 등을 각각 다른 특성에 의해 파악하고 있다는 점에서 그렇다. 그의 이런 사상은 시민사회를 국가의 행정 영역이나 시장 영역과 구별하면서, 시민들의 공공성과 자발 결사체들의 활동을 시민사회 영역으로 보고 있는 최근 논의와 많은 부분에서 일치한다. 이러한 구분에 대해서는 뒷 절에서 좀 더 자세하게 설명하기로 한다.

이후 시민사회는 국가와 확실하게 구별되는 시민들의 자율 공간으로 인식되기 시작하였다. 토마스 페인과 같은 학자에 의하면, 개인은 신이 준 자연권을 소유한 존재이며, 따라서 국가는 자연권을 가진 자유롭고 평등한 개인들의 동의에 의해 지배되어야 한다고 주장하였다. 그의 이러한 논의는 시민사회를 시민들이 자율 공간으로 규정하면서 국가의 활동 영역과 대비시키고 있을 뿐 아니라, 시민사회가 국가를 지배해야 한다고 파악한 점에서 좀 더 발전된 형태의 시민사회론이라 할 수 있을 것이다. 그렇다면 18세기 사상가들에게 시민사회의 시민들은 어떤 존재였는가? 그리고 이 시민들은 어떻게 공공의 질서를 유지할 수 있었던 것인가? 이들에게 시민이란 어느 누구도 침해할 수 없는 권리를 소유한 사람들이며, 자신의 이해관계에 따라 움직이는 존재들이었다. 하지만 그 권리와 이해관계는 인간에게 내재해 있는 도덕 감정이라는 더 큰 맥락 속에 위치되어 있었다. 모든 개인들이 이해관계를 추구하면서도 전체로서의 사회 질서가 유지될 수 있는 것은 바로 그 바탕에 이러한 도덕성이 자리 잡고 있기 때문이었다. 보기를 들어, 페인은 개인들이 서로 자신의 이해관계를 추구하면서도, 동시에 상호부조라는 공유된 의식 위에 평화롭고 행복한 경쟁과 유대 관계를 만드는 것이 가능하다고 보았다. 바로 인간에게 내재한 선천적 사회성 때문이다. 결국 근대 초 시민사회 사상가들에게 이해관계라는 행위 동기는 더 큰 도덕의 맥락 속에서 작동하는 것이었다. 이해관계와 도덕이 불완전하지만 통합된 것으로 이해된 것이다.

3) 국가, 시장, 시민사회로의 분리

이후 시민사회에 대한 이해는 도덕의 영역으로 보는가, 아니면 이해관계의 영역으로 보는가에 따라 2가지 입장으로 구분할 수 있다. 18세기 스코틀랜드 계몽주의자들의 사상 속에서 불안하게 통합되어 있었던, 이해관계와 도덕이 분리된 것이다.

아마도 토크빌로 대표되는 자유주의 또는 다원주의의 접근 방식이 앞의 입장에 해당한다고 볼 수 있다. 이들은 스코틀랜드 계몽주의 전통을 이어서 시민사회란 자발 결사체들의 활동 영역이라고 보고 있다. 오늘날 우리가 시민사회라고 하면 제일 먼저 시민단체를 떠올리는 것도 시민사회를 결사체 영역으로 인식하고 있음을 보여 주는 사례라 할 것이다. 이들은 자발 결사체를 통해서 개인의 자유와 권리를 국가로부터 보호해야 한다고 보고 있다. 따라서 "이 학파의 사상 속에서 시민사회란 어떤 비용을 지불하더라도 폭압에 대한 저항이라는 역할을 보존하기 위해서 국가로부터 보호받을 필요가 있다는 동일한 이상을 신념으로 삼고 있는 결사체들의 자기규제적인 우주"이다.

토크빌이 이런 전통의 대표적인 학자라 할 수 있다. 그는 1835년 「미국의 민주주의」라는 책을 통해서 시민사회 사상에 큰 영향을 끼친 인물이다. 그에 따르면 모든 사람이 평등한 민주주의 사회의 상황은 각 개인들을 고립시키는 경향이 있다. 자신이 세상의 중심이 되면 다른 사람들은 모두 수단의 의미밖에는 가질 수 없으며, 오직 자신의 이해관계에만 관심을 제한하기 때문이다. 이것은 이들의 보호자를 자처하는 권력에 의한 전제 정치의 위험을 낳는다. 비록 과거와 같은 강력한 독재는 아니지만, 자신에 대한 관심에 매몰되어 공공 활동에 관심 없는 사람들은 이들의 보호자를 자처하는 권력에 의해 좌지우지될 것이라고 경고한다. 그가 19세기 미국 사회를 관찰하면서 발견한 사실 가운데 하나는 민주주의가 낳는 이러한 위험성에 대한 경고였다.

하지만 암울한 전망만이 그가 말하고자 했던 것의 전부는 아니었다. 독재를 낳을 수 있는 다수의 위험과 함께 그 위험을 상쇄하는 미국의 여러 제도와 습속(habits)에도 관심을 가진다. 그 가운데서 특히 미국의 기독교 전통과 시민들의 결사체 등은 독재를 막고 민주주의로 나가게 한 미국 사회 특성이라고 주장한다.

이제 토크빌 이후 시민사회와 관련된 논쟁에서 '민주주의가 낳는 다수 전제 정치의 위험성'과 '민주주의에서 시민 결사체의 중요성'이라는 주제가 거의 빠지지 않고 거론되고 있다. 곧, 자신의 세계 안에 갇혀 사는 자아 지향의 인간형이 서구 문화의 도덕성과 공공성을 위태롭게 하고 있으며, 이러한 위험을 상쇄할 수 있는 것은 시민들의 결사체 활동이라는 것이다. 왜냐하면 결사체 활동을 통해서 시민들은 공공에 대한 관심을 갖게 되고, 나아가 공공 활동에의 참여를 통해 권력 견제 역할까지도 할 수 있다고 보았기 때문이다. 크게 보면 최근 논쟁이 되고 있는 공동체주의자들, 로버트 푸트남의 '사회자본'에 관한 논의 등도 이러한 관심으로부터 나온 것이라 할 수 있다. 그만큼 개인들의 공공 활동에 대한 관심과 참여가 건강하고 좋은 사회를 만들 수 있다는 믿음이 있는 것이다.

한편 시민사회를 경제 관계가 지배하는 시장 영역으로 보는 입장의 대표적인 학자들로는 철학자 헤겔과 마르크스를 지적할 수 있을 것이다. 마르크스의 시민사회에 대한 생각은 헤겔의 사상으로부터 영향을 받았으면서 동시에 이를 극복하고 있다. 헤겔에게 시민사회는 욕망의 체계이고 이기적 개인주의에 의해 규정되기 때문에 사사로운 이해관계와 권리 주장들이 서로 충돌하는 전쟁터와 같은 곳이다. 따라서 시민사회 내의 다양한 상호 교섭은 공통점이 없고, 깨어지기 쉽고, 또 심한 갈등에 빠지기 쉽다. 물론 시민사회 내에도 자치체(coporations)와 같이 집단의 이익과 공공성을 인식하고 배울 수 있는 제도들이 없는 것은 아니다. 하지만 이러한 집단들은 사회 내의 다양한 집단들을 모두 포함할 수 없을뿐더러, 시민사회 내의 개인들이 자신의 이해관계를 추구하는 부르주아라는 점에서도 사회 전체의 이익을 대변하지는 못한다. 따라서 헤겔은 시민사회 내의 이해 갈등을 국가라고 하는 도덕 실체를 통하여 해결하고자 한다. 다양한 이해관계들을 조정하고 보편성의 틀 아래에 귀속시켜야 하는 임무를 국가에 부여하고 있는 것이다.

헤겔에 이어 마르크스 역시 시민사회란 시장 영역이고 경제 관계가 중심이 되는 공간이라고 파악한다. 곧 시민사회는 사사로운 개인들의 욕구 체계이며 소유를 기초로 하여 무절제와 윤리의 퇴폐성을 드러내는 시장사회이다. 하지만 헤겔과 달리 마르크스에게 국가는 시민사회의 이러한 문제를 해결할 능력이 없다고 본다. 국가는 공공성의 외형을 띠고는 있지만 실제로는 또 다른 사사롭고 특수한 권력에 불과하다. 국가는 사회 내의 지배 계급을 대변하는 기구일 뿐이기 때문이다. 따라서 시민사회 내의 이해 갈등을 해결하고 공공성을 실현할 수 있는 방법은 시민사회 내부에서 찾아야 한다. 마르크스가 발견한 해결책은 바로 노동 계급의 혁명을 통한 공산주의 건설이었다.

이후 마르크스주의 전통에서도 시민사회를 시장사회와 동일시하는 입장에 대한 반성들이 있었다. 마르크스주의는 경제 이외의 영역, 곧 사회 영역의 복잡성을 간과하고 있으며 국가 권력과 시민사회의 관계에 대한 모든 논의를 부르주아 등장의 역사라는 시각으로만 파악하고 있다고 비판을 받았다. 이에 마르크스주의 시민사회론을 사회 상황의 변화에 맞춰 새롭게 재구성한 학자가 안토니오 그람시다. 마르크스주의 전통에 있으면서도 그의 시민사회 논의는 매우 독특하다. 시민사회가 "방종과 타락으로 얼룩져 윤리적, 도덕적 질서의 최고 형태인 국가에 의해 조절되고 지배되어야 할 대상"이라고 여겼던 헤겔과도 달랐고, 또한 "시민사회를 경제적 관계의 영역으로 파악하고 그것이 국가와 정치 질서의 결정 요소로 작용한다."고 보았던 마르크스의 논의와도 차이가 있다. 그람시에게 시민사회론은 국가/시민사회/경제라는 3분 모델을 그 특징으로 한다. 이 틀에서 시민사회는 국가와 함께 상부 구조 영역에 속한다. 국가는 대표적인 정치사회로서 '강제력'을 통하여 피지배자들을 지배한다. 반면 시민사회는 지배계급의 헤게모니, 곧 피지배층의 동의를 바탕으로 지배를 이뤄가는 영역이다. 따라서 언론 매체, 종교, 교육 기관, 정당 등의 기구들은 지배 계급의 세계관과 이데올로기를 전파하는 '헤게모니 기구'이며, 지배 계급은 이러한 기구들을 통하여 문화적 헤게모니를 장악하게 된다. 이로써 국가의 지배는 폭력 수단을 통한 강제력이 아니라, 점점 더 피지배자들의 자연스러운 동의를 바탕으로 이뤄지게 된다. 곧 자본주의의 지배 계급인 부르주아는 국가의 폭력 수단 뿐 아니라, 이러한 헤게모니 기구들을 통해 자발적인 복종과 동의를 이끌어냄으로써 자신들의 지배를 공고히 한다는 것이다. 따라서 시민사회가 발달한 서구의 경우, 이러한 억압 질서를 극복하기 위해서는 노동자 계급이 대항 헤게모니를 구축하고 '진지전'을 펼쳐야 한다고 그람시는 주장한다.

한편 비판 이론의 전통에 속하는 하버마스는 현대 시민사회 사상에 커다란 영향을 미친 또 다른 학자이다. 그는 자유/다원주의의 시민사회 사상과 마르크스주의 전통을 통합하고 극복하려는 새로운 시도를 하였다. 하버마스도 헤겔과 마르크스의 전통을 따라 시민사회를 시장사회의 영역으로 파악하지만, 동시에 국가와 시민사회 사이를 매개하는 '공론 영역'이라는 새로운 개념을 도입한다. 그에게 '공론 영역'이란 경제 활동이 일어나는 시장사회도 아니고, 통치 행위가 일어나는 정치사회와도 구별된다. 이 공론 영역은 자유로운 인간의 권리를 확보하기 위한 투쟁 속에서, 국가에 대한 대응 수단으로 18세기에 확립되었다. 하버마스가 이 공론 영역에 주목하게 된 것은, 개인의 인격에 의하여 지배가 이뤄지던 이전의 통치 체계와는 달리, 이성적 토론과 합의를 통하여 공권력을 합리화하는데 큰 역할을 했기 때문이었다. 이후 이것

은 서구에서의 의회 민주주의의 토대를 구성하였다는 것이
하버마스의 분석이었다.[12] 이처럼 하버마스의 개념 틀에 비
추어 볼 때, 공론 영역은 국가 또는 시민사회와 구별되는 새
로운 영역으로서 설정되어 있다. 하지만 많은 학자들은 하버
마스가 말하는 공론 영역이 오히려 시민사회의 성격과 비슷
하다고 말한다. 그래서 하버마스의 공론 영역을 시민사회 개
념으로 파악하며, 이와 구별하기 위해 하버마스의 시민사회
개념은 시장 영역으로 부르고 있다. 이러한 공론 영역으로서
의 시민사회는 "사회적 차이들, 사회문제들, 문화적 정체성,
공공정책, 정부의 결정과 공동체의 업무들이 개발되고 심의
되는 비입법적, 초사법적, 공적 공간"이라고 규정된다. 최근
민주주의와 관련된 논의에서 이 공론 영역은 매우 핵심 주제
로서 주목받고 있다. 특정한 입장들만이 대변되고 소수자나
주변부의 입장이 배제되고 억압된다면 진정한 의미에서의 민
주주의라 할 수 없기 때문이다. 따라서 공론 영역으로서의
시민사회를 유지하고 지켜가는 것이 현대 민주주의의 핵심
주제이자 과제라 할 수 있다.

이처럼 시민사회는 매우 다양한 의미를 가지고 있다. 각각
의 이론적 입장에 따라 '시민사회'의 의미가 매우 다르게 사
용된다. 앞서 본 것처럼, 토크빌의 전통을 잇는 자유/다원주
의 입장에서 '시민사회'란 자발 결사체들의 영역인 반면, 마
르크스주의 전통에서의 '시민사회'는 경제 관계가 지배하는
시장사회를 의미한다. 또한 비판 이론 전통에 서 있는 하버

---

12) 이후 하버마스는 공론 영역의 개념을 대신하여 체계/생활세계라는 새로
운 개념 틀을 가지고 사회를 분석하고 있다.

마스에게 '시민사회'는 모든 사회 구성원들이 참여하는 토론과 심의의 공간인 공론 영역으로 개념화된다. 아직까지도 '시민사회'라는 개념에는 이 세 가지의 의미가 혼란스럽게 혼재되어 있다. 그리고 각각의 이론적 입장에 따라, 학자들마다 다른 의미의 시민사회 개념을 사용한다.

하지만 최근에는 국가와 시민사회라는 2분 모델이 아니라, 국가/시장/시민사회라는 3분 모델이 정착되어 가는 상황이다. 학자들에 따라서는 3분 모델의 시민사회 개념 대신에 제3섹터, 공동체 영역 등의 개념을 쓰기도 한다. 이는 근대 시민들의 자유스러운 활동 공간이 모두 시장 영역으로 환원될 수 없다는 반성으로부터 나왔다. 이제 하나의 사회를 구성하는 활동 영역은 크게 세 부분으로 이해되기 시작한다. 곧, 정부의 통치 활동이 일어나는 정치사회 영역으로서 국가, 이윤 동기에 의해 움직이는 경제 주체들의 활동 공간인 시장, 그리고 시민들의 자유스러운 참여와 결속, 토론과 합의, 그리고 사회운동의 영역으로서 시민사회 등이 그것이다. 그렇기 때문에 하버마스 스스로가 시민사회와 구별하여 사용하고 있는 '공론 영역'을 오늘날 많은 학자들은 시민사회라는 명칭으로 부르는 것이다.

3. 시민사회론의 고민과 그 대안들

(1) 시민사회의 딜레마

앞서 말한 것처럼, 시민사회는 현대 민주주의에서 매우 핵심이 되는 사상이다. 시민사회야말로 국가와 사회를 통제하고 조절하여 인간다운 사회, 정의로운 사회, 민주스러운 사회를 건설하는 기초가 된다고 보기 때문이다. 하지만 이 시민사회론에는 커다란 고민이 있다. 그것은 자유로운 개인들이 어떻게 공공 정신을 가지고, 공동체 활동에 참여하도록 할 것인가라는 문제이다. 모든 것을 시장과 경쟁에 맡겨 두면 저절로 해결될 것이라고 주장하는 천박한 자유주의자가 아니라면, 이 문제는 시민사회론자들이 해결해야 할 가장 심각한 고민 가운데 하나이다.

근대 이후 시민사회는 사회의 모든 구성원들의 자율성과 보편적 권리를 인정하는 것을 그 전제로 하고 있다. 소수자나 주변인들을 배제하고 억압하는 것은 시민사회 원리에 어울리지 않는다. 하지만 모든 구성원들에게 보편 권리를 인정하는 것은 개인을 절대화함으로써, 다른 사람들이나 대상들은 도구화되고 수단으로서의 의미만 가지게 된다는 점이다. 나의 이익과 욕구가 절대가 되면, 다른 사람들은 수단이 된다. 이럴 경우 사회에서의 갈등은 극단화될 수밖에 없고 결국 약육강식의 원리가 사회를 지배하게 될 것이다. 따라서 어떻게 자유로운 개인들이 자신의 이익이나 욕구를 상대화하면서, 사회 전체의 이익과 공공성을 추구할 수 있겠는가는 모든 시민사회의 고민이며 기본 전제이고, 또한 모두가 추구하는 목표이자 결과라고 할 수 있다. 이러한 공공의 시민이 없다면 시민사회론자들이 꿈꾸는 바람직한 사회의 모습은 불가능하다. 뒤르케임은 "개인주의와 지성인"이라는 글에서 이런 시민사회의 고민을 다음과 같이 쓰고 있다.

> 우리의 조상들은 개인의 발전을 저해하는 정치적 굴레로부터 그를 자유케 하는 일만을 해왔다. 그러므로 그들은 생각의 자유, 쓰는 자유, 투표할 자유를 달성해야 할 일차적인 관심으로 삼았었다. 이러한 해방은 확실히 다음에 올 모든 발전의 필요한 전제 조건이었다. 그러나 그들이 추구하는 목표를 향한 투쟁의 정열에 완전히 휩쓸리어, 더 이상 그것을 넘어 보지 못하고 그들 노력의 가까운 결과를 일종의 최종 목표로 삼고 말았다. 지금에 와서는 정치적 자유는 수단이지 목적이 아니다. 그 자유의 값어치는 그것이 어떻게 쓰이느냐 하는 데 있다. 만약 그 자유가 자유 그 자체를 넘어서는 어떤 다른 목적을 도와주지 않는다면, 그것은 단순히 쓸모없는 것만이 아니다. 그것은 위험하게 되는 것이다. 그것은 싸움의 수단이 되는 무기이다.

조금 길게 따온 위 글에서, 뒤르케임은 과거의 구속으로부터의 해방이 어떤 다른 숭고한 목적을 지향하지 않는다면 오히려 위험한 것이 될 수 있다고 지적한다. 형식적 자유와 실질적 자유 사이의 구분과 대립은 뒤르케임뿐 아니라, 많은 학자들이 지적하고 있는 것이기도 하다. 이들이 한결같이 지적하고 있는 것은 바로 자유로워진 개인들이 어떻게 그 자유를 더 높은 가치를 실현하는 수단으로 사용할 수 있을 것인가에 대한 물음이었다. 이것이 바로 시민사회의 기본 전제이자 실현해야 할 과제인 것이다.

따라서 시민사회론자들은 시민사회의 이러한 고민을 해결하고자 다양한 대안을 제시하고 있다. 18세기 스코틀랜드 계몽주의자들에게 이런 고민은, 앞서 보았던 것처럼, 이해관계와 윤리의 통합이라는 입장에서 해결되고 있다. 근대 이후 새롭게 등장한 이해관계 개념은 새로운 도덕 질서의 바탕으로서 주목받았다. 그렇지만 이러한 이해관계는 신이 인간에게 심어 준 자연스러운 도덕 감정, 곧 사회성의 바탕 위에서 작동하는 것이었다.

아마도 아담 스미스가 이러한 사례에 해당할 것이다. 많은 사람들이 아담 스미스를 '보이지 않는 손'을 주장한 자유방임주의자 정도로만 이해하고 있다. 하지만 바로 그 아담 스미스가 '보이지 않는 손'을 주장한 「국부론」 과 함께 「도덕감정론」 도 함께 썼다는 것을 아는 사람은 많지 않다. 그의 이두 책을 함께 고려할 때 아담 스미스는 단순히 자유방임주의를 주장한 경제학자일 수 없다. 「도덕감정론」 에 따르면, 인간 개인의 도덕 바탕은 다른 사람들로부터 인정과 존중을 받으려는 욕구에 있다. 따라서 사람들이 시장에서 물건을 교환할 때에도 그 상호 관계의 밑바탕에는 다른 사람들로부터 인정을 받으려는 욕구가 깔려 있다는 것이다. 교환이 일어나는 시장은 이러한 도덕 바탕 위에서 비로소 제대로 작동할 수 있는 것이다. 만약 이러한 도덕 바탕이 없는 시장이란 그야말로 약육강식이 지배하는 정글일 뿐이며, 시장 법칙도 제대로 작동할 수 없게 될 것이다.

결국 18세기 스코틀랜드 계몽주의자들에게 새롭게 등장한 이해관계라는 개념은 인간이 처음부터 가지고 있었던 도덕 감정 위에서 조화롭게 추구될 수 있었다. 이들에게 사사로운 개인들이 공공성을 추구하고 질서를 이룩할 수 있는 것은 바로 인간이 본래부터 가지고 있었던 도덕 감정이었던 것이다. 그리고 이 도덕 감정은 세속화된 신(神), 곧 자연으로부터 주어진 것이었다.

하지만 이후에 이해관계와 윤리를 명백히 구분하는 자유주의 경향 등장하게 되었다. 이제 개인의 이해관계나 권리가 보편타당한 것으로 받아들여졌고, 이것을 넘어서서 권고하고 제어할 수 있는 더 높은 차원의 권위를 찾기가 힘들어졌다. 때문에 이들은 개인의 자율성과 독립성을 지나치게 강조함으로써 개인들 사이의 관계를 고립시키고 공동의 정체성을 파괴하였으며, 개인의 이익을 절대화하여 사회를 극단의 이해 갈등의 장으로 만들었고, 나아가 서로 함께 협력하여 공동의 목표를 성취할 수 있는 인간의 능력 자체를 위축시켰다고 비판받았다.

(2) 딜레마에 대한 대안들

이런 맥락에서 개인의 자율성과 이해관계를 조절하고 더 큰 도덕성의 바탕 위에 위치시키려는 다양한 노력들이 있었다. 개인의 이해관계와 윤리를 재통합하려는 시도들이다.

먼저 국가를 통해 이러한 딜레마를 해결하려는 시도들이 있다. 헤겔이나 폴라니 등과 같은 학자들이 여기에 해당한다. 앞서 말한 바와 같이, 이들에게 시민사회는 욕망의 체계이고 따라서 시민사회의 다양한 요소들 사이에 필연적인 동일성이나 조화는 존재할 수 없다고 본다. 이러한 갈등을 조절하고 해결할 수 있는 것은 시민사회 영역에 국가라고 하는

도덕적 실체가 개입하는 것뿐이다. 헤겔과 폴라니에게 국가
는 시장에 반대하여 사회 전체의 공공선을 대표하는 보편의
실체이며, 사회의 질서와 진보에 필수가 되는 요소이다.

하지만 국가가 이러한 딜레마를 해결하기에는 많은 한계들
이 있다. 국가가 개인의 자유와 권리를 넘어서는 공공성의
가치를 독점하게 되는 위험이 그것이다. 우리 사회는 오랜
동안의 군사 독재 경험을 통하여 이런 위험들이 무엇인지를
경험하였다. 이러한 논리는 자칫 국가를 절대선으로, 그리고
국가의 하위 집단은 모두 '사사로운 것'으로 분류하면서, 국
가가 시민사회 자체를 억압하는 논리를 정당화할 수 있는 것
이다.

두 번째는 노동자 계급의 역할을 통하여 이러한 시민사회
의 딜레마를 해결하려는 시도이다. 앞서 이야기하였던 마르
크스주의가 이에 해당한다. 그들에 따르면, 인간들이 자신의
이해관계나 권리 주장을 초월하지 못하고 특수성 위치에 머
무르는 것은 자본주의 체계 때문이다. 사적 소유와 노동 분
업에 기초한 자본주의 체제는 인간을 자기 자신과 노동 활
동, 그리고 동료로부터 소외시킨다. 노동을 통하여 서로 협
력하고 노동하는 존재로서의 자기 자신을 실현시켜 가는 것
이 아니라, 끊임없는 경쟁 상태에 내몰려 자신, 동료, 자연과
갈등하고 대립하게 된다는 것이다. 이러한 상태는 자신의 특
수성에 매몰되어 보편성과 대립하고 있는 형국이다. 이러한
딜레마의 해결은 노동 계급의 혁명을 통해서 달성될 수 있
다. 마르크스에게 노동자들이야말로 인간 소외의 원천인 자
본주의 체제의 모순을 가장 잘 인식할 수 있는 위치에 있을

뿐 아니라, 역사상 마지막 계급투쟁의 주체로서 이들의 계급 이익이 곧 인류 전체의 보편 이익과 동일시되기 때문이다. 따라서 자본주의를 극복한 공산주의 사회에서는 모든 개인들이 자신의 이익을 위해 행위할지라도 결국에는 전체로써 인류에게 이바지하게 되는 상태가 된다. 사사로움과 공공성의 구분이 사라지는 것이다.

하지만 이러한 대안도 현실에서는 많은 문제를 가지고 있는 것으로 보인다. 사회주의 몰락이라는 역사의 사례가 그것을 보여 주고 있고, 우리 사회의 노동운동이 또 하나의 이익 집단으로 전락해 가는 모습에서도 그 한계를 찾아 볼 수 있다. 시민사회의 딜레마를 극복할 수 있는 노동 계급의 역할은 그들이 가지고 있는 사회의 위치로부터 자연스럽게 도출되는 것이 아니다. 노동 계급에게도 집단 이기주의를 극복하고, 사회의 공공 활동에 참여해야 하는 과제가 동일하게 주어져 있는 것이다.

세 번째 유형은 개인 안에 내재하는 사회성의 요소를 강조함으로써, 개인의 이해관계와 권리 주장을 공공성 차원으로 승화시키려는 유형이다. 최근 공동체주의자들의 주장이 그러하다. 이들은 인간에게 내재하는 도덕 감정을 통하여 사사로움과 공공성의 긴장을 해결하려고 했던 18세기 스코틀랜드 계몽주의 전통과 이어져 있다. 다만 다른 점이 있다면, 18세기 사상가들이 인간의 본성이라고 생각했던 것에 과학이라는 이성을 부여하고 있다는 점일 것이다. 미국의 사회학자 로버트 벨라는 미국의 공공성 문화를 진단하면서 다음과 같이 결론을 내리고 있다. "미국에 수많은 이기스럽고 나르시즘 같은 '자기중심 세대'(me generation)가 있다면, (그것은 본성 자체가 이기적인) 그런 사람들이 많기 때문이 아니다. 그보다는 자기 이해의 가장 중요한 미국의 언어, 곧 개인주의라는 언어가 사람들의 생각하는 방식을 제한하고 있기 때문"이라는 것이다. 미국인들이 자기 자신만의 세계에 갇혀서 공공 활동에 의미를 부여하지 못하는 이유는 개인의 문제가 아니라 미국 문화가 가지는 한계 때문이라는 지적이다. 따라서 공공 활동을 의미 있게 해 줄 수 있는 미국의 전통, 곧 기독교와 공화주의 전통을 회복해야 한다고 주장한다.

현대 공동체주의자들 가운데 한 사람인 찰스 테일러 역시 현대사회의 불안함을 논의하면서 그 원인을 현대의 고립된 개인주의에서 찾고 있다. 그에 의하면, 진정한 개인주의는 다른 사람들과 함께 공유하고 있는 문화적, 도덕적 지평을 공유할 때 실현될 수 있다. 그는 이러한 도덕 이상을 '자기 진실성의 이상'이라고 부른다. 결국 벨라나 테일러가 함께 지적하고 있는 것은 개인의 정체성은 고립된 진공 상태에서 형성되는 것이 아니라는 점이다. 나의 나됨은 다른 사람들과의 관계 속에서 형성되는 것이고, 자신 안의 그러한 공동체의 요소를 인정함으로써 좁은 자신의 틀을 벗어날 수 있다는 제안이다. 하지만 이러한 논리에도 위험은 존재한다. 공동체성의 강조는 언제나 그 안에 포함되지 않는 주변인들을 배제할 수 있다는 위험이 있다. 또한 개인 안의 공동체성의 강조가 항상 보편적인 사회의 공공선과 이어지는 것만도 아니다. 오히려 현실에서 우리는 집단 이기주의를 조장하여 사회 전체에 부정의 영향을 미치는 많은 공동체들을 보아 왔다. 따라서 이런 입장들도 공동체의 방향이 보편주의의 원리와 이어져야 한다는 과제를 여전히 안고 있다.

이 밖에도 시민사회의 딜레마를 해결하기 위한 수많은 논의들이 있지만, 간략하게 세 가지를 정리해 보았다. 시민사회의 고민은 결국 사사로운 개인이 어떻게 공공성에 대한 관심과 참여를 갖도록 할 것인가에 대한 문제이다. 그래서 앞서 말했던 것처럼, 오늘날의 시민은 특정한 가치와 행위 지향을 의미하는 개념이 되었다. 자신만의 세계에 갇혀 있는 사람은 진정한 의미의 시민으로 불려질 수 없는 것이다. 시민사회 딜레마의 대안으로서 지적되었던 국가, 노동 계급, 공동체 등도 결국은 시민사회 구성원들로 하여금 사사로움을 넘어 공공성을 지향하도록 하는 방법이 무엇인가에 대한 고민의 결과라고 할 수 있을 것이다.

4. 기독교인은 시민다운가?

그렇다면 기독교는 이런 시민사회 딜레마에 대하여 어떤 대답을 줄 수 있겠는가? 미국의 시민사회 논의에서 언제나 빠지지 않고 등장하는 주체 가운데 하나가 바로 교회와 관련 단체들이다.[13] 그것은 적어도 시민사회 딜레마에 대해 기독

---

13) 벨라는 미국 사회의 공공성 회복을 위한 하나의 방편으로 기독교 전통의 회복을 주장하고 있고, 푸트남 역시 교회 및 그 관련 소집단들을 미국 공공성의 중요한 범주로 다루고 있으며, 우스노우는 아예 「기독교와 시민사회」라는 제목의 책을 통하여 그 가능성을 탐색하고 있기도 하다.

교가 가지고 있는 가능성을 보여 주는 하나의 사례라고 생각한다. 다시 말하면, 자신만의 좁은 울타리를 뛰어넘어 공공성에 헌신할 수 있는 기독교와 교회의 가능성을 미국 사회가 인정하고 있다는 것이라고도 할 수 있다.

성경에는 다음과 같은 말씀이 있다. "형제들아, 너희가 자유를 위하여 부르심을 입었으나, 그러나 그 자유로 육체의 기회를 삼지 말고 오직 사랑으로 서로 종노릇하라."(갈라디아서 5장 13절) 자유를 얻었으나 그 자유를 방종의 기회로 삼지 말고 다른 사람에 대한 헌신의 기회로 삼으라는 말씀이다. 앞서 인용했던 뒤르케임의 고민과 주장에 대한 정답과 같은 말씀이라고 생각한다. 적어도 미국의 시민사회 논의에서 언제나 기독교와 교회가 등장하는 것은 서구의 역사에서 공공성 형성에 기독교가 했던 역할 때문이기도 하고, 동시에 이러한 가능성을 가지고 있기 때문이기도 할 것이다. 뿐만 아니라 교회 내에서 이뤄지는 수많은 소모임들도 그것이 공공의 관심과 이어지기만 한다면, 시민사회 내에서 자발 결사체로서의 역할을 담당할 수 있을 것이다.

하지만 우리 기독교의 현실은 어떤가? 비기독교인들보다도 훨씬 더 이기적이라는 말을 글쓴이만 듣고 있는 것은 아닐 것이다. 또 교회 내의 수많은 소집단들이 시민사회의 결사체의 하나로서 기능하고 있는가의 물음에 대해서도 선뜻 대답하기가 쉽지 않다. 문제가 어디에 있는 것인가? 우리 시대 교회가 직면하고 있는 중요한 과제라고 생각한다.

도움 받은 글

마이클 에드워즈, 「시민사회, 이론과 역사, 그리고 대안적 재구성」(서유경 옮김)(서울: 동아시아, 2004).

박영신, "잊혀진 이야기: 시민사회와 시민 종교," 「현상과인식」, 24권 1/2호(2000년 봄/여름).

박 희, "시민사회 개념의 역사," 「사회학연구」, 여덟째 책(1995).

앨버트 허쉬먼, 「열정과 이해관계: 고전적 자본주의 옹호론」(서울: 나남, 1994).

에밀 뒤르케임, "개인주의와 지성인," 박영신(엮음), 「변동의 사회학」(서울: 학문과사상사, 1980).

이승훈, "사사로운 이해와 공공선, 대립인가, 공존인가?" 「현상과인식」, 24권 3호(2000, 가을).

존 킨, "독재와 민주주의: 1750-1850년 국가와 시민사회의 기원과 발전," (한국정치연구회 정치이론분과 엮음)(서울: 녹두, 1993).

챨스 테일러, 「불안한 현대사회」(송영배 옮김)(서울: 이학사, 2001).

Adam Seligman, *The Idea of Civil Society*(New York: Free Press, 1992).

Jurgen Habermas, *The Structural Transformation of the Public Sphere*(The MIT Press, 1989).

Robert Bellah, *Habits of the Heart: Individualism and Commitment in American Life*(Berkeley: University of Cali- fornia Press, 1985).

Robert Putnam, *Bowling Alone: The Collapse and Revival of American Community*(New York: Simon & Schuster, 2000).

Robert Wuthnow, *Christianity and Civil- Society* (Penn- sylvania: Trinity Press International, 1996.

시민사회와 하나님 나라

이범성 · 실천신학대학원대학교/선교역사

1. 서론

21세기의 다원화된 사회의 다양한 요구는 국가나 시장에 의해 충족되지 못하고 시민단체의 역할에 의해 충족되고 있다. 시민사회를 대표하는 기관으로서 NGO는 다양한 실천 과제를 가지고 지구적 차원과 지역적 차원을 넘나들면서 현재 민주주의가 상정하고 있는 인간성의 회복을 목표로 삼아 활동한다. 사회 개념으로서의 '인간성 회복'은 기독교 용어로 표현하면 '하나님 형상의 회복'이다. 그러나 기독교는 인간 존엄성의 이유를 인간의 능력이나 약속에서 찾지 않고, 신적 능력과 신앙에서 유출한다는 점에서 신학과 사회학의 차이가 있다. 기독교 NGO들은 사회이론을 준거의 틀과 행동의 양식으로 삼지만 그 이상과 동력은 기독교 신앙에 근거하고 있는 것이다. 과거에도 NGO 형태의 많은 기독교 봉사가 있어 왔거니와 현재의 기독교 봉사는 세상에 대한 기독교의 급증한 책임 의식과 개혁을 위한 적극적 정치 참여 방식 때문에 더욱 요청되고 있는 것이 현실이다.

NGO 선교는 신학적으로 1950년대에 등장한 하나의 이론, 즉 교회 울타리를 넘어서서 세상을 하나님의 선교 현장으로 인식하고, 선교의 주체를 교회가 아닌 하나님 자신으로 인식하는 '하나님의 선교(Missio Dei)'에 의해 지지되고 있다. '하나님의 선교'는 선교의 목적을 교권의 확장이 아닌 이 세상에 '하나님의 나라'를 구현하는 것으로 보며, 세상에 대한 이 하나님의 긍정은 기독교 NGO 활동을 선교를 위한 준비 과정이나 선교 이후의 후속 활동이 아니라 선교 그 자체라고 밝혀 준다.

'하나님 나라'의 이상은 기독교 NGO 운동에 이상을 제시해주며 '하나님 나라'에 대한 믿음은 기독교 NGO 운동에 동력을 제공한다. 일반적으로 시민사회는 도덕적 지침, 건전한 종교적 지도, 기독교 용어로 말하면 하나님 나라의 이상을 필요로 한다. 하나님 나라의 이상은 하나의 청사진이 되어 시민사회가 지향해야 할 목표를 종교적 차원에서 제시하기 때문이다.

시민사회의 딜레마라고 표현된 시민사회의 문제점은 무엇보다 시민단체들이 단체의 이익을 추구하는 과정에서 '집단 이기주의화' 되어 그 집단에 소속되지 못한 소외된 사회적 약자를 종종 잊어버리게 되는 현상에 있다. 그런데 성경과 복음이 말하는 '하나님 나라'는 사회적 약자에 대한 최우선의 관심을 약속하는 미래의 비전을 제시하기 때문에 시민사회는 인간 개인과 단체가 벗을 수 없는 인간의 죄악성과 유한성 그리고 시대적 제약이 주는 한계성을 뛰어 넘어 온전한 인간 사회의 청사진을 교회로부터 제공 받아야 하는 것이다. 이것은 물론 교회가 온전한 하나님 나라를 이해하고 있다는 전제 하에서 유용한 주장일 것이다.

누가복음 16장 19-31절에 등장하는 두 인물 '부자'와 '거지' 중에 거지 나사로에게 일차적 관심이 집중되어야 한다는 메시지가 시민사회에 주는 하나님 나라의 교훈이라 하겠다. 예수님께서는 이사야 61장을 인용하여 하나님 나라를 묘사하셨는데 그 하나님 나라는 누가복음 4장 18절의 "가난한 자에게 복음을 전하게 하시려고 내게 기름을 부으신" 하나님 나라인 것이다.

한편 약자를 위한 싸움은 늘 투쟁하는 자를 지치게 만들기 마련이다. 그러나 '우리가 선을 행하되 낙심하지 말지니 포기하지 아니하면 때가 이르매 거두리라'는 갈라디아서 6장 9절의 말씀처럼 하나님 나라의 청사진은 궁극적 승리를 약속하고 있기 때문에 시민사회로 하여금 실망하지 않고 끝까지 선한 싸움을 싸울 수 있는 영적 에너지를 공급해 준다. 이 승리는 죽음의 권세를 깨뜨리고 부활로 승리하신 그리스도의 역사적 사건에 근거하고 있다. 교회와 그리스도인은 이 역사의 연속선 상에서 이미 이기신 그리스도의 싸움을 말과 행실로 이 사회에서 증거하고 있을 뿐이다. 그래서 '그리스도는 이 세상의 소망'(WCC 제2차 에반스턴 총회 주제, 1954)이 되시며 시민사회의 영적 에너지가 되는 것이다.

그런데 교회는 왜 이렇게 분명한 하나님 나라의 청사진을 사회에 제공해 주지 못하고 있는지, 오히려 사회의 불필요한 존재로서 세간에 거론되고 있는지 그 이유에 대해 우리는 신학적인 대답을 찾아볼 필요가 있다.

본래 하나님 나라는 전인적인 세계이다. 주님의 부활이 제자 도마가 만져본 살과 피의 부활이듯이 하나님 나라는 영적이고 추상적 개념이 아니라 만져지고 경험됨으로 실재하는 세상이요 사회이다. 이 하나님 나라는 그리스도가 세상에 오시는 사건을 통해 이미 시작되었다. 그리고 그리스도를 주로 믿고 따르는 기독교인들과 그들의 공동체인 교회를 통하여 이 사회에서 실천되고 있는 중이다. 그리고 종래에는 사람의 힘이 아니라 하나님의 힘으로 '새 하늘과 새 땅'이 역사 속으로 완전하게 찾아옴으로써 하나님 나라가 실현되는 것이 바로 기독교가 믿는 하나님 나라와 인간 사회의 관계인 것이다.

그런데 교회는 교회가 처한 각 시대마다 시대정신을 좇아 어떤 때에는 영과 육 또는 성과 속을 이원론으로 구분하며 하나님 나라를 영적이고 추상적인 곳으로 왜곡했던 것이다. 이제 우리는 본론으로 세계 교회사 2000년 속에 일어난 '하나님 나라' 왜곡의 역사를 간략하게 살펴보려고 한다.

2. 본론: 교회사 속에서 본 '하나님 나라' 이해의 변화

하나님의 나라는, **구약성경에서** 포로 생활에서 돌아온 이스라엘 백성들이 선민의 약속을 상기하면서 이스라엘이 하나님 덕분에 세계의 중심이 되는 메시아 왕국을 기대할 때 그

왕국의 이름으로 불리기 시작했고 **신약성경에서**는 예수의 탄생으로 그 하나님의 왕국이 이미 이 세상 속 사람들 가운데 시작되었다고 선포되었다. 그러나 예수가 선포한 하나님 나라는 이스라엘이 기다리던 메시아 왕국과 그 성격이 너무 달랐다. '먼저 된 자가 나중 되고' 이방인이 고침을 받으며 이스라엘의 제사보다 사마리아인의 자비가 더 인정을 받았다. 다윗 때에 누렸던 이스라엘의 영광을 회복하는 것이 주가 아니라 가난하고 억눌리고 소외된 자들이 회복되는 것이 하나님 나라의 주요 사안이었던 것이다. 예수는 이스라엘이 알지 못하는 하나님 나라를 설명할뿐더러 이스라엘의 신분을 의지하던 모든 유대인들의 자존심과 희망을 꺾어 버렸다. 예수를 십자가에 못 박은 것은 다름 아닌 이스라엘이었다. 그들이 기다리던 메시아를 그렇게 그들은 죽여 버리고 말았다.

그러나 주의 제자들은 그리스도의 승천 이후 정기적으로 함께 모여 그리스도의 주되심을 서로 증거하고 가진 것을 공동 소유하여 빈부의 차이를 없애고 이웃을 사랑하는 일에 전심전력하여 몇 세기가 채 지나지 않아 로마 전역에 영예의 "그리스도인"이라는 칭호를 얻게 되었으니 그 이름은 최고의 시민됨을 나타내는 말로 이해되었다. 312년 콘스탄티누스가 기독교를 하나의 정식 종교로 인정한 사건과 그의 손자 테오도시우스가 기독교를 아예 로마의 국교로 선포했던 것은 그들 황제들의 개인 경건에서 유래한 것이 아니라 당대의 기독교와 기독교회가 로마의 정신적 길잡이가 되기에 충분한 것을 사회로부터 인정받았기 때문이었던 것이다. 기독교 선교를 가능하게 했던 것은 당시 그리스도인들의 말 때문이 아니라 그들의 행함 때문이었다.

그런데 이 하나님 나라의 복음을 담지한 교회가 세상의 로마제국의 비호 아래 기득권 세력이 되면서 예수 이전에 유대인들이 그랬던 것처럼 교회 자신을 위한 자기 연민에 사로잡힌 기구로 전락해 버리고 세상의 일에 무관심한 사상적 집단으로 전락해 버리고 말았다. 여기 그 2000년의 역사가 있다.

(1) 어거스틴의 '신의 도성'(410-425)
- 이원론으로의 오해

어거스틴은, 412년 고트족의 침략으로 인한 로마제국의 멸망에 대해 기독교 국가인 로마가 왜 멸망해야 하는가를 해명(변명: Apologia)하기 위한 노력으로서 15년에 걸쳐 22권의 책을 '하나님의 도성'이라는 제목으로 저술하였다. 처음 10권은 로마의 멸망이 기독교적 책임이 아니라는 주장의 진술이며 나중 12권은 사회 속에 존재하는 두 나라, 즉 하나님의 종들의 도성과 세상의 자녀들의 도성이 유지하고 있는 긴장 관계에 대한 서술이다.

어거스틴에게 교회와 국가는 유기적으로 통일된, 공동의 선(the commen good)을 위해 함께 일하는 기독교 공동체였다. 둘 사이의 문제는 다만 누가 더 높은 지배자가 될 것인가 하는 것이었다. 로마가 왜 멸망하는지에 대한 질문에 어거스틴은 로마는 멸망했으나 로마가 곧 하나님 나라가 아니며 의인들의 고향으로서 하나님의 영원한 도성은 아직 남아 있다고 대답했다. 결국 이 천상의 하나님 나라를 인식하고 '하나님 종들의 도성'인 교회에 '세상 자녀들의 도성'인 국가는 봉사해야 하는 것으로서 교권(교회)과 속권(국가)의 우위가 정해지게 되었다.

그리고 중세 교회는, 이러한 어거스틴의 논리를 황제권에 대항하여 교황권을 높이는 의도로 작위적으로 해석함으로써 '세상은 악하고 교회는 선하다'는 이원론으로 발전시킴에 따라 교회 밖에는 하나님이 계시지 않은 것처럼 하나님을 교회 안에 가두어 버리고 교회 밖인 사회는 사단의 영역으로 넘겨 줘 버리는 우를 범하였다. 이것이 바로 전인적 실체인 하나님 나라를 영적인 것으로만 왜곡하는 이원론의 정착 과정이었다.

태초부터 하나님의 말씀은 곧 행동이셨다. 창조의 기사에서도 "빛이 있으라" 하시니 빛이 빛났고 "물과 육지가 나뉘라" 하시니 뭍이 드러나고 물이 한곳으로 모였다. 하나님 나라도 말에서 마치는 추상적인 나라가 아니라 보이고 만져지고 경험되는 실제적인 나라이다. 신앙도 마찬가지다. 믿음은 삶을 통해서 증명되고 증거된다. 사람들은 계속해서 신앙을 추상적인 말 속에 가두어 놓으려는 유혹에 빠진다. 행동은 쉽지 않기 때문이다. 어려운 일을 피하고 싶은 것이다. 이렇게 '좁은 길'을 피하는 이상 믿음의 신비를 경험하기 어렵다. 기회가 없다. 열매가 썩어져야 삼십 배, 육십 배, 백 배의 열매를 거둘 수 있는데 썩어 본 적이 없으니 열매를 거두는 경험이 있을리 만무하다. 주님이 주시는 평화를 어린아이 같은 심정으로 받아들여 본 적이 없으니 세상이 주는 일시적 안도감 외에 참된 평안을 경험할 기회가 생기질 않는다. 신앙생활을 영적으로만 하려고 하니 주님께서 따라오라고 말씀하신 제자의 길과는 너무나 다른 길을 걷게 되고 교회생활 또한 즐거울 리 만무하다. 목회자는 성도들을 깨워서 좁은 길을 걷도록 이끌어야 하는데 스스로도 가기 싫은 좁은 길을 가자고 말할 수 있는 염치가 없다. 차라리 이기적인 마음만 부추기는 기복 신앙으로 밀고 나가는 것이 맘도 몸도 편하다.

신앙생활은 교회에 잘 나오는 것과 교회 행사에 적극적으로 참여하는 것으로서 족하다. 그렇다면 사회는 누가 책임질 것인가? "하나님이 이처럼 사랑하사 독생자를 주신" 세상은 누가 책임질 것인가? 세상은 중요하다. 하나님은 세상을 위해서 독생자를 주셨다. 세상은 믿는 자들이 마음을 두지 말아야 할 버려진 영역으로 이원론은 우리를 오해시켜왔다. 그러나 이 세상은 하나님의 사랑하시는 대상이며 우리 그리스도인들이 책임져야 할 세상이다. 하나님은 세상을 사랑하시고 세상을 위해 오셨고 세상을 통해 영광 받으시기를 원하신다. 선교는 교회가 하는 것이 아니라 하나님이 하신다(하나님의 선교). 하나님이 활동하시는 선교의 현장은 교회가 아니라 세상이다. 교회는 이 선교를 위해 부르심을 받은 도구에 불과하다. 교회는 스스로의 영광을 위해 존재하는 존재가 아니다. 세상으로 들어가서 하나님의 선교에 유용한 도구가 될 때 교회는 올바른 존재 의미를 찾고 본질을 찾는 것이다.

(2) 루터의 '두 왕국론'(1523)
- 정교분리론으로의 오해

루터가 1520년에 쓴 "독일 귀족에게 고함"은 지도적 위치에 있는 기독교인들에게 "만인제사장"적 자의식을 가지고 속권이 교권의 개혁에 능동적으로 참여해 줄 것을 호소한 글이었거니와, 1523년에 쓴 "세상적 권위-어느 정도까지 거기에 복종해야 하는가"는 속권과 교권이 둘 다 세상의 질서를 위해 하나님으로부터 창조질서로서 신적 권위를 가지고 제정되었다는 글이었다.

정치적 권위는 칼로 인간을 다스리고 교회는 말씀으로 인간을 다스린다. 창조질서에 따라 세상을 다스린다는 점에 있어서 국가와 교회는 동일한 기원을 가질 뿐만 아니라 동일한 목표에 종사하고 있다. 그런데 중세의 사회는 정교의 유착 내지는 종합을 통해 각자의 고유한 영역이 경계선을 잃어버렸고 그로 인해 자기의 고유한 직무를 감당하지 못했다는 것이다. 교회는 영혼을 다스리는 일을 세상 통치자들에게 넘겨주었고, 그리하여 세상 통치자들은 영혼을 철로 다스렸다. 반대로 국가는 세속 권력을 교회 지도자들에게 넘겨 주어 주교들로 하여금 파문장을 가지고 육신들을 구속하고 다스리게 하였다.

이러한 상황에서 루터는 사회 속의 두 영역, 즉 속권이라는 왕국(황제, 성주)과 교권이라는 왕국(교황, 주교)이 각기 의무를 혼돈하지 말고 엄격히 구별할 것을 주장했다. 루터는, 종교는 오른팔이 되고, 국가는 왼팔이 되어 서로 대립하고 협력하면서 하나님 나라의 지상 실현에 기여하자는 뜻에서 이 말을 하였다. 그런데 그의 '두 왕국론'은 후대에 정치와 종교를 철저하게 분리하여 서로 간섭하지 말자는, 루터의 뜻과는 전혀 반대되는 논리로 오용되었다.

(3) 바르트의 '기독교 공동체와 시민 공동체'(1946)
– 교회는 사회를 위한 적극적 존재

기독교화 된 사회가 목표하는 것은 영원히 지속되는 교회가 아니라 하늘로부터 내려와 땅에서 실현되는 하나님의 나라다. 루터가 두 왕국을 창조의 섭리로 파악한 것처럼 시민 공동체와 교회 공동체는 공동의 기원 및 중심을 가지고 있다.

그런데 기독교인의 입장에서 볼 때, 국가는 교회(신앙생활의 영역) 바깥에 있으나 그리스도의 지배 바깥에 있지는 않다. 이러한 의미에서 국가는 세상에서 하나님 왕국의 대리자가 된다. 그리고 이 말은 거꾸로 세상의 질서를 맡고 있는 국가에 대해, 즉 정치에 대해 교회는 어떤 경우에도 무관심하거나 중립적이 될 수 없는 이유가 된다. 교회는 사회에 책임을 지는 공동체이기 때문에 자연히, 당연히 정치적일 수밖에 없다.

그러나 교회는 계속 교회로 있어야 한다. 만약 기독교 공동체가 시민 공동체에 흡수된다면 기독교 공동체는 시민 공동체의 복지를 위하여 도움이 될 수 없을 것이다. 기독교 공동체는 예수 그리스도의 통치와 하나님 나라의 소망을 선포한다. 이것은 시민 공동체의 과업이 아니다. 시민 공동체는 전할 메시지를 가지고 있지 않으며, 시민 공동체에게 전해지는 메시지에 의존한다. 시민공동체는 기도하지 않으며 시민 공동체를 위하여 기도하는 다른 사람들에 의존한다. 시민 공동체는 인간의 오만을 근본적으로 문제시할 수 없으며 그 방면에서 시민 공동체를 위협하는 혼돈에 대한 어떤 궁극적 방어책도 알고 있지 못한다. 시민 공동체는 자연법이라는 구멍 많은 우물을 길어낼 수 있을 뿐이며 자체 의의 진정한 기준을 설정할 수 없고 명백히 어딘가 다른 곳에서 꾸어오고 있는 그 자체의 인간관에 의존한다. 중립적이고 이교적인 성격인 국가는 하나님 나라에 관하여 아무것도 모른다. 국가는 자연법에 기초한 다양한 이념들에 관하여 알 뿐이다. 그러나 국가 내에 있는 기독교공동체는 하나님 나라에 관하여 알고 있고, 그것에 사람의 주의를 환기한다. 교회는 그분이 교회의 주이시듯 세계의 주이신 것을 믿고 설교한다. 이렇듯 기독교 공동체는 세계와 공동 관심사를 가지며 시민 공동체를 위하여 기도함으로써 하나님 앞에서 국가를 위하여 책임 있는 존재가 된다.

또한 교회는 인자가 잃어버린 자를 찾아서 구원하려고 왔다는 사실의 증거자이다. 이 사실은 교회가 모든 잘못된 공평성을 제쳐 두고 더 낮고 가장 낮은 위치의 인간 사회에 먼저 집중하여야 한다는 뜻을 함축한다. 사회적으로 약하고 위협받는 가난한 사람들은 항상 교회의 기본적이며 각별한 관심의 대상이어야 하며, 교회는 항상 이 약한 사회 성원들에 대한 국가의 책임성을 주장해야 한다. 교회는 정치 영역에 있어서 사회정의의 편에 서야 하며 다양한 사회주의적 가능성을 선택함에 있어서 다른 모든 고려 사항을 제쳐 두고 최대량의 사회정의를 기대할 수 있는 흐름을 선택해야 한다.

교회는 지금은 드러나 있지 않으나 어느 날인가 드러날 왕과 왕국을 선포하는 복음 때문에 그 시초로부터 정치적이며, 기독교인은 정치 활동 가운데 기독교적으로 접근하고 행동하며 공손히 그리스도 복음의 증인이 되어야 할 것이다. 기독교인이 정치적 영역에서 명성을 얻는다면 그것은 그들이 "다정하고 경건한 사람"이라는 사실 때문이 아니라 이들이 다른 사람들에 비해 명확한 관점으로 시민 공동체를 위해 무엇이 최선인가를 더 잘 안다는 사실에 기초하는 것이어야 한다. 성숙한 기독교인만이 성숙한 시민이기를 바랄 수 있으며, 또 오직 그만이 동료 시민들이 성숙한 시민으로 살아가기를 원할 수 있다.

(4) 몰트만의 '하나님 나라의 지평 안에 있는 디아코니아'(1977) - 통전적 하나님 나라

기독교 봉사를 뜻하는 디아코니아는 단지 긴급한 상황을 완화하고 상처를 치료하며 보상을 하는 행위로 머무는 것이 아니라, 새로운 삶과 새 공동체를 건설하여 자유로운 세계를 성취하는 것이다. 기독교 봉사는 당장의 고통에 불을 끄는 미봉책에 만족하지 않으며 인간의 진정한 미래를 바라본다는 말로서 그 미래는 하나님 나라에 대한 희망으로부터 기인한다.

하나님 나라의 관점이 결여된 기독교 봉사는 이상이 없는 사랑에 머물게 되며, 반면에 기독교 봉사가 결여된 하나님 나라 소망은 그저 요구만 하고 호소에 머무는 사랑 없는 유토피아가 된다. 그러므로 사회에 대한 사랑을 미래의 희망에 연결하고, 하나님 나라를 구체적인 필요와 연결하는 것은 기독교 봉사의 실천 과제가 되는 것이다. 이 하나님 나라의 소망이 없다면 디아코니아는 그 기독교적 지평을 상실하게 되고, 그 이론과 실천은 사회복지를 위한 일반 봉사와 구분이 없어지게 된다.

우리는 무엇보다 '예수의 파송'에서 하나님의 나라를 인식한다. 예수의 파송은 이사야서 35장과 61장에 따르면, 버려지고 병든 민중을 '온전하게 구원하는 것'을 포함한다. "소경이 보며, 앉은뱅이가 걸으며, 귀머거리가 들으며, 문둥이가 깨끗함을 받으며, 죽은 자가 살아나며, 가난한 자에게 복음이 전파된다."(마 11:5, 10, 8; 눅 4:18이하) 그 날은 이스라엘의 구원의 날로 묘사되지만, 또한 약자가 더 이상 약해지지 않는 날이다. 자유롭지 못한 인간일수록 자유롭게 되는 경험을 하는 것이 하나님의 나라이다. 하나님의 나라가 하나님의 아들에 의해 선포되므로 하나님이 계시면 인간이 자유롭지 못하고 인간이 자유로우면 하나님이 존재하시지 않는 문제는 더 이상 발생하지 않는다. 하나님이 오심으로 인해서 누구보다 억압받는 자, 병든 자, 가난한 자, 소외된 자들이 그들 고유의 자유, 즉 하나님의 형상을 회복하게 된다. 예수의 복음은 분명하게 '약자'들을 우리에게 부탁한다.

예수는 사역의 시작부터 마지막까지 각종 병자들을 만나며 각종 불행한 자들과 함께 한다. 그리고 이 약자들은 어두운 구석에서 예수에게로 떳떳하게 걸어 나온다. 그들에게 축복이 선언된다면 그들의 정체는 자선 행위의 대상이 아니라 원래 '하나님 나라의 구성원'이며(마 5:3) 장차 세상을 심판할 '인자의 형제'들(마 25)이다. 그들은 하나님 나라의 주체이지 우리 동정의 대상이 아니다. 모든 도움 이전에 이 공동체성이 회복되어야 하고 모든 보살핌 이전에 우정이 전제되어야 하다. 하나님 나라는 모든 피조물이 구원을 받는 날로서 이 구원은 내적인 면과 외적인 면을 포함하는 통전적인 것이다.

영적인 면과 육적인 면을 구분하려는 사고는 구원을 이해하지 못하는 것이며 오히려 구원받지 못한 상태를 반영하는 것이다. 예수의 구원이 현재 희망의 근거가 되는 것은 그가 전능하심을 나타내서가 아니라 그가 십자가에서 죽기까지 철저하게 고통당하시고 희생하셨기 때문이다. 권력과 성공의 우상은 병원에서조차도 도움이 되지 않는다. 원칙적으로 고통당하는 하나님만이 도움을 줄 수 있다. 우리가 각자 그 십자가를 짐으로서 그제야 이 구원이 완성되는 것은 아니다.

그 분은 충분히 구원을 완성하셨고 우리는 그 구원의 길로 초대된 것뿐이다. 기독교인은 그들이 경험한 십자가의 사랑으로부터 구원을 이해하며 타자를 위한 사랑을 소유하게 된다. 이 사랑은 하나님 나라의 이상을 간직한 사랑으로서 자신의 내적인 공허함을 다른 사람에 대한 선행을 통해서 채워보려는 여타의 시도와 근본적으로 다르다. 교회 공동체는 사회에 대해 봉사적이려고 마음먹기 이전에 이미 그 자체가 봉사적 공동체라는 것을 알아야 한다. 은사가 충만한 공동체는 봉사적 공동체이고, 봉사적 공동체는 은사가 충만한 공동체다.

하나님 나라의 이상은 고립, 불안, 공격성 등을 배격한다. 이것들은 장애를 일으키는 요소로서 예를 들면 신체적 장애인을 사회적 장애인으로 만드는 역할을 한다. 장애인과 비장애인이 생활 공동체와 노동 공동체를 세우는 것이 바로 하나님 나라의 모습을 선취하는 것이다.

약자는 강자로부터 도움이나 변호를 필요로 하지 않고 다만 형제나 자매 혹은 친구로서의 상호 필요를 갖는 것이 바로 하나님 나라의 모습이다. 지역교회가 각각 위치한 지역사회에서 이 기독교 봉사를 실천해야 한다.

병든 사회와 병든 인간관계는 역사의 주체가 되려는 인식을 가진 사람들의 아래로부터, 바닥에서부터의 협력과 노동을 통해 치료될 수 있다. 기독교 봉사는 활력 없는 사회를 죽음에 맞서는 삶의 희망으로 물들게 한다.

3. 결론: 시민사회와 하나님 나라의 상관성

우리는 서론에서 시민사회가 지속적으로 만나게 될 딜레마를 해결하기 위해 하나님 나라의 청사진이 필요하다는 논지를 전개했다. 그리고 본론에서 기독교 이천년 역사 속에서 '하나님 나라'가 어떻게 오해되어 왔는가를 살펴보았다. 하나님 나라는 신·구약 성경을 통해서 볼 때 분명한 전인적 성격을 가지고 있음에도 불구하고 중세에는 이원론에 기초하여 영적인 것으로만 이해되었고, 종교개혁 이후 시대에도 역시 선과 악의 대립 구도 속에서 영적인 것으로 이해하였다. 현대에 들어와서 하나님 나라의 전인성이 회복된 것은 20세기에 '하나님의 선교'라는 사회에 대한 교회의 강한 긍정이 바르트에 의해서 제창되고부터였다. 그리고 이 세상에 대한 강한 긍정, 즉 교회의 적극적인 사회 참여는 몰트만과 같은 다양한 사회적 관심을 통해서 발전되고 있다.

하나님 나라는 곧 이 세상에, 우리 가운데 있어야 하는 것이며 현재 있어야 하며 최종적으로는 하나님의 전권적 역사에 따라 완성되어 도래할 것이다. 이 하나님 나라가 꼭 도래할 것이라는 약속은 그리스도의 부활을 통해 증명되었고, 이 부활 사건은 우리 소망의 근거가 된다.

하나님 나라의 청사진은 시민사회의 목표를 제시해 줄 것이며 또한 시민사회가 끝이 보이지 않는 외로운 투쟁에 들어섰을 때에 낙심하지 않고 추진할 수 있는 에너지, 곧 영성을 공급해 줄 것이다. 이 영성은 그리스도의 부활에서 확증된 선한 싸움이 꼭 승리할 것이라는 소망이다. 여기서 주의할 것은, 이 선한 것이 무엇인지를 결정하는 것은 상황마다 변할 수 있는 시대정신이 아니라 '하나님 나라'를 전하는 복음이며 각 시대마다 선교의 내용을 깨달을 수 있도록 올바른 해석을 가능하게 하는 성령의 역사라는 사실을 아는 것이다.

시민사회도 마찬가지로 교회에 유익을 준다. 루터가 말한 것처럼 시민사회 역시 하나님의 도구이다. 반대로 교회는 시민사회를 통해 도전 받는 자리에 있다. 교회가 시민사회로부터 도전 받을 때 교회는 시민사회를 하나님이 사용하시는 도

구로 인식해야 한다. 시민사회의 도전에 응하여 교회는 교회
가 현재 '하나님 나라'의 청사진을 소유하고 있으며 실천하고
있는지를 자문해야 한다. 교회는 시민사회에 '하나님 나라'라
는 청사진을 제시하고, 시민사회는 역으로 교회에 교회의 현
주소를 질문함으로써 교회로 하여금 그들이 지닌 '하나님 나
라'의 이상이 여전히 건재한가를 점검하도록 만든다. 이러한
하나님 나라와 시민사회의 구도는 '하나님 나라'의 이상이 교
회와 사회를 상호 협조자로 인식하게 만들며 적극적인 상호
행동을 유발시킨다는 결론으로 우리를 유도한다.

어거스틴은 긴 중세기를 통해 하나님 나라를 이분법적으로
해석하는 것으로 오해 받았고 루터 역시 종교개혁 이후에 하
나님 나라를 정교 분리시키는 것처럼 오해 받았다. 그러나
바르트는 하나님 나라를 위해 교회가 사회에 적극적으로 개
입할 것을 루터의 신학에서 재정립하였고 몰트만은 이원론으
로 오해된 어거스틴의 하나님 나라의 실천을 위해 교회가 봉
사하는 은사 공동체로 나서야 할 것을 요청하였다.

아프간 인질로 억류되었던 기독교 해외 봉사자들로 인해
선교에 대한 한국교회의 인식이 새로워지고 있다. 한국교회
는 한국사회를 향하여 전인적 하나님 나라의 비전을 제시해
왔는가? 한국교회는 한국사회에서 하나님 나라를 실천하고
있는가? 한국교회는 시민사회와 NGO운동을 위해 하나님 나
라의 영성을 제공하고 있는가? 한국교회는 하나님의 선교를
수행하고 있는가? 아니면 교회가 주인이 되고 교회 스스로를
위한 교회의 선교를 반복하고 있는가? 구약의 하나님 나라가
이스라엘의 하나님 나라가 되어 버렸던 것처럼 교회 시대에

하나님 나라가 교회의 하나님 나라가 되어서는 안 되겠다. 예수님의 하나님 나라가 이스라엘의 하나님 나라를 부정했던 것처럼 우리의 시대는 교회의 하나님 나라를 부정하고 정의와 평화와 창조 질서가 보전되는 그 '하나님 나라'를 선교하자. NGO 선교는 '하나님의 선교'의 한 표현 양식이며 시민사회와 하나님 나라를 연결하는 선교 모델이다.

도움 받은 글

박영신, 정재영, 「현대 한국사회와 기독교」, 한들출판사, 2006.

로이 베튼하우스, 현재규 역, 「아우구스티누수」, 크리스챤 다이제스트, 1994.

손규태, 「마르틴 루터의 신학사상과 윤리」, 대한기독교서회, 2004.

바르트, 안영혁 역, 「공동체, 국가와 교회」, 엠마오, 1992.

몰트만, 정종훈 역, 「하나님 나라의 지평 안에 있는 사회선교」, 대한기독교서회, 2000.

시민사회 참여를 통한 교회 공공성의 회복

정재영 · 실천신학대학원대학교/종교사회학

1. 들어가는 말

최근 시민사회에 관한 의제들이 활발하게 논의되고 있다. 한국사회가 절차상의 민주주의를 이룩한 이후에 실질적인 민주주의를 이루기 위해서는 어떻게 해야 하는가? 형식상의 제도는 법의 원리를 따르고 있지만, 실제 삶에서는 편법과 부정, 그리고 각종 비리가 횡행하고 있는 우리 사회에 도덕 차원을 다시금 회복하는 것이 가능한가? 이러한 상황에서 요구되는 시민의 덕목은 무엇이고, 우리는 어떻게 책임감을 가지고 참여하는 시민이 될 수 있는가? 눈에 보이지 않는 관념이나 정신보다는 눈에 보이는 물질을 따라 움직이는 물질문명 시대에 자신의 욕심만 채우기보다 많은 사람들이 함께 잘 살 수 있는 사회를 만들기 위해 많은 이들이 함께 고민하며 씨름하고 있다. 이런 상황에 교회도 예외는 아니다. 토크빌 이래 사회학자들은 민주주의에서 교회의 중요한 역할을 인식해

왔다. 푸트남은 교회가 많은 사회 운동을 위한 조직적이고 철학적인 기초를 제공한다고 주장한 바 있다. 또한 최근에 몇몇 학자들은 종교성에 터한 참여가 다른 형태의 시민 참여를 위한 통로가 된다고 말하기도 한다.

한국교회 역시 시민사회에 관한 의제들을 제기하는 노력에 참여해 왔다. 여러 가지 형식과 방법으로 우리 사회의 주요 주제들에 대하여 문제를 제기함으로써 사회 참여를 해 왔고, 사회 복지 활동에도 다른 종교 기관에 비해 높은 참여를 나타내 왔다. 그러나 이러한 한국교회의 활동은 교회 안에 있는 일반 구성원들의 활동이라기보다는 주로 목회자를 비롯한 교회 지도자들과 명망가들을 중심으로 한 활동이었던 것이 사실이다. 시민사회는 시민의 참여를 바탕으로 하는 사회이고, 풀뿌리로부터의 실제적인 참여가 있어야만 진정한 의미에서 시민들이 주인이 되고 주체가 되는 사회라고 할 수 있다. 따라서 한국교회가 교회라는 울타리 안에 머물지 않고, 울타리 밖의 사회와 의사소통하며 참다운 시민사회의 구성원으로서의 역할을 다할 수 있기 위해서는 교회 안에 조용히 머물러 있거나 기껏해야 교회 안에서의 활동에 몰두하고 있는 대다수의 한국교회 구성원들이 한국사회에서 의미 있는 참여자가 될 수 있도록 어떻게 동기를 부여하느냐 하는 것이 매우 중요한 부분을 차지한다.

그러나 안타깝게도 종교와 시민사회에 대한 논의는 우리 사회에서 깊이 있게 논의되지 못하고 있으며, 특히 교회의 측면에서는 구체적인 논의가 시작조차 되지 못했다고 할 수 있다. 우리는 이 글을 통해서 교회와 시민사회는 어떤 관계가 있고 교회의 시민사회 참여는 어떤 의미를 갖고 있는지에 대하여 논의하고자 한다. 이를 위해서 흔히 공동체라고 표현되는 교회가 오늘날의 시민 공동체와 어떻게 맞닿아 있으며, 교회 구성원인 '교인'이 어떻게 '시민'이 될 수 있는지에 대하여 살펴보고자 한다. 그리고 한국교회가 구체적으로 시민사회에 참여할 수 있는 방안에 대하여 몇 가지 제안을 내놓을 것이다.

2. '시민 공동체'와 '교회 공동체'의 만남

요즘 우리 사회에서 공동체에 대한 관심이 고조되고 있는데, 이렇게 공동체에 대한 논의가 활발하게 진행되는 것은 현대사회에서 무시되고 있는 도덕에 대한 관심의 부활이라고 할 수 있을 것이다. 곧 심각해져 가는 무질서의 문제가 결국은 전통의 생활 공동체가 와해되고 해체되면서 비롯되는 것으로 보고 어떻게 하면 공동체 회복을 통해서 질서 회복이 가능하겠는가 하는 문제의식과 관련된 것이다. 특히 최근에 논의되고 있는 시민사회와 관련하여 '시민 공동체'라는 표현이 많이 사용되고 있다. 시민 공동체는 가족이나 혈연, 민족 등 타고난 지위에 기초한 전통 공동체와 달리, 시민의 덕성에 초점을 둔 현대사회의 새로운 공동체를 뜻한다. 다시 말하면, 지역에 의해 제한되지 않고 자발성을 갖춘 참여에 터하여 구성원들의 상호 의무에 헌신을 요구하는 공동체인 것이다.

이러한 공동체 표현은 기독교인들에게도 전혀 낯설지 않다. 교회 역시 흔히 공동체라고 표현되기 때문이다. 그러나 교회는 어떤 의미에서 공동체라고 하는 것인지 분명하지가 않다. 대개 공동체라는 말 그대로 '공통의 몸'을 가진 '하나의 지체'라는 뜻으로 말한다. 교회 구성원들을 한 가족으로 표현하듯이 가족과 같은 존재로 여기는 것이다. 실제로 한국 사람들은 가장 이상적인 공동체 모형을 가족이라고 생각하기도 한다. 그래서 친근하고 화목한 분위기를 "가족적인 분위기"라고 표현한다. 그러나 이러한 이해는 공동체 개념의 아주 작은 면밖에 보여 주지 못한다. 또한 우리 사회의 가족이 그리 바람직한 모델이 된다고 보기도 어렵다. 생사고락을 함께 하는 공동 운명체로 여겨 가족 동반 자살을 하는 경우도 있으니 말이다. 또한 교회를 신앙 공동체라고 말하기도 하지만, 큰 범주에서 같은 기독교 신앙일 뿐 교단과 교파 또는 진보, 보수 노선을 따라 제각각의 신앙관을 가지고 있는 실정이다.

따라서 사회의 흐름 속에 묻힌 오늘날 교회들의 모습은 성서에 나타난 초대 교회 시대에 기독교인들이 경험하였던 교회의 공동체 요소를 상실하고 있다는 지적이 보편화되고 있다. 오늘날의 한국교회는 근대화의 물결을 타고서 폭발력을 가진 성장을 이룬 반면에 교회의 대형화 추세에 따른 내부 빈곤감이 이전에 비해 증폭되고 있다. 교회의 생활이 질보다는 수와 양에 치중하여 교인 수 확장, 건물 확대, 재정 확대에 치중을 하면서, 한국교회들은 공동체로서의 교회관과 자기 정체성을 유지하지 못함으로써 교회의 공동체성이 점점 희박해지는 실정에 이르게 된 것이다. 이것은 목적과 수단이 전도되어 교회가 본연의 역할을 하지 못함으로써, 자체 집단 안에 있는 사람들에게조차 스스로의 권위를 인정받지 못하고 또한 영향력을 행사하지도 못하게 되었다는 것을 의미한다.

그렇다면 교회는 어떠한 공동체가 되어야 하는가? 현대의 공동체 이론가들은 공동체를 물리 차원의 조건과 관계없이 사회 공간에서 이루어지는 인간관계의 망으로 인식한다. 이러한 관점에 따라서 공동체 개념은 상호 신뢰를 바탕으로 공동의 의식과 공동의 생활양식을 통해 결속감이 증대된 사회 집단으로 이해되어야 한다. 이러한 공동체는 특히 서로에 대한 책임과 의무를 다하는 도덕 공동체를 뜻한다. 일찍이 뒤르케임(Emile Durkheim)은, 교회라고 부르는 것은 공통된 이념들을 가지고 공동의 의식들을 수행하는 하나의 종교 공동체를 뜻한다고 말하였다. 교회는 성직자들의 집단이 아니라 단일한 믿음을 가지고 모든 믿는 이들에 의하여 구성되는 "도덕 공동체"인 것이다.

이러한 뜻에서 공동체는 단순히 특정 공간에 개인들이 모여 있다는 뜻이 아니라 구성원들이 사회성으로 서로 의존하고 토론과 의사 결정에 함께 참여하는 집단이다. 또한 집단의 목적을 위해 개인이 희생되는 것이 아니라 한 사람, 한 사람이 주체가 되어, 선한 것으로 공유되는 '실천'을 함께 하는 사람들로 이루어진 집단을 가리킨다. 이러한 공동체는 공동체 밖에 있는 사람들에 대하여 문을 닫고 자신들의 이익만을 챙기는 이기주의 공동체가 아니라 서로에 대한 책임과 의무를 공동체 밖으로 표출할 수 있는 도덕 공동체인 것이다. 퓌스텔 드 쿨랑주가 「고대 도시」에 썼듯이, 고대 도시에서 신은 '도시'의 신이었으나, 기독교의 하나님은 특정 도시 경계 안에 갇혀 있지 않고 그 공간을 초월한다. 이러한 기독교 공동체는 특정 집단의 배타성을 초월하여 삶의 양식과 가치를 공유하는 집단이며, 서로에게 책임과 의무를 다하는 도덕 집단이어야 한다.

(1) '안으로의' 공동체성

공동체 개념은 두 가지 차원을 포함하고 있다. 하나는 공동체 내부 결속과 관련된 '공동체 의식'의 차원이고 다른 하나는 도덕과 실천의 공동체로서 '공동체 정신'과 관련된다. 따라서 교회의 공동체성을 생각할 때 우리는 공동체 개념을 두 측면, 곧 안으로의 공동체와 밖으로의 공동체라는 개념으로 나누어서 생각할 필요가 있다. 먼저 안으로의 공동체는 공동체의 통합 측면 곧 '공동체 의식'을 바탕으로 한 연합과 결속에 대한 것이다. 공동체 의식은 개인들 사이의 직접 교섭을 통한 공동생활의 원리 습득이라는 뜻에서, 대부분 개인주의화되고 해체된 사회관계를 복원하려는 의도에서 사용된다. 이런 의미에서 공동체 의식은, 공동체 구성원들의 소속감 및 교섭을 통한 결속과 관련된 집합 의식과 함께, 공동체를 유지하고 지속 발전하려는 실천 의식이라고 할 수 있다.

현대사회에서 야기되는 조직 구조의 거대화와 관료주의화는 사회 구성원 사이에서 서로에 대한 친숙성을 어렵게 만들며 인간관계의 비인격성을 초래한다. 이런 상황에서는 구성원들 사이의 신뢰성과 인격의 상호성 또한 약해지고, 결국 소외감을 느끼게 된다. 그리하여 소외감을 느끼는 사람들 사이에는 예전의 공동체를 그리워하고 공동체 안에 안주하려는 욕구가 심화된다. 70, 80년대의 한국교회는 산업화와 도시화로 인해 전통의 공동체가 와해된 한국사회에서 대체 공동체의 역할을 했으나 오늘날의 한국교회는 교회 자체가 대형화, 관료제화되면서 공동체성을 상실한 것이다. 따라서 교회가 다시금 공동체성을 회복할 수 있다면 교회는 교회에 속한 구성원들에게 기독교인으로서의 정체성과 교회에 대한 소속감을 강화하고, 공동체 환경에서 형성되는 폭넓고 깊이 있는 인간관계를 통해 사회생활에도 변화를 가져올 수 있는 힘을 갖게 될 것이다.

이를 위해서 한국교회는 성직자와 평신도를 엄격히 구분하고 평신도 역시 직분에 따른 위계서열을 중시하는 피라미드 구조가 아니라 모든 공동체 구성원이 주인의식을 갖고 참여하는 민주스럽고 평등한 구조를 추구해야 한다. 기존의 중앙집권식 통제 구조에서 교회 안에서 활동하고 있는 다양한 소그룹들에 자율성을 부여하는 지방분권식 위임으로의 전환이 필요하다. 이러한 소그룹은 다양하게 살고 있는 사람들을 한데 모아 서로 이해할 수 있는 토대를 마련해 줄뿐만 아니라 거대 조직에서 소외된 사람들에게 실제적인 권한을 부여할 수 있는 환경을 제공한다. 의도적으로 서로 마주하며 일하도록 구성된 소그룹에서는 능력 함양과 주인의식이 주어짐으로써, 위에서부터 아래로 통제하는 제도가 아니라, 분권화된 참여 민주 조직이 되는 것이다. 이러한 소그룹을 중심으로 연결망형 구조를 갖는 교회는 안으로 공동체 의식을 강화할 뿐 아니라 외부 활동에도 효과를 높일 수 있게 된다.[14]

---

14) 이에 대해서는 다음 절에서 자세하게 살펴볼 것이다.

(2) '밖으로의' 공동체성

다음으로, 밖으로의 공동체는 교회가 자체 내의 공동체를 이룰 뿐만 아니라 교회의 도덕적인 공동체성이 교회 밖으로 나가서 사회 안에 구현될 수 있는 '공동체 정신'을 나타낸다. 성서에 입각한 공동체는 공동체 구성원들만의 효과 있는 삶을 위한 것만이 아니라 안으로 헌신되고 절제된 삶의 응집을 통해서 공동체 밖의 사람들에게도 나누고 베풀 수 있어야 한다. 공동체의 삶은 타인을 위한 여력을 가질 수 있는 삶이며 지역사회와 더불어 함께 하는 삶인 것이다. 이러한 공동체주의 정신은 개인주의와 대비되는 개념으로 볼 수 있으나 공동체주의에서 반대하는 개인주의는 이기적 개인주의일 뿐 개인의 인격이나 권리를 부정하는 것은 아니라는 점에 유의할 필요가 있다. 또한 공동체주의는 집단주의 또는 전체주의와도 구별되어야 한다. 공동체주의는 개인이 집단에 매몰되어 개인의 권리보다 공동체의 권리를 우선시하는 집단주의 공동체를 지향하는 것이 아니다. 공동체주의는 개인의 권리를 존중하면서도 다른 사람을 배려하고 전체 공동체의 선을 추구하는 입장이기 때문이다.

요즘 영성에 대해서 말들을 많이 하지만, 영성은 개인 수준에서 머무는 것이 아니라 공동체와 사회 수준에서 발현되는 것이어야 한다. 특히 현대사회에서는 다원주의와 상대주의에 의해 개인의 느낌이 고립되고 소외되어 사사화(私事化 privatization)된 신앙의 경향이 조장되어 왔다. 그러나 이러한 종교성은 그 내부 속성상 공동체 삶을 부정하기 때문에 재생산 자체가 불가능하고 설령 그들만의 공동체가 존재한다고 하더라도 확장되고 다원화된 현대사회의 지평에서 어떠한 기여도 할 수 없을 것이다. 사회에 반하는 사사로운 경건은 성서의 정신과 부합하지 않는 것이며, 성숙한 기독교인의 관심은 마땅히 공공으로 확장되고 공동체의 삶은 다른 사람들을 위한 삶이 되어야 한다.

따라서 교회 공동체 안에서 훈련된 기독교인이라면 교회 밖에서도 일반인들과는 다른 도덕성 곧 더 엄격한 도덕 기준에 따라 일반인들의 삶의 양식과는 구별된 삶을 살아야 한다. 그리고 삶의 지평을 넓혀 사회 변화의 주체가 되어야 한다. 성숙한 공동체는 자신의 존재를 두고 있는 더 큰 사회를 변혁할 수 있는 영향력을 발휘할 수 있어야 하는 것이다. 교회가 이러한 역할을 할 수 있을 때에라야 교회는 현대사회에 기여할 수 있는 올바른 시민을 길러내는 조직이라고 할 수 있을 것이다. 그리고 이러한 과정을 통해서 교회는 공공성을 회복하게 될 것이고, 교회에 대한 사회의 공신력도 높아지게 될 것이다.

3. 시민사회에서 교회 공동체의 역할

(1) 시민은 누구인가?

시민사회에 대하여 논하기 이전에 먼저 '시민'이라는 개념에 대하여 살펴보아야 한다. 시민사회를 시민이 주체가 되어 활동하는 공간으로 이해할 때, 오늘날에 말하는 시민은 누구인가 하는 것이다. 시민은 서울 시민과 같이 행정 구역상 시에 속하는 사람들을 말하는가? 서양 근대사에서 시민은 근대 사회의 이상인 자유와 평등 사상의 옹호자였다. 절대주의 왕권에 대항하여 자신의 권리를 주창한 사람들인 것이다. 이들은 자신의 가족과 연고로부터 해방된 사람으로서 공공의 문제에 관심을 가질 뿐만 아니라 이를 해결하기 위해 자유롭게 토론하고 참여할 수 있는 특성(시민성)을 지닌 사람이다.

이런 시민의 모델을 우리는 성경에서 찾을 수 있다. 그것이 바로 '선한 사마리아 사람'의 이야기이다. 이 이야기는 흔히 선한 사마리아 사람과 같이 착하게 살라는 교훈으로 이야기 되지만, 더 중요한 가르침이 있다. 이 이야기는 "영생을 얻기 위해 무엇을 해야 합니까?"라는 질문에 대한 대답으로 시작한다. 그리고 예수님께서는 '누가 나의 이웃인가?'라는 질문에 대한 대답으로 이 이야기를 들려주신 것이다. 당시 유대인들은 같은 유대인만 이웃이라고 생각했다고 한다. 그리고 같은 유대인이 아닌 이방 사람들을 도와주지 않는 것은 하등 양심의 가책을 느끼거나 당시 사회에서 문제될 것이 없었다. 그러나 예수님께서는 그 이웃의 범위를 이방인으로까지 확대하셨다. 그것은 결국 세상 모든 사람이 내 이웃이 될 수 있다는 뜻이다. '누가 내 이웃인가' 생각하기 전에 '내가 누구의 이웃이 될 수 있는가'를 생각한다면, 결국 모든 사람들이 내 이웃이 될 수 있는 것이다.

우리는 여기서 현대사회에서 얘기하는 '시민'의 모델을 발견하는 것이다. 시민은 자기 자신의 이익을 구하거나 자기 가족의 이익을 구하는 사람이 아니고 자신과 가족의 울타리를 넘어서 공공의 문제에 관심을 갖고 토론할 수 있는 사람이다. 이런 시민은 결코 약자나 사회 소수자를 무시하지 않고 그들을 배려할 수 있는 사람이다. 참다운 그리스도인은 참 이웃, 참 시민으로 살아가는 사람이다. 이러한 시민다움은 그저 되는 것이 아니라, 훈련을 통해 이루어지는 것이다. 원죄를 가진 인간의 본성은 자기중심적이고, 우리가 몸담고 있는 사회 역시 도덕성을 상실하고 있다. 흔히 교회에서 제자 '훈련'을 하듯이 바른 '시민' 덕성도 훈련을 통해 얻어지는 것이다. 따라서 교회 안에서는 제자 훈련을 통해 선하고 믿음 좋은 그리스도인을 만들 뿐만 아니라 바른 시민을 만들기 위해서도 노력해야만 한다.

(2) 교회와 시민사회의 관계

시민사회에 대한 정의는 다양하다.[15] 그러나 어떤 정의에 따르든지, 토크빌이 이미 한 세기 전에 미국 사회에 대하여 지적한 바와 같이, 자발 결사체가 시민사회의 중요한 일부이며, 따라서 다른 종교 조직들과 함께, 교회 역시 시민사회의 특징을 지니고 있다. 최근 사회과학계에서 새로운 관점에서 교회를 주목하고 있다. 그것은 시민사회에 대한 논의가 활발해지면서 나타난 현상인데, 이른바 '제3섹터'로 불리는 비영리·비정부 영역이 국가와 시장에 대한 대안의 패러다임으로 주목을 받기 시작하면서부터이다. 국가의 통제로부터 자유롭고 시장 경제 체제로부터 벗어나 있는 교회는 당연히 제3섹터이자 시민사회 영역에 속한다고 볼 수 있다.

이러한 교회는 시민 조직에 참여하는 데 필요한 인간관계

---

15) 시민사회의 정의에 대해서는 이 책 2장을 볼 것.

를 형성하고 공공 활동에 필요한 정보를 교환하는 연결망을 발전하기에 매우 적합한 장소이다. 현대사회에서 사람들이 누구를 신뢰할 수 있는지 확신하지 못할 때, 교회는 교회 안에서 친밀한 교제를 통하여 사회 교섭을 증진하고 절대로 혼자가 아니라는 신뢰를 발전함으로써 공동체주의 운동을 활성화하고 그럼으로써 시민사회에 기여하게 될 것이다. 교회는 교인들이 그리스도의 충실한 제자가 될 뿐만 아니라 이 사회의 건실한 시민이 될 수 있도록 가르치고 격려해야 한다. 이것이 현대 시민사회에서 교회의 역할이다.

교회는 현실적으로 우리 사회 가장 기초 단위까지 영향을 미칠 수 있는 사회 조직이다. 전국적으로 교회는 5만여 개가 있는 것으로 알려져 있는데, 전국 동·면사무소를 비롯한 관공서가 4,000여 개이고 공공 행정, 국방 및 사회 보장 행정 기관을 모두 합한 행정 기관 수가 1만 2,000여 개인 것과 비교하면 얼마나 많은 수치인지 알 수 있다. 동네마다 있는 편의점이 1만여 개이고, 주유소가 1만 3,000여 곳이다. 전국에 있는 사회 복지 시설도 2만여 개 정도이다. 물론 이것은 교회가 너무 많다는 뜻도 되지만, 이렇게 많은 교회가 협력해서 활동한다면, 전국의 지역사회를 모두 엮을 수 있는 잠재력을 가지고 있다는 것을 의미하기도 한다. 이렇게 된다면 교회는 정부 차원에서 지원하지 못하는 전국적인 민간 차원의 사회안전망 역할을 감당할 수도 있을 것이다.

이러한 관점에서 교회는 하나의 사회 자본으로서 기능할 수 있다. 사회 자본이란 협력 행위를 촉진해 사회 효율성을 향상시킬 수 있는 사회 조직의 속성을 가리키는 말로, 사회학자인 푸트남은 사회 자본은 생산성이 있기 때문에 특정 목표를 달성하는 것을 가능하도록 해 준다고 말한다. 곧 구성원들이 서로 신뢰하고 다른 사람들에 대한 믿음을 보이는 집단은 그렇지 않은 집단보다 많은 것을 성취해 낼 수 있다는 것이다. 푸트남은 「혼자 볼링하기(Bowling Alone)」라는 책에서 미국에서 볼링리그의 감소가 자발적 시민 결사체를 통한 공동체의 참여가 급감하고 있는 현실을 상징적으로 보여 주고 있다고 말한다. 볼링장에서 맥주와 피자를 들면서 사회적 교류를 하고 공동체의 문제에 관해 이야기하는 사람들은 줄어들고 자기만의 여가를 즐기려는 나홀로 볼링인들만 북적대고 있다는 사실은 미국의 사회 자본의 감소를 상징적으로 보여 주고 있다는 것이다.

푸트남은 이러한 현실에서 교회가 새로운 사회 자본으로 기능할 수 있다고 주장하였다. 원자화된 개인들이 운동 경기를 보듯이 모여 있는 교회 구성원들이, 공공의 문제를 토론하는 사회관계를 발전하게 된다면, 시민사회를 지탱할 수 있는 하나의 사회 자본으로 형성될 수 있는 가능성을 가지고 있다는 것이다. 여기서 우리는 한국교회 안에서 활성화되고 있는 소그룹들을 활용할 필요를 다시 한 번 느끼게 된다. 교회 소그룹들은 집단 구성원들의 대면 교섭을 통해서 형성된 신뢰를 바탕으로 하여 공동체성을 나타낸다. 그것은 일반 사회의 대규모 집단이나 조직에서는 가능하지 않은 친밀한 교섭을 소그룹이 제공하기 때문이다. 이를 통한 구성원들 사이의 신뢰 형성이 공동체 의식을 표출하게 된다. 전통의 공동체가 무너진 후 파편화되고 불확실성이 증가된 사회에서 사는 현대인들은 신뢰할 수 있는 관계의 형성을 필요로 하는데, 소그룹 안에서의 친밀한 교섭을 통해 이것이 가능하게 되는 것이다. 이러한 신뢰 관계를 바탕으로 한 공동체가 형성되면 불확실성이 감소함으로써 공공 활동에 함께 참여하기도 더 쉬워지는 것이다. 미국에서는 소그룹이 실제로 많은 점에서 전통적인 시민 결사체로서 기능한다고 보고되고 있다. 이와 같이 교회의 소그룹은 교회 자체를 공동체화할 뿐만 아니라, 교회가 사회와 접촉점을 만들 수 있는 유용한 수단으로 활용될 수 있다.

개인 사이의 신뢰가 사회 전체의 신뢰 구조를 만들어 내는 선순환의 구조가 있듯이 사회 안에서 큰 비중을 차지하고 있는 종교 단체의 사회 참여와 봉사는 다른 자발적 결사체에 자원을 공급하기도 하고 다른 조직들의 활성화에도 기여한다. 이것은 종교 단체가 신자들의 신앙에 영향을 주어 신자들의 사회 참여와 봉사를 유도하는 것과는 다른 차원이다. 개인 단위의 자원봉사가 아니라 집단 단위의 자원봉사가 시민 공동체 만들기에 더 큰 기여를 한다는 연구 결과도 있다. 교회와 같은 종교 단체의 사회봉사나 사회 참여는 중간 집단이나 매개 집단의 활성화를 통해 지역사회 또는 시민사회의 조직화, 공동체 만들기에 촉매 역할을 할 수 있다. 또한 신자들이 비종교적 사회단체에 참가하도록 촉진하기도 한다. 이와 같이 교회는 시민사회에서 중요한 역할을 감당할 수 있는 조직이다.

4. 교회의 시민사회 참여

(1) 자원봉사

시민사회는 정부나 시장의 논리가 아닌 또 다른 논리에 의해 작용하는 영역을 의미하며, 국가가 아니면서 공익을 추구하고 민간 영역이면서 개인의 이익을 추구하지 않는 공간이다. 정부와 시장으로부터 독립해 있으며 자발성에 기초한다는 의미에서 독립 영역(Independent Sector)이라고도 부르는데, 여기서 '독립'이라는 것은 정부나 영리기업으로부터 독립해 있는 조직이라는 뜻이다. 곧 행정·재정 면에서 상호 관계는 맺지만, 자발성과 독립성을 기반으로 존재한다는 의미이다. 미국의 사회학자인 슐츠는 이러한 '자발적 사회'에 대하여 "높은 수준의 통합을 이룩하되 힘과 돈에 대한 의존도가 가장 낮은 조직 원리로 구성되는 사회"라고 말하며 자발적 사회의 특징으로 비폭력성, 비강제성, 비물질성을 강조한 바 있다.

이와 같은 비폭력성·비강제성·비물질성을 지닌 시민사회의 핵심은 바로 자원봉사이며, 시민사회에서 지향되어야 할 가치는 공동체 의식에 근거한 적극적인 시민 참여이다. 시민사회의 원동력은 자발성에 기초한 시민들의 참여에 의존하기 때문에 자원봉사 없는 시민사회는 무의미하다고 할 수 있다. 따라서 자원봉사는 시민사회의 기초이자 원동력이 된다. UN은 이미 2001년을 '세계 자원봉사의 해'로 정했고, 시민 자원봉사는 21세기의 중요한 화두로 부상하고 있다. 이와 같이 시민사회의 발전과 민주주의의 발전은 사회에서 시민의 역할을 자극하였고, 자아실현 욕구의 증대로 사회 참여가 활발해지면서 자원봉사활동이 크게 부각되었다. 그렇다면 자원봉사활동이란 무엇인지 그 개념에 대해서 살펴볼 필요가 있다.

자원봉사 개념에 대한 연구에서 초기에는 다른 사람을 위해 투신하는 행위라는 측면에 초점이 맞춰져 왔다. 최근에는 진정한 이타성이 과연 존재하는가 하는 철학 논쟁과 자원봉사에 관련된 사회 변화와 참여자들의 이기적인 동기가 확대되면서 활동의 내용에 따라 정의되어야 한다는 주장이 제기되기 시작했다. 그러나 내용에 따라 무보수로 사회사업에 헌신하는 활동으로 정의를 내리게 되면 자원봉사의 내면의 동기와 가치 지향을 충분히 설명할 수가 없다. 이러한 관점에서 새롭게 정의되는 자원봉사 운동은 "경제 위기로 인한 복지국가의 해체 그리고 시장 원리가 더 강화된 경제 패러다임에 대응하여, 자연과 인간의 공존을 지향하는 사회 패러다임을 중심으로 경제를 사회에 통합하고 문화와 창조성에 뿌리를 둔 인간의 목적의식을 인간에게 돌려주는 운동"으로 이해되고 있다. 다시 말하면, 자원봉사활동은 공리주의 가치에 의해 왜곡되고 모순된 인간관계를 해체하고 윤리적 가치로 재결합하는, 궁극의 가치와 도덕 가치의 재구성이라고 할 수 있다.

현대사회는 도시화·산업화로 인한 사회문제를 안고 물적 성장을 계속하고 있다. 우리나라의 경우도 예외는 아니어서 60년대 이후 경제 성장 위주의 국가 시책으로 물질만능주의, 지나친 경쟁주의, 편법주의가 사회 전반에 흐르게 되어 공동체 의식이 무너진 실정이다. 지역사회 구성의 기본 단위인 가정이 핵가족 중심으로 분열되고, 지역사회 자체가 유지해 오고 있던 도덕·윤리 의식이 미약해지는가 하면, 노인 문제, 청소년 문제, 여성 문제, 장애인 문제 등 각종 사회문제를 양산해 놓은 채 해결을 위한 노력은 매우 미미하다. 자원봉사는 이러한 사회문제에 대한 예방과 치유 방법의 하나가 될 수 있다. 지역사회 구성원인 주민 스스로 참여해 분산되고 파편화된 주민들의 관심이 동질화될 수 있는 계기를 마련해 줌으로써 개인주의를 극복하고 공동체 의식을 회복할 수 있게 해 준다. 뿐만 아니라 본래의 가족 기능이나 지역사회 기능을 회복시켜 줌으로써 공공 복지 시설의 한계를 보완하고 사회 안전망의 역할을 감당할 수 있게 해 주는 것이다.

자원봉사에서는 일반 시민들이 이웃으로서 서로 도우며, 사회적인 필요를 상호 충족하는 데 얼마나 적극적인 역할을 하는가가 중요하다. 그리고 시민사회의 한 영역으로서의 교회도 자원봉사에 적극 참여할 필요성이 있는 것이다. 이러한 자원봉사는 기독교 정신에도 철저하게 부합하는 것이다. 교회는 봉사(Service, Diakonia)의 사명을 갖고 있다. 봉사란 위로 하나님의 뜻을 이루어 영광을 돌리는 일, 곧 예배드림을 말한다면, 아래로는 이웃을 섬기는 일, 곧 이웃들의 필요를 채우기 위해 하는 모든 노력을 뜻한다. 앞에서 "선한 사마리아 사람"의 보기를 들었듯이, 도움이 필요한 사람을 돕는 것은 기독교인의 마땅한 사명이다. 교회의 사회 참여와 봉사는 이념의 다양화라는 측면에서도 시민사회의 발전에 기여한다. 시민사회는 특정 이념에 의해 독점될 수 없고 그렇게 되어서도 안 된다. 다양한 이념과 가치관이 공존하면서 대화하는 것이 바람직한 것이다.

실제로 자원봉사는 교회가 가장 쉽게 참여할 수 있는 분야이다. 자원봉사는 교회들이 지역사회를 위해 가장 큰 잠재력을 발휘할 수 있는 분야이고, 서구에서는 교회가 자원봉사활동에 큰 역할을 하고 있음에도 불구하고 아직까지 한국교회는 그리 큰 성과를 내지 못하고 있는 실정이다. 한국교회의 저변을 이루고 있는 40~50대 여성교인들은 교회 안의 일로 너무 바쁘기 때문에 교회 밖 지역사회 주민을 위해 봉사할 여력이 별로 없다. 대부분 교회 안의 자원봉사자로 그치고 있는 것이다. 또한 교회의 인적 자원 중에서 고급 인력이라고 할 수 있는 40~50대 남성교인의 경우 모임에 소극적이고 이들이 참여하는 소모임은 서로 정보를 나누고 친교를 도모하는 동호회 성격이 강하다. 가끔 지역사회 봉사를 나가기도 하지만 대부분 일회성 활동이고, 자기만족 중심이며, 시혜의 성격이 강한 것이 사실이다. 자원봉사는 단순한 시혜 행위가 아니라 진정한 의미의 인격과 인격의 만남을 통해 서로의 변화를 추구하는 것이어야 한다. 교회 지도자들은 자원봉사야말로 기독교 신앙을 실천하는 가장 핵심이 되는 통로임을 인식하고 교인들의 신앙 열정을 사회봉사로 결집할 필요가 있다. 이를 위해 자원봉사의 의미에 대한 철저한 인식과 교육이 필요하다.

(2) 지역사회 참여

지역사회라는 용어는 영어로는 'community'라고 하는 것으로 공동체라고도 불리는 사회학 개념이다. 지역사회를 간단하게 정의 내린다면 ""지리상의 근접성(지역성)과 사회 차원의 단일성(공동의식) 및 문화 차원의 동질성(공동 규범)을 가지는 공동의 사회 집단"이라고 할 수 있다. 좀 더 구체적으로 말하면, 지역사회는 동질성을 가진 일정한 인구가 자연, 생태, 지리상으로 한정되고 근접한 지역에 살고 있으며, 역사 유산을 공유하여 단일한 의식을 가지고 있고 협동 생활을 할 수 있는 여건을 갖춘 공동체 사회이다.

교회 역시 교회가 터하고 있는 지역사회에서 지방자치단체, 시민단체, 기업, 주민 등과 더불어 지역사회의 주요한 구성원이다. 교회는 그 지역사회의 정치, 경제, 사회문제와 직접적인 관련을 가진 개인들로 이루어진 것이며, 이 사람들을 위하여 세워진 기관이다. 그러므로 교회는 그 지역사회의 문제와 직접적으로 연결되어 있다. 교회 실존의 근거가 바로 지역사회인 것이다. 교회와 지역사회를 분리해서 생각한다는 것은 불가능하다. 따라서 교회는 지역사회 안에서 일어나는 사회문제를 진지하게 다루고 그것을 해결하려는 노력을 해야 할 의무를 가지고 있다.

이를 위해서 다른 사회 기관들과의 연대를 해야 할 필요가 있다. 특히, 시민사회에 참여하는 교회는 시민사회를 대표하는 행위자인 NGO에 참여하거나 협력하는 것이 좋은 방법이 될 것이다. 이에 대해서는 이 책의 6장에서 자세하게 다뤄질 것이므로 여기서는 간단하게만 언급하고자 한다. 먼저, 교회가 참여하는 NGO를 기독교 NGO에 제한할 필요는 없다. 기독교 간판을 걸고 있는가가 중요한 것이 아니라 기독교 정신을 구현하고 있는가가 중요하다. 비록 기독교인들이 모여서 만든 NGO가 아니라고 하더라도 특정 NGO가 추구하는 것이 기독교 정신과 통하는 것이라면 필요에 따라 얼마든지 파트너십을 갖고 연계 활동을 할 수 있다고 본다.

NGO 및 시민단체는 시민운동을 전문으로 하는 단체이므로 인력이나 지식, 정보, 경험 등의 측면에서 많은 자원을 지니고 있으며 지역 자치 단체 역시 지역사회에 관한 다양하고 정확한 정보와 풍부한 인적 및 기반 시설을 보유하고 있다. 교회 단독으로 확보하기 어려운 여러 가지 정보와 기술을 이들로부터 제공받을 수 있다. 적극적으로 지역사회 단체들과 지속적이고 유기적인 관계를 맺을 필요가 있다. 그러나 교회의 지역사회 참여는 단순한 구제 및 봉사 차원이 아니라 사회 구조의 개혁을 지향해야 한다. 지역자치센터에 참여하여 예산 심의 등과 같은 주요 의사결정과정에 관여하거나 행정기관 및 관공서와 파트너십을 갖고 지역사회를 위한 활동을 체계를 갖추어 지속해서 할 필요가 있다. 시민사회의 역할은 자원봉사 차원만이 아니라 국가와 행정기구 또는 시장에 대한 비판 활동을 포함하기 때문이다.

이와 관련해서, 최근 시민사회에서 활발하게 논의되고 있는 마을 만들기에 주목할 필요가 있다. 이전에는 주로 지역사회 개발 운동으로 지역사회 주민들의 자주적인 참여와 주도적 노력으로 지역사회의 경제·정치·사회적 조건의 향상을 추구해왔다. '참여'를 통해 진정한 민주주의를 실현하기 위한 방편으로 공동체주의 운동 활성화가 필요해지면서, 지역사회 구성원들의 '참여'와 다양한 기관과의 '연대'를 강조하는 것이다. 그러나 최근에는 한 걸음 더 나아가, 단순히 경제 발전이나 개발을 지향하는 것이 아니라 지역사회의 공동체 형성(community building)에 관심을 모으고 있다. 개인주의 사회가 경쟁을 앞세운 약육강식과 적자생존의 원리가 지배한다면, 공동체 운동은 배려와 관심으로 더불어 사는 공동체를 추구한다. 마을 만들기는 바로 이러한 취지에서 지역사회를 재구조화하기 위한 시도로 볼 수 있다.

마을 만들기 운동은 일종의 주민 자치 운동으로 여기서 '마을'이란 시민 전체가 공유하는 것임을 자각할 수 있고 공동으로 이용하며 활용할 수 있는 장을 총칭한다. 그리고 '마을 만들기'란 그 공동의 장을 시민이 공동으로 만들어 내는 작업을 말한다. 이러한 마을 만들기는 '눈에 보이는 마을 만들기'와 '눈에 보이지 않는 마을 만들기'의 두 가지 측면이 있는데, '눈에 보이는 마을'이란 말 그대로 물질로 구성되어 눈으로 관찰할 수 있는 마을을 뜻하는 것이며, '눈에 보이지 않는 마을'이란 눈에 보이지 않는 사람들의 활동으로 형성되는 마을을 뜻하는 것이다. 따라서 '마을 만들기'는 '사람 만들기'를 포함하는데, 곧 시민의식을 가지고 참여하는 사람이 되도록 의식을 개혁하는 것을 가리키는 것이다. 이러한 마을 만들기 운동에 교회가 참여하는 것은 매우 의미가 크다. 시민의식은 기독교 정신과도 통하는 것이며, 특히 눈에 보이지 않는 사람들의 의식을 형성하는데 기독교의 가치를 지향할 수 있도록 협력할 수 있기 때문이다. 이것은 앞 장(이범성 글)에서 살펴본 바와 같이, 기독교의 하나님 나라 사상과도 이어지는 것으로 교회는 지역사회를 재조직하는 일에 당위성을 지닐 뿐만 아니라 실제로 그 기능을 할 수 있는 잠재력도 지니고 있다.

(3) 지역사회 참여의 실제

교회가 시민사회에서 이러한 역할을 감당하기 위해서는 교회 지도자들의 의식이 먼저 바뀌어야 한다. 이제까지 한국의 개신교는 교회와 사회의 관계에 대해서 지나치게 이원론식 사고방식을 견지해 왔다. 곧 교회 안에서의 생활에 일차의 중요성을 부여하고 일상생활의 영역에 대해서는 중요성을 인정하지 않아, "죄악이 가득하고 썩어 없어질 세상"으로 치부해 온 것이 사실이다. 이러한 이원론식 사고는 기독교인으로서의 사회생활에 올바른 의미를 부여하지 못하여 기독교인들을 분리주의자 또는 배타주의자로 만들어 버린다. 그러나 하나님께서 우리에게 허락한 이 사회는 비록 죄악이 넘쳐난다고 해도 포기하고 방치되어야 할 곳이 아니라, 똑같이 하나님의 영광이 구현되어야 할 공간이다. 하나님은 교회뿐만 아니라 이 세상 만물의 주님이시기 때문이다. 따라서 교회 안에서의 삶에만 높은 가치를 부여할 것이 아니라 교회 안에서 요구되는 엄격한 윤리 기준을 모든 기독교인들의 사회생활에도 확대하여 적용해야만 한다. 교회에서는 세속 사회의 모든 활동에 대하여 기독교의 가치를 부여하고 기독교인들이 따라야 하는 윤리적인 지침을 마련해 줄 수 있어야 한다.

이러한 관점에서 목회자가 먼저 지역사회 목회에 대한 필요성을 인식하고 교회 구성원들이 지역사회활동에 적극 참여할 수 있도록 의식 개혁 및 동기 부여를 해야 한다. 이를 위해서 강단에서 전해지는 목회자의 설교도 공공성을 지닌 설교가 되어야 한다. 현대사회에서 종교의 사사화 경향은 설교의 주제를 개인의 안위와 행복, 마음의 평안에 대한 내용으로 축소시키고 있다. 기독교의 공공성을 회복하기 위해서는 개인의 사사로운 영역에 속하는 주제들보다도 사회 공공의 영역에 속하는 주제들에 관심을 가질 필요가 있다. 그리고 교회 구성원들에게 정치나 경제 또는 다른 분야에 대한 공공의 문제들에 대하여 기독교 관점에서 접근하는 설교가 제시되어야 한다.

그리고 교회 내부 (봉사) 활동만 아니라 교회 밖 활동도 교회에서 중요하게 여길 수 있어야 한다. 평신도는 자신의 삶의 자리에서 기독교인으로서의 역할에 충실할 필요가 있다. '작은 목자'라는 개념은 평신도를 동역자로 인정한다는 점에서 높이 평가할 만하나 자칫 평신도에게 교회 안에서의 활동이 중요하고 사회에서의 활동은 중요하지 않은 것처럼 오해를 줄 수도 있다. 앞에서 살펴본 바와 같이 예수 그리스도의 제자이면서 동시에 시민으로서의 역할도 감당해야 한다. 물론 그렇다고 해서 교회에서의 활동이 중요하지 않다고 말하는 것은 아니다. 필요에 따라 그리고 은사에 따라 각각의 영역에서 소명의식을 가지고 최선을 다하는 태도가 필요하다. 이렇게 교회 안팎에서 맡은 바 역할과 책임을 다함으로써 균형 있고 온전한 기독교인의 삶을 살게 되는 것이다.

　다음으로, 실제적으로 교회가 지역사회에 참여하기 위해서는 교회와 지역사회에 대한 현장 조사가 선행되어야 한다. 먼저 교회 안에서 동원할 수 있는 물적 자원을 자세히 파악하여 지역사회활동에 적극 참여할 수 있도록 교회 조직과 구조를 재정비하여야 한다. 다음으로 과학적인 조사와 방법으로 지역사회의 필요와 욕구를 파악한 후, 교회의 여건에 적합한 사업을 우선적으로 실시하여야 한다. 그리고 지역사회 지도자들을 만나서 지역의 필요를 파악하고 필요한 기관이나 단체와 협의하여 파트너십을 구축해야 한다. 이를 위해서는 지역사회 변화를 위한 목표 설정, 민주적인 절차, 자발적인 실천, 지역 지도자의 육성, 지역 주민 교육 등이 필요하며, 지역사회와 호흡하며 결속 관계를 유지하기 위해 교회 시설을 지역사회를 위해 개방할 필요가 있다.

　지역사회 조사에 대하여 더 구체적으로 말하자면, 지역사회의 자연 환경을 포함하여 인구·거주지·사회 구조 조사, 향토 문화와 전통에 대한 조사, 산업과 경제생활 조사, 주민들의 생활 및 의식과 욕구 조사, 그리고 지역사회에 어떠한 행정 기구, 공공시설 기타 사회단체, 복지 시설이 있으며 이들이 어느 정도의 기능을 수행하고 있는지를 조사해야 한다. 조사 방법은 관공서에 구비돼 있는 시청각 자료 및 문헌 자료를 조사하고 지역사회의 상황을 정확하고 깊이 있게 알고 있는 여러 전문가나 지역 지도자를 초빙하여 강연을 듣거나 토의 또는 면접하는 것도 좋은 방법이 된다. 그리고 주민들과 주민 대표들에 대하여 면접이나 설문 조사를 하여 주민들의 의식이나 의견을 조사하고 필요에 따라서는 현장에 참여하고 상황을 직접 관찰하고 실태를 파악할 필요가 있다.

그리고 지역사회활동을 효과 있게 하기 위해서는 먼저 교회 구성원들의 지역사회활동에 대한 인식과 참여 의향을 조사하여 지역사회활동을 전담할 수 있는 전략팀을 구성할 필요가 있다. 이를 위해서 교회 소그룹을 TF팀으로 활용하는 것이 좋은 방법이 될 것이다. 교회 전체가 지역사회활동을 하기는 어려우나 각종 소모임들이 지역사회활동에 참여하게 되면 더 자발성이 있고, 적극적인 참여가 가능하게 되어 많은 효과를 나타낼 수 있다. 이 소그룹 TF팀을 중심으로 지역사회를 조사하고 직접 실천 주제를 작성하도록 하는 것이 좋다. 그리고 교회 재정의 일정 부분(대략 10% 정도)을 지역사회활동비로 정하고 소모임을 지원 대상자와 연결하여 이들의 필요를 도울 수 있는 책임봉사제를 실시하는 것도 중요한 원칙이 될 것이다.

교회는 일차적으로 예배 공동체의 성격을 지니고 있지만, 그와 동시에 사회 속에 존재하는 시민 공동체이기도 하다. 하나의 의례 행위로서 예배에 참여하는 것으로 그칠 것이 아니라 실천 윤리의 행동 지향성이 삶의 무대인 사회생활에서 표출되어 나타나야 한다. 특히 한국교회는 개 교회 내부 결속력은 강하지만, 다른 교회와의 협력이나 지역사회에서의 연계 활동은 부족하므로 이에 대한 노력이 더욱 절실한 상황이다.16) 교회가 지니고 있는 물질과 제도 자원이 지역사회를

---

16) 푸트남은 자신의 책에서 교회의 내부 결속력을 bonding social capital 로 연합 활동을 bridging social capital로 표현하였다.

위해 효과 있게 활용될 뿐만 아니라 교회 구성원들이 지역사회 구성원으로서의 정체성을 가지고 적극적으로 참여해야 한다. 그리고 뜻을 같이 하는 다른 교회나 시민단체들과 협력해야 한다. 그렇게 될 때, 시민 공동체가 활성화되고 지역사회가 기독교의 가치를 지향하게 될 뿐만 아니라 교회의 공신력도 회복하게 될 것이다.

5. 교회의 공공성 회복을 위하여

포스트모던 시대로 대변되는 현대사회는 종교와 같이 절대가치를 주장하는 담론을 해체해야 한다고 주장하며 상대화된 가치 또는 다원적인 가치의 중요성을 강조한다. 이러한 주장은 이미 근대 계몽주의 이래, '세속화' 논제라는 이름으로 표현되어 왔다. 오늘날의 철학자와 사회과학자들은 종교가 사회적인 가치를 만들어 낸다는 것에 대해 더는 동의하지 않고 종교의 사회적인 중요성이 감소하고 있다는 주장한다. 이러한 세속화의 결과 중 하나는 '종교의 사사화'이다. 종교가 공공의 영역에서 물러나 개인의 사사로운 영역에서만 의미를 갖는다는 뜻으로 개인주의화된 신앙을 일컫는 말이다. 우리 사회에서 종교가 사회활동의 근거가 되기보다는 자신의 입신 출세나 개인의 영달을 추구하는 수단이 되어버린 것이 이러한 '사사로운 종교성'의 보기가 될 것이다.

이러한 상황에서 어떻게 종교를 다시 공공성의 영역으로 끌어오느냐의 문제가 관건이다. 우리가 논의한 시민사회에서 교회의 역할은 종교의 공공성을 회복하는 중요한 방법이다. 종교가 완전히 사사화되어서 사람들이 공동의 관심사를 갖지 못하여 더는 누구를 신뢰할 수 있는지 확신하지 못할 때, 하나의 해결책은 공동체주의 운동의 지지자들과 자원 결사체의 지도자들이 했던 것처럼 사회적 교섭을 더 많이 증진하는 것이다. 사람들이 이러한 공동체 환경에서 서로 교섭할 때, 사람들은 다른 사람에 대한 신뢰를 고양할 것이다. 이러한 종류의 신뢰는 사람들에게 그들의 관점에서 절대로 혼자가 아니라는 확신을 심어 주며, 토크빌이 주장한 바와 같이 시민사회에 참여할 수 있게 된다.

현대사회에서 종교에 대하여 기대하는 것은 사회에서 무시되고 있는 도덕의 차원을 다시 공공 영역으로 들여옴으로써 사회 구성원들이 개인 및 집단 이기주의로부터 벗어나 다른 사람들에 대한 책임과 의무를 갖도록 하는 데 기여하는 것이다. 특히, 시민사회는 법과 정치의 강제력에 의해서가 아니라 결사의 자유가 적용되는 자원의 영역이고, 이윤과 이기심보다는 헌신에 의해 동기 부여되는 삶의 영역들과 관련된다는 것을 감안할 때, 공공 영역에서 사람들 사이에 사회 교섭을 증가하고 도덕에 대한 헌신에 동기 부여할 수 있는 집합의 가치들을 형성하는 것은 매우 중요한 일이다. 교회가 이러한 시민사회의 힘에 기여할 수 있다면 세속화 과정에서 사사로운 영역으로 물러난 교회가 다시 공공성을 회복하게 될 것이다.

도움 받은 글

김경동, 「급변하는 시대의 시민사회와 자원봉사: 철학과 과제」(서울: 아르케, 2007).

다무라 아키라, 「마을만들기의 발상」(강혜정 옮김)(서울: 소화, 2005).

로버트 푸트남, 「사회적 자본과 민주주의」(안 청시 외 옮김)(서울: 박영사, 2000).

박영신, "공동체주의 사회과학의 새삼스런 목소리," 「현상과인식」, 1998년 봄/여름호.

박영신/정재영, 「현대 한국사회와 기독교: 변화하는 한국사회에서 기독교의 역할」(서울: 한들, 2006).

시민사회포럼·중앙일보시민사회연구소 엮음, 「시민사회와 시민운동」(서울: 아르케, 2002).

이성록, 「새로운 공동체영역@제4섹터」(서울: 미디어숲, 2005).

장성배, "교회중심 지역사회변혁 모델," 「신학과 세계」, 2004년.

정수복, 「시민의식과 시민참여」(서울: 아르케, 2002).

조영달 엮음, 「한국 시민사회의 전개와 공동체 시민의식」(서울: 교육과학사, 1997).

종교사회복지포럼 엮음, 「시민사회와 종교사회복지」(서울: 학지사, 2003).

한국학중앙연구원 엮음, 「종교와 시민공동체」(서울: 백산서당, 2006).

Baggett, Jerome P., "Congregations and Civil Society: A Double-Edged Connection," *Journal of Church and State*, 2002, 44권 3호.

Becker, Penny Edgell & Dhingra, Pawan H., "Religious Involvement and Volunteering: Implications for Civil Society," *Sociology of Religion*, 2001, 62권 3호.

Mathewes, Charles T., "Reconsidering The Role of Mainline Churches in Public Life," *Theology Today*, 2002, 58권 4호.

Robert D. Putnam, *Bowling Alone: The Collapse and Revival of American Community*(New York: Simon & Schuster, 2000).

Robert Wuthnow, *Christianity and Civil Society: The Contemporary Debate*(Pennsylvania: Trinity Press Inter- national, 1996).

Virginia A. Hodgkinson 외, *Giving and Volunteering in the United States 2001*(Washington, D.C.: Independent Sector, 2001

기독교 시민교육의 가능성으로의 교회와 NGO

조성돈 · 실천신학대학원대학교/목회사회학

1. 교육, 어떤 교육을 진행할 것인가?

(1) '배운다'의 의미

'배운다'고 할 때 우리는 일반적으로 교과서를 놓고 일정한 진도를 나아가야 하는 것으로 이해한다. 거기서는 교실의 형태가 있고 선생님의 강의와 시험 등이 떠오르게 된다. 이러한 형태와 틀이 있을 때 그곳에서 교육이 이루어진다고 한다. 그런데 정말 우리 인생의 중요한 것들은 다 이렇게 배우게 되는 것일까. 어쩌면 인생에 있어서 가장 중요한 것들은 그러한 교과서 위주의 교육에서 배우게 되는 것들은 아니라고 본다. 예를 들어 인생을 배운다든지, 살림을 배운다든지, 업무를 배운다든지 하는 것들은 대부분 교과서를 통해서 배운 것이 아니라 삶의 현장에서 사람들과 부딪쳐 가며 배우는 것들이다. 그러면 앞의 교육과 뒤의 교육은 어떠한 차이가 있는 것일까. 그것은 교육을 무엇이라고 정의하느냐의 차이일 것이다. 앞의 경우는 교육이란 지식의 전달이라고 보는 견해이다. 배운 자로서의 선생이 아직 배우지 못한 자인 학생을 가르치고 깨우쳐서 지식을 축적토록 하는 것이 교육인 것이다. 거기서는 교과서라는 정해진 양의 지식이 있고 그것을 효과적으로 전달하기 위한 교실이라는 장소가 있고, 교육이 제대로 이양되었는지를 확인하는 과정인 시험이 있다.

그러나 뒤의 경우는 사람과 환경이 중요하다. 여기서 배우는 것은 정해진 틀이 아니라 사람과 사람 사이에 일어나는 상호작용(Interaction)이 중요하기 때문이다. 정해진 환경 안에서, 아니 굳이 정해진 것이 아니더라도 일정한 환경 안에서 만나는 사람과 사람 사이의 상호작용을 통하여 우리는 알게 모르게 많은 것들을 배우게 된다. 이렇게 볼 때 여기서 배운다는 것은 상당히 포괄적인 의미를 지니게 된다. 여기서 배우게 되는 것은 단순한 지식 이상의 것으로 거기에는 삶의 지혜뿐만 아니라 정체성과 세계관까지도 포함하게 된다. 물론 그것을 그렇게 거창하게 표현하지는 않지만 우리는 이렇게 사람들과의 상호작용을 통해서 그리고 그 환경 안에서 많은 것들을 배우고 있는 것이다. 바로 이러한 교육에 대한 이해에서 본고를 시작해 보고자 한다.

(2) 경험과 교육

경험(Erfahrung)과 체험(Erlebnis)은 차이가 있다. 체험은 보통 사람이 감각기관을 통하여 얻게 되는 것들이다. 이에 반해 경험은 바로 이렇게 얻은 체험에 의미를 부여하고 자기화하는 것이다. 예를 들어 우리가 잘 아는 국토체험이 있다. 국토체험이라고 하면 보통 한반도 남단에서 판문점까지 행군을 하는 것이다. 15일의 경우도 있고, 20일의 경우도 있다. 그들이 이 기간을 걷는다는 것은 하나의 체험이다. 고생한다는 생각을 하고 경치 구경이나 한다면 이것은 하나의 체험이다. 그러나 이 기간을 통하여 나라사랑에 대해 생각해보고, 통일에 대해서 생각하고, 극기와 인내, 그리고 정체성 등을 생각하고 성찰할 수 있다면 그것은 경험이 되는 것이다. 같은 체험이지만 그러한 체험에 의미를 부여하고 자기화하는 과정을 거치게 되면 경험이 된다. 이것을 다른 말로 해석이라고도 이야기한다.

넓은 의미에서 우리가 교육을 이야기한다면 그것은 바로 이와 같은 경험을 뜻한다. 여기서 경험은 교육의 과정이며 동시에 목표가 된다. 과정이 된다는 것은 이러한 경험이 교육의 방법이 된다는 것이다. 우리는 경험의 과정을 통해 성찰의 기회를 갖게 된다. 그것은 궁극적으로 자기에 대한 성찰이며 동시에 이 세계에 대한 성찰이 될 수 있다. 동시에 그것은 사람과 사람 사이의 경험으로 이어지는 성찰이 되기도 한다. 이러한 성찰을 통하여서 사람들은 피상적인 체험에서 의미 있는 경험을 만들어 내는 것이다. 경험이 교육의 목표가 된다는 것은 이러한 경험을 할 수 있는 능력을 배양하는 것이 바로 교육이라고 할 수 있기 때문이다. 똑같은 체험 속에서 좀 더 깊이 있는 성찰을 이끌어 내고 생각할 수 있는 능력을 만들어 내는 것이 교육의 목표가 된다는 것이다.

이러한 의미에서 독일의 종교교육학자 로트(J. Lott)의 이야기는 큰 의미가 있다고 본다. "성인/연장교육을 교육(교양)이라고 본다면 핵심적 과제는 인간으로 하여금 그들의 일상에서 만들어진 경험들을 스스로 성찰하여 기억하고, 가공하고 제 것으로 만들어 감으로 경험과 교육의 능력을 고양시키는 것이다."(J. Lott:150) 그가 강조하는 것은 일상에서 만들어지는 경험들이다. 그 경험은 특별한 경험이라기보다는 우리가 매일과 같이 겪고 있는 일상 속에서 체험되어지는 것들에 대한 것이다. 그러한 체험들은 누구에 의해서 강요되어지거나 식민화되어지는 것이 아니라 스스로가 성찰될 수 있는 것이다. 즉 주체된 인간으로서 그러한 체험들을 경험화하도록 한다는 것이다. 바로 그러한 경험화를 위해서 로트는 우리가 기억하고, 가공하고 자기화해야 한다는 것이다.

기억은 과거의 경험을 의미한다. 우리는 기억을 통하여서 과거의 한 사건에 대한 의미들을 부여해 나간다. 그것은 해석(Interpretation)이라고 할 수 있다. 과거의 시점에서 그 사건은 일회적 일이고 지나가는 일이었지만 지나서 생각해 보면 그것이 우리의 인생에 주는 의미들이 있다. 우리도 과거의 사건들을 기억하며 한 사건에서 더하여 많은 의미들을 첨가하게 되며 그러한 과정을 거치며 그 사건은 그 때는 깨닫지 못했던 많은 의미들을 내포하게 되는 것이다. 어느 문학가는 '추억은 진실이다'라는 이야기를 했다. 그의 의미는 추억은 어쩌면 과거의 그 사건과는 다른 것으로 기억될 수 있지만 그것은 이미 한 사람에 의해서 추억되어질 때 그 사람에게 진실이라는 것이다. 이것은 우리의 말로 해석되어진 사건이며 동시에 해석되어진 진실이라는 것이다. 이와 같이 기억은 우리가 우리의 인생을 해석하는 훈련에 중요한 틀이며 과정이라고 할 수 있다. 여기에 더해서 가공한다는 의미는 바로 의미화의 과정을 가리킨다. 그것은 원체험을 경험화하는 것을 의미한다. 그리고 주체적 관점에서 해석하고 그것을 나를 중심하여 의미화하는 것이 바로 자기화라고 할 수 있다. 이러한 의미에서 일상의 체험들은 기억, 가공, 자기화를 통해서 스스로 성찰되어진 경험으로 변하는 것이다. 교육은 바로 각 사람에게 이러한 경험과 교육의 능력을 고양시키는 것을 의미함을 표현하고 있다.

이와 같이 경험은 교육의 한 방편이면서 동시에 그 목적이 될 수 있다. 따라서 여기서 지향하고자 하는 교육은 바로 이러한 경험 중심의 교육이 될 것이다. 그러나 그 경험은 우리의 삶의 세계(Lebenswelt: Life World)로부터 이끌어져 오는 경험이어야 한다. 우리의 일상으로부터 그러한 경험은 이끌어지며 교육의 과정에서, 그리고 각 개인의 성찰의 과정에서 각 주체에 의해 의미가 부여되는 것이다. 이러한 경험의 축적은 결국 우리 삶의 중요한 '해석과 준거의 틀(The frame of interpretation and reference)'을 형성해 준다. 해석은 이미 여러 차례에 걸쳐서 설명을 한 바이고 준거라고 하는 것은 기준이라는 의미로 행위의 기준이 되는 것을 의미한다. 다른 말로 하면 그것은 윤리적 기준이라고 할 수 있다. 바로 이러한 해석과 준거의 틀을 마련한다는 것은 우리 가운데 일상적으로 일어나는 그러한 해석과 준거에 있어서 그 때마다 변하는 변동되어지는 틀이 아니라 주체화된 인간에 의해서 구성되어진 틀을 의미한다. 그러한 틀은 이미 이야기했듯이 경험의 축적으로 형성되어지고 또 그 변화는 새로운 경험들의 유입으로 이루어진다. 때로 그러한 새로운 경험들은 일상 가운데 지속적으로 축적되어지기도 하지만 어떠한 경우에는 특별한 것으로 그 틀의 급격한 변화를 촉구하기도 한다.

기독교교육적인 관점에서 볼 때 이러한 '해석과 준거의 틀'은 신앙이라고 할 수 있다. 신앙은 우리 삶에서 표현되어질 때 이러한 틀로서 나타난다. 즉 삶에 대한 해석과 행동에 있어서의 기준이다. 신앙이라는 그 틀 안에서 우리는 삶에 의미를 부여하고 그 뜻을 해석하는 일을 하며 동시에 그리스도인으로서 어떻게 살아야 할 것인가에 대한 기준을 가지게 되는 것이다. 따라서 경험 중심의 교육은 결국 기독교교육으로 연결되어지며 신학적 해석을 동반하게 된다.

(3) 참여적 교육

이러한 경험 중심의 교육은 참여적 교육을 지향하게 된다. 바른 신앙인이라면 삶의 세계에서 변화를 시도한다. 다른 가치관과 세계관을 가지고 있는 신앙인이라면 이 세계의 변화를 꿈꾸게 되는 것이다. 남들과 다른 신앙에 근거되어진, 또는 신앙에 준한 해석과 준거의 틀을 가진 사람이라면 그 틀에 의해 발견되어지고 해석되어진 세계에 책임을 가지게 되고 그것은 남들이 보지 못하는 것을 보게 되는 경험으로 인도된다. 독일의 학자 랑에(E. Lange)는 우리 가운데 '침묵의 문화'가 존재한다고 지적한다. 그것은 억눌린 자들의 특징으로 부당한 삶의 상황에서 아무런 문제를 느끼지 못하고, 또 그렇기 때문에 그에 저항하지 못하는 즉 언어를 잃어버린 침묵의 문화가 있다는 것이다. 따라서 그는 교회가 '자유의 언어의 학교'가 되어야 한다고 주장한다. 사람들에게 문제를 문제로 인식할 수 있는 능력을 돌려주고 그 해결을 위해서 나설 수 있도록 해 주는 것이다. 이것을 그는 자유의 언어를 돌려주는 것이라고 표현한 것이다. 이런 의미에서 그에게 있어서 '교육은 더 이상 낯선 지식의 섭취가 아니라 자신의 삶의 상황과 그 모순을 문제로 인식하고, 행동과 성찰 가운데 그 문제의 해결을 위해 노력하는 것이다'고 설명한다. (Lange: 125)

따라서 여기서 교육은 참여적 교육이 될 수밖에 없다. 그것은 세상의 변화에 대한 참여이다. 새로운 인식이 가져다주는 비평적 의식이 보여 주는 우리 삶의 주변에 있는 문제에 대해 변화를 추구하며 행동하는 가운데 우리는 경험하며 배우게 되는 것이다. 즉 참여를 통하여 새로운 경험에 직면하게 되고 그 경험은 다시 새로운 틀을 세우게 되고 그 새로운 틀은 또 새로운 문제들을 발견하게 하는 것이다. 이러한 참여를 통하여 우리의 의식이 성장하게 되고 경험의 능력이 성장하게 되는 것이다.

이러한 참여적 교육은 방법론적으로는 한국교회에서 잘 이루어지고 있다. 교회에서는 다양한 분야에서 사람들이 교회의 일에 참여할 수 있는 통로가 많이 있다. 특히 교사나 구역장 등과 같이 선생으로서 봉사하는 경우는 가르침을 받는 사람들보다도 그러한 일들을 통하여 교사나 구역장들이 신앙적으로 성장하는 것을 보게 된다. 바로 이러한 것이 참여적 교육의 대표적인 예라고 할 수 있다. 또는 단기선교에 참여하는 것도 선교에 대한 훌륭한 참여적 교육이다. 선교현지를 가기 전에 교육을 받는 과정과 직접 선교현지를 경험해 보는 일, 그리고 후에 그 선교지와 연계되어서 관심을 가지고 기도하고 후원하는 일들이 모두 참여적 교육이라고 할 수 있다. 그러나 문제는 이러한 교육이 각 개 교회 중심으로 이루어지고 있다는 것이다. 즉 그 관심이 교회 안에 머물고 있는 것이 한계이다. 그 관심을 좀 더 넓혀서 이 세계에 대한 책임 가운데 그 지평을 넓히는 일들이 일어나면 좋을 것 같다. 그것이 삶의 세계로 넓혀지고 이 세계의 변화와 하나님 나라에 대한 관심으로까지 이어질 수 있다면 훌륭한 참여적 교육의 모델이 될 수 있을 것이다.

2. 참여적 교육의 장으로서의 시민교육

시민교육의 의미는 '민주적 자질과 소양을 갖춘 시민을 기르는데 주된 목적을 둔다. 시민교육이 추구하는 궁극적인 목적은 시민 각자가 민주적인 사회생활 또는 정치생활을 하는데 있어서 방향감각을 획득하고, 자신의 정체성을 유지하는데 도움을 주는 것이다.' (허영식: 3) 이러한 시민교육의 정의는 앞에서 이야기한 것들과 그리 멀지 않은 곳에 있는 것 같다. 방향감각이나 정체성이라고 이야기하는 것을 해석과 준거의 틀로 등치시키면 교육의 장(Praxis)을 민주사회나 좀 더 구체적으로는 시민사회로 둘 수 있을 것이다. 즉 그것을 하나님 나라라는 이해 안에서 볼 때 그 구체적 현장으로서 볼 수 있다는 것이다. 그렇게 보면 시민사회는 기독인으로서 참여의 장이며 동시에 경험의 대상인 것이다.

민주사회 또는 시민사회의 발전을 위해서 가장 중요한 것은 이미 위의 정의가 보여 주듯 바른 시민의 형성이다. 바른 관점을 지니고 자발적인 참여에 의미를 두는 시민들이 있어야 시민사회가 형성되어질 수 있다. 그런 의미에서 시민교육은 시민사회의 발전을 위한 기본적인 토대라고 할 수 있다. 교회는 바로 이러한 곳에서 시민사회에 이바지할 수 있다. 즉 교회에서 이루어지는 교육적 역할들을 통해서 시민의 의식을 각 사람들에게 심어 줄 수 있는 것이다. 그것은 무엇보다도 설교나 교육활동을 통해 주체적 의식을 가질 수 있도록, 그리고 시민사회의 가치를 실제적으로 경험할 수 있는 현장으로서 교회를 구조화하는 것이다. 주체적 의식이라고 하는 것은 이미 위에서 인용한 바 있는 침묵의 문화를 극복해 낼 수 있는 깨어 있는 의식이다. 이러한 의식은 우리 주위의 삶의 환경 안에서 그냥 타성적으로 보던 것들을 문제로 인식하고 그 안에서 갈등의 문제를 밝혀내는 것이다. 예를 들어 우리 주변에서 요즘 만나게 되는 외국인 노동자나 외국인 부인들을 돕는 것이나, 탈북자들을 만나 돕게 되는 것도 아주 훌륭한 교육의 장이 될 수 있다. 이들의 문제에 대해서 그냥 스쳐지나갈 수 있음에도 불구하고 그들이 겪게 되는 어려움들에 대해서 관심을 갖는 것, 그리고 그 안에 내포되어 있는 사회적 갈등의 요소들을 발견하고 문제로 인식하는 것들이다. 또는 실생활 가운데서도 이러한 문제의식은 경험되어질 수 있다. 아파트 자치회의 일에 있어서 행정적 투명성에 대한 제고나 발전방향에 대한 제안을 해 볼 수도 있다. 그냥 그러한 것들은 일부 적극적인 사람들의 일이라고 많은 사람들은 지나가고 있지만 그런 것에 대해 문제가 있다고 생각할 수 있는 것이 바로 시민의 의식이라고 할 수 있다.

또는 그 가치의 경험이라고 할 수 있는데 시민사회를 이끄는 것은 시민사회다운 가치를 공유하는데 있다고 할 수 있다. 예를 들어 도덕적 가치라고 할 수 있는 자유나 사랑, 정의와 평화와 같은 것들이라고 할 수 있다. 그러나 이러한 가치들을 사회에서 경험한다는 것은 쉬운 일이 아니다. 사회는 효율성과 경제주의로 바쁜 곳이기 때문에 이러한 가치들을 가지고 주변에 있는 사람들과 이야기를 나눈다는 것은 쉬운 것이 아니다. 특히 한국과 같이 삶에 대한 진지성이 많이 결여되어 있는 사회에서는 더더욱 어려운 것이 사실이다. 그러나 교회만은 그래도 이러한 가치들을 이야기할 수 있고 이해할 수 있는 장이라고 본다. 교회에서는 비록 그것이 종교적 색채를 가지고 있기는 하지만 자유나 사랑, 정의나 평화와 같은 단어들이 그리 낯설지 않게 다가온다. 그것은 단순히 입에서 되뇌어지는 수준이 아니라 우리의 신앙 안에서 '경험' 되어지고 있다. 바로 이것이 교회의 장점이라고 할 수 있다. 이러한 가치들이 단순히 이야기되어지는 것을 넘어 체험되어지고 경험되어질 수 있다는 것은 교회라고 하는 특수한 환경 안에서만 가능하다는 것이다. 이제 문제는 이러한 가치를 경험하게 된 교인들이 어떻게 민주시민으로서 이 사회에서 그 가치들을 변환하여 스스로 경험하고 그 경험을 이웃들과 나눌 수 있는가에 대한 것이다. 그리고 그것들을 이 사회에서 현실화시켜나가는 일들이 이제 우리 기독인들에게 과제로 남게 되는 것이다. 교회가 과연 여기까지 동행할 수 있을 것인가에 대한 질문이 남게 되기는 하지만 가능하다면 교회가 이러한 일에 동역되어지기를 바라는 것이다.

또 다른 교육의 가능성으로서는 대화에 대한 교육과 훈련이다. 많은 사람들이 시민사회나 시민운동이라고 하면 소위 말하는 '데모'를 떠올리게 된다. 때로 그것은 과격한 모습을 담기도 하기에 일반 시민들에게는 이질적인 일들이 되곤 한다. 그러나 이러한 것은 오해라고 할 수 있다. 시민사회의 발전을 위해서는 대화가 가장 중요한 수단이다. 특히 협의과정이라고 할 수 있는 협의과정(Consultation process)은 시민사회에서 아주 중요한 기능으로서 이것은 소위 말하는 담론의 형성과정으로서 또는 시민들의 참여의 과정으로서 그 의의를 갖는다. 즉 이러한 협의과정을 통해서 더 많은 시민들의 참여가 일어나고 동시에 시민들의 의식이 발전될 수 있기 때문이다. 이러한 협의과정을 위해 필요한 것이 바로 대화라고 하는 도구이다. 이러한 대화에 대한 교육이 잘 이루어지는 곳이 교회이다. 비록 여러 가지 문제점이 있다고 지적들을 하지만 그래도 한국사회에서 대화의 가능성이 많은 곳이 쉽지는 않다고 본다. 특히 요즘과 같이 소그룹 중심의 교회 구조에서는 더욱 많은 사람들이 이러한 대화에 참여하게 된다. 그리고 무엇보다도 구역과 같은 경우 한 교회에서 수없이 많이 만들어지는데 거기에서 수고하는 구역장들의 경우는 의무적으로라도 대화에 나설 수밖에 없다. 그들은 사회에서 주부이기도 하고 회사원이나 평범한 직장인들일 수 있는데 교회에서는 한 그룹의 리더로서 성경공부를 인도하기도 하고 가르치기도 하는 대화의 훈련을 받게 되는 것이다. 그 외에도 교사와 같은 경우도 있고 여러 가지 자치단체들이나 회의체들을 통해서도 교회에서는 끊임없이 대화가 일어나고 있다. 이러한 대화의 훈련은 자각된 시민을 양성하기도 하고 시민사회의 발전에 이바지될 수도 있다.

위의 시민교육들이 각 개인들을 시민으로 세워나가는 교육이라면 이제는 사회적 참여를 통한 교육을 살펴보겠다. 위의 교육들이 의식, 가치, 대화라고 하는 다소 추상적인 의미였다면 이제 참여를 통한 교육은 직접적으로 교회가 시민사회의 경험의 장으로서 시민사회로의 통로 역할을 감당해야 함을 의미한다. 여기서 참여가 의미하는 바는 공적인 문제에 교인들 각자가 개인적인 자격으로서 또는 교회라고 하는 단체로서 관심을 가지고 참여함을 의미한다. 그들이 참여할 수 있는 것들은 예를 들어 지역사회의 현안을 발굴하고 해결을 위해서 노력을 한다든가 지역 어르신들을 위한 노인대학 운영과 식사대접과 같은 것들이 있을 수 있다. 이전에는 이러한 참여가 교회가 해야 하는 일이기 때문에 그냥 참여의 수준에서 이루어졌다면 앞의 주체화된 시민으로서의 교육을 받은 사람은 그러한 참여를 스스로 결정하여 동참하게 되며 동시에 그러한 참여 가운데 원론적인 문제제기를 할 수도 있고 또는 그러한 일들의 지속성을 위한 구조화를 꾀할 수 있게 되는 것이다. 좀 더 구체적으로 이야기하여 지역사회의 현안을 발견하는 일은 보통 사람들이 문제를 인식하면서도 그냥 '침묵'으로 지나가던 것이나 그것을 문제로 인식하지 못했던 일들에 대해 관심을 가지게 되고 그 해결을 위해서 노력하는 일들이 있을 수 있다. 아주 간단한 예로서 동네에 있는 아주 불합리한 신호등 체계에 대해서 이전에는 속으로 불만을 가지고 있으면서도 그냥 지나가던 것을 민원을 제기하여 해결할 수 있다. 이러한 경우 비록 그러한 것이 사소하고 간단한 일이지만 그러한 문제를 스스로 제기할 수 있고, 시민의 참여를 통해서 우리 주변의 불합리한 것들이 해결되어질 수 있다는 경험을 하면서 시민으로서의 의식을 일깨우는 계기가 될 수도 있는 것이다. 더군다나 그러한 해결을 위하여 혼자서의 힘만으로가 아니라 주변에 사람들과 함께 조직적으로 함께 한다면 더 큰 의미를 주변의 사람들과 나눌 수 있기에 더 효과적이라고 할 수 있다. 특히 상시적 조직을 가지고 있는 교회가 이러한 일에 앞장설 수 있다면 지역사회에 봉사하는 단체로서의 의미를 가지게 되고 거룩한 시민으로서의 의식을 공유할 수 있기 때문에 교회의 시민교육으로서 큰 의미가 있다.

그리고 지역 어르신에 대한 봉사를 통해서도 교인들이 봉사에 참여하는 자발적 시민으로서 자신들을 자각하게 된다든가, 지역 어르신들에 대한 지역 현안 조사나 더 나아가서는 노령사회의 문제들에 대해서까지 그 생각의 폭을 넓힐 수가 있다면 그것 또한 훌륭한 시민교육의 한 가지가 될 수 있다고 본다.

위에 살펴본 바와 같이 시민교육을 이루는 교회의 활동 가능성은 아주 많다고 본다. 문제는 우리가 그러한 것들을 시민교육이라고 칭하고 이해하는 것이다. 개신교는 어느 종교보다도 사회 친화적이고 그 가운데 깊숙이 들어와 있는 종교이다. 그리고 교리적으로도 하나님 나라에 대한 사상 가운데이 세상에 대한 책임성을 강조하고 있다. 이러한 관점에서우리가 교인들을 이 세상에 거룩한 민주시민으로 교육시키고파송하는 일은 중요하다고 본다. 특히 교회를 그 교육의 장으로서 이해한다는 것은 그 개인이나 교회를 위해 중요한 핵심적 사항이라고 본다. 이제 교회가 참여적 교육의 실제를어떻게 만들어 갈 수 있을지를 생각해 보도록 하겠다.

3. 교회에서 행할 수 있는 시민교육의 실제

(1) 준비하기

1) 기초적 시민교육
교회에서 시민교육이라는 것이 행해지는 것은 쉬운 것은아니다. 따라서 먼저 신학과 신앙의 외연을 넓히는 작업이필요하다. 교인들의 사고가 유연해 질 수 있도록 하는 일이필요한 것이다. 일반적으로 우리의 사고는 신앙은 교회 안에서 행해질 때 그 의미가 있다고 생각하기 쉽다. 바로 이러한틀을 깨는 작업이 필요한 것이다. 이를 위해서 아래와 같은주제들을 가지고 강의를 초청하여 들을 수 있을 것이다.

① 시민사회와 시민
② 시민사회와 하나님 나라
③ 한국사회와 교회
④ 대화와 참여

또는 전문적 사역을 펼치고 있는 NGO들의 도움을 받을 수도 있다. 예를 들어 굿미션네트워크에서는 지역교회의 초청에 임해서 NGO 선교 포럼을 열고 있다. 물론 중앙에서 목사님들을 위한 정기적인 심포지엄이나 포럼이 열리기도 하지만 구체적으로 지역교회의 초청에 임하고 있다. 좀 더 대중적으로는 '비전예배'가 있다. 예배의 형식을 빌려 특강과 함께 결단으로까지 이어지도록 준비되어 있다. 비전예배는 북한선교를 위한 '화해', 해외선교를 위한 '기회', 소외계층을 위한 '지극히 작은 자를 위한 관심', 무슬림 선교를 위한 'Freedom' 등의 주제로 다양하게 준비되어 있고, 청년부를 위한, 또 주일학교를 위한 예배가 따로 준비되어 있다. 이러한 행사를 준비해 본다면 교육적 효과와 함께 그 단체와 연계된 일들을 감당할 수 있을 것이다.

이외에도 교회가 관심을 가질 수 있는 방향의 NGO에 의뢰하여 교회로 특강을 초청하는 방법도 있을 것이고, 목회자가 직접 그러한 NGO에 가입을 하여 활동을 접해 보거나 아니면 인터넷을 통해 의견을 나누어 보는 것도 좋은 방법이 될 것이다. 그리고 그러한 NGO들이 공개하는 세미나나 포럼에 참여해 의식을 넓혀 보는 것도 좋을 것이다.

2) 환경의 조사

환경의 조사는 교회가 무엇을 할 수 있을까에 대한 조사의 단계이다. 이 단계에서는 먼저 교회 주변에서 문제를 이끌어 내는 방법이 있다. 이것은 지역조사를 전제로 한다. 일반적인 지역주민들을 상대로 한 설문조사가 있을 수도 있고 아니면 관공서의 도움을 받아 지역의 현안을 파악하는 방법도 있다.

또는 주변에서 도와 줄 수 있는 단체와 연계하는 방법도 있다. 일례로 고양시, 일산지역에만 NGO가 200개가 넘는다고 한다. 잘 알지 못해서 그렇지 다양한 사역의 방향을 가진 NGO들이 주변에 다수 존재하고 있다. 이러한 단체들을 조사하여 함께할 수 있는 방향으로 가면 좋을 것이다. 그리고 지역의 현안에 대해서 이들만큼 잘 알 수 있는 사람들도 없을 것이다. 또는 세계적인 문제나 광범위한 다양한 주제들에 대해서 나름대로 전문적 영역을 가지고 있는 단체들이 많이 있기 때문에 훌륭한 도움이 될 수 있을 것이다.

3) 주제의 선정

한 교회가 집중적으로 이끌어 갈 수 있는 주제를 선정하는 것이 중요하다. 큰 교회의 경우는 각 부서별로나 또는 팀별로 주제를 선정할 수 있겠지만 보통의 교회들은 그러한 다양한 주제를 가지기가 쉽지 않다. 따라서 교회가 일 년간 이끌어 갈 수 있는 주제를 선정하는 것은 중요한 일이다. 예를 들면 아래와 같다.

① 세계화

이것은 '지구촌 학습'이라는 주제로 많이 열리고 있다. 또는 '선교와 세계화'같은 주제도 이러한 부류에 속할 수 있다.

② 봉사와 참여

교회에서 가장 쉽게 접근할 수 있는 방법은 봉사라고 할 수 있다. 지역의 약자들에 대한 봉사라든가 아니면 지구적 차원에서 가난한 나라에 대한 구호적 차원도 있을 수 있다. 이러한 경우 구호단체의 도움을 받아 한 나라를 지정하고 그 나라에 대한 집중적인 연구를 지속하는 것도 의미가 있다. 그리고 그러한 연구가 실천으로 연결되면 더 좋을 것이다.

(2) 실행의 단계

1) 태스크포스 팀(Taskforce Team)의 구성

주제를 가지고 일을 진행시킬 수 있는 구속력 있는 팀을 꾸리는 것은 중요하다. 이것은 위에서 언급했었던 협의과정 (Consultation Process)을 만드는 데 중요한 의미가 있다. 집중적으로 토론을 벌일 수 있는 팀을 마련하고 실행해 나갈 수 있는 팀으로서의 의미도 있고 교회 내에서 그러한 협의과정을 이끌어 갈 수 있는 원동력이 될 수 있다. 이러한 팀에는 두 가지 영역으로 나누는 것이 좋을 것 같다. 첫째는 연구위원회로서 주제에 대해서 조사하고 연구하는 팀이다. 이들의 연구를 통해서 교회에 그 주제에 대한 공개가 이루어질 수 있다. 둘째는 실행위원회로서 교회 내에서의 행사나 앞으로의 진행을 이끌어 갈 수 있는 팀이다.

2) 홍보와 관심 모으기

교회적 차원의 일로 인식되고 협의되어지기 위해서는 홍보가 중요하다. 그러한 홍보를 통해서 교인들의 관심을 이끌어내고 동력화해내도록 해야 할 것이다. 이를 통하여서 교회는 선교적 구조로 변화되어질 수 있다.

① 교회 내 기도회

교회에서 관심을 이끌어 내기에 가장 좋은 방법은 기도회이다. 특히 핵심적 구성원들이 기도회에 참여하는 것은 아주 중요한 방편이다. 이를 통해서 하나님의 도움을 구하고 기도의 폭을 넓혀 나갈 수 있다. 이것은 첫 시작하는 단계에서 중요한 초석이 될 수 있을 것이다.

② 헌신예배

어느 정도 연구가 이루어지고 실행의 가능성을 가지게 될 때에 헌신예배를 통해 교회에 문제제기를 하는 순간이다. 그리고 그러한 주제에 대해서 교회가 함께 하겠다는 공식적인 추인의 순간이 될 수 있다. 그리고 무엇보다도 그러한 문제를 선교적 관점에서 이해할 수 있는 좋은 기회이다. 기도회가 소수의 인너써클(Inner circle)을 구성하게 된다면 이 헌신예배는 대중성을 얻을 수 있는 기회이다.

③ 사진 및 자료 홍보

헌신예배와 함께 연계되어질 수도 있고 따로 진행될 수도 있다. 교회에 게시판을 만들어 주제에 대한 관심을 불러일으키고 이러한 주제에 헌신하는 그룹들이 하고 있는 일들에 대한 관심을 얻을 수 있는 기회로 삼아야 한다.

④ 자원봉사자 모집

자원봉사자를 모집하는 것은 무엇보다도 경험자의 확대에 목적이 있다. 가능한 많은 사람들이 이 일에 동참하여 의식을 일깨우고 관심을 불러 일으켜야 한다.

⑤ 파송의 의식

자원봉사자들에게 파송의 의식을 치러줌으로 교회의 지원을 이끌어 내야 한다. 그것은 영적인 후원과 물질적 후원을 모두 포함한다.

3) 세력화 하기

운동을 한다는 것은 작은 자들의 다수화를 통해 의견을 표출해 내는 것이다. 특히 의식 있는 다수는 세상을 바꿀 수 있다. 이를 위해서 헌금후원은 중요한 방편이다. 그것도 소액의 다수를 지향하는 것은 중요하다. 헌금을 한다는 것은 단순히 재정적 뒷받침에서 끝나지 않는다. 사람들은 돈을 내면 관심을 가지게 되고 그러한 관심은 참여로 이어지게 된다. 이러한 면을 의식하여 후원회원을 확보할 수 있어야 한다. 그리고 이미 언급한 자원봉사자의 확대도 중요한 부분이다.

4) 지역사회와 연계하기

이러한 일들이 교회 내에서 소화되고 만다면 그 의미가 크게 반감될 것이다. 선교적 차원에서도 이러한 일들은 지역사회와 연계를 가져야 한다. 그러기 위해서 보편적 언어로 문제를 풀어가는 것이 중요하다. 전도에 대한 조급성이나 교회 내의 논리를 가지고 나가는 것이 아니라 모든 사람들이 이해하고 받아들일 수 있는 설득구조를 가지는 것이 중요하다. 이것은 교회가 이 사회와 소통하는 중요한 도구가 될 것이고 교인들에게는 좋은 훈련이 될 것이다. 실행의 방법으로서는 홍보용 팸플릿을 만들어 배포하는 일이 있을 수도 있고 교회 게시판을 활용한 대자보의 형태도 가질 수 있을 것이다. 또는 인터넷을 활용하여 홈페이지 구성이나 카페 등을 만들 수도 있을 것이다. 또는 일반적인 주제인 경우 반상회를 통해 홍보하는 방법도 있다. 교인들로 하여금 이러한 문제들을 숙지하고 반상회라는 논의의 틀 안에서 이야기할 수 있도록 하면 좋을 것이다. 그리고 지역신문이나 언론과의 접촉도 좋은 방법이다. 가장 파급력이 높고 그 영향이 큰 것이기 때문에 운동에 있어서 중요한 부분이 될 것이다.

4. 결론

교육은 단순한 지식의 전달이 아니다. 교육을 통하여 사람들은 의식이 깨어나야 하고 삶의 의미를 찾아가야 한다. 그런 의미에서 시민교육은 교인들을 시민으로서 자각하게 만들고 하나님의 나라를 향한 기대를 만들어가는 과정이라고 본다. 그런 의미에서 하나님 나라를 향해 실천해 가는 가운데 발견되어지는 자신과 교회가 있기를 기대해 본다.

도움 받은 글

캐서린 아이작, 「우리는 참여와 행동을 통해 민주주의로 간다. 교사, 학생, 시민을 위한 사회참여 길라잡이」 (조희연 옮김)(서울: 아르케, 2002)

마이클 에드워즈, 「시민사회. 이론과 역사, 그리고 대안적 재구성」 (서유경 옮김)(서울: 동아시아, 2005)

이남석, 「참여하는 시민, 즐거운 정치」 (서울: 책세상, 2007)

허영식, 「현대사회의 시민교육. 이론과 실제」 (서울: 원미사, 2006)

Ernst Lange, *Sprachschule fuer die Freiheit. Bildung als Problem und Funktion der Kirche* (Muenchen: Kaiser, 1980)

Juergen Lott: *Erfahrung-Religion-Glaube. Probleme, Konzepte und Perspektiven religionspaedagogischen Han- delns in Schule und Gemeinde* (Weinheim: Deutscher Stu- dien Verlag, 1991)

기독교 NGO의 유형과 과제

이혁배 · 숭실대/기독교윤리

1. 들어가는 말

기독교 사회윤리의 목표는 사회제도를 개혁하여 그것을 인간적으로 재형성하는 것이라고 할 수 있다. 그런데 거대하고 복잡한 현대사회에서 기독교인들이 사회제도를 개혁한다는 것은 결코 간단한 일이 아니다. 왜냐하면 하나의 개혁적 조처는 그와 관련된 수많은 이해당사자들의 반발을 사기 쉽기 때문이다.

이러한 사회개혁의 지난함은 1993년 문민정부가 출범한 이후 현재에 이르기까지 시도된 많은 개혁적 조처들이 실패로 돌아간 사례들에서 어렵지 않게 확인할 수 있다. 따라서 기독교인들의 개혁적인 행동들이 사회제도의 개혁으로 결실을 맺을 수 있기 위해서는 이런 행동들을 하나의 조직된 세력으로 결합시키는 작업이 필수적이라고 할 수 있다.

그런데 현대사회에서 이런 결합 작업을 효율적으로 실현해 줄 수 있는 대표적인 사회단체는 역시 NGO(Non Govern-mental organization)일 것이다. 그러므로 기독교인들 혹은 그들의 공동체인 교회가 사회제도의 개혁을 현실 속에서 구체화하기 위해서는 어떤 형태로든 NGO와 관련을 맺어야 한다. 이런 맥락에서 우리는 기독교 사회윤리의 주요 과제들 가운데 하나가 기독교와 NGO의 관계를 설정하는 문제라는 결론에 도달하게 된다.

기독교가 NGO와 관계를 맺는 방식에는 크게 두 가지가 있을 수 있다. 하나는 기독교가 NGO 외부에 존재하면서 그것을 지원하는 방식이다. 여기서 기독교는 NGO가 내세우는 설립 취지나 주장들을 지지하지만 결코 그것의 시민단체적 성격을 수용하지 않는다. 다른 하나는 기독교가 직접 NGO를 설립하는 방식이다. 여기서 기독교는 NGO의 근본 목적에 찬성할 뿐만 아니라 그것의 시민단체적 성격까지 받아들이면서 기독교 NGO의 형태를 띠게 된다. 기독교 NGO의 유형론을 전개하려는 본 논문이 관심하는 것은 물론 후자다.

주지하는 바와 같이 1987년 6월 민주화운동 이후 군부 독재의 타도를 목표로 내세웠던 기독교운동단체들 가운데 상당 부분이 기독교 NGO로 탈바꿈하였다. 또한 기독교계 밖에서 일고 있는 NGO 창설 붐에 영향을 받아 새로운 기독교 NGO들이 속속 결성되고 있다.

기독교 NGO들이 이렇게 많아진다는 것은 한국사회에 민주주의가 공고하게 뿌리내리는데 기독교가 공헌할 수 있다는 점에서 고무적인 현상이 아닐 수 없다. 그런데 문제는 기독교 NGO에 관한 이론적인 연구가 거의 부재하다는 사실에 있다.

오늘의 기독교가 과거의 교리중심주의를 반성하면서 신학 이론보다 신앙 실천을 앞세우고 있는 경향은 충분히 이해될 수 있다. 그럼에도 이런 흐름이 이론적 기획에 대한 과소평가로 이어져서는 곤란하다. 왜냐하면 신앙적 행동은 신학적 성찰 없이는 그 방향성을 제대로 설정할 수 없기 때문이다. 철학자 칸트의 어법을 차용해 보면 '신앙 실천 없는 신학 이론은 공허하고 신학 이론 없는 신앙 실천은 맹목적이다'라는 명제가 가능할 것이다.

　이에 본고는 우리 실정에 맞는 기독교 NGO론의 정립이 한국 기독교 사회윤리의 중요한 과제들 가운데 하나라는 전제 아래 기독교 NGO론을 구축하는데 필요한 몇 가지 기본 사항들을 정리하고자 한다. 이를 위해 먼저 기독교 NGO를 정의해 볼 것이다(제2절). 이어서 몇 가지 기준들에 근거하여 기독교 NGO의 유형을 분류할 것이다(제3절). 그런 다음 분류된 기독교 NGO의 유형들에 관해 비판적 평가를 시도할 것이다(제4절). 마지막으로 기독교 NGO에 부여된 과제를 설정해 볼 것이다(제5절).

2. 기독교 NGO의 정의

　'NGO란 무엇이냐' 라는 물음을 둘러싸고 사회과학자들 사이에 의견의 일치가 존재하는 것은 아니다. 일반적으로 NGO는 공익적 목표나 이타적 목표를 실현하기 위해 설립된 자발적 결사체를 의미한다. 조희연 교수는 이런 일반적 정의를 한국사회의 특수성과 결부시켜 한국사회에서의 NGO를 다음과 같이 정의한다. 한국사회에서 NGO란 "1987년 이후 민주주의적 공간이 확장되면서 시민사회의 개혁 요구를 반영하면서 정치·경제·문화의 전 영역에서 다양한 개혁 이슈를 가지고 활동하면서 정부와 기업의 민주화와 개혁을 촉구하는 다양한 시민운동단체들"을 가리킨다.

그러나 이런 정의는 NGO가 수행하는 정부와 기업에 대한 견제 기능을 부각시킬 수는 있지만 공공 서비스를 제공하는 측면을 간과하는 문제점을 지니고 있다. 물론 대부분의 한국 NGO들이 6월 민주화운동을 배경으로 결성된 만큼 권력과 자본에 대한 견제지향성을 NGO에 대한 정의에 반영하는 것은 지극히 자연스러운 현상이 아닐 수 없다.

그러나 NGO는 국가와 시장을 감시하고 비판함으로써 사회개혁을 추동하는 기능만을 담당하는 것은 아니다. NGO는 자원봉사자를 활용하여 사회적 약자 계층이나 결핍자들에게 정부가 제공하지 못하는 각종 공공 서비스를 전달하는 기능도 수행한다. 실제로 요즘 우리 사회에서 결성되고 있는 NGO들 가운데 적지 않은 조직들이 박애 활동, 구호 활동, 기부 활동, 복지 활동 등을 수행하는 사회 서비스 단체를 표방하고 있다.

한편 NGO가 수행하는 기능을 사회개혁의 기능만으로 축소시켜 이해하게 될 때 NGO의 정치성이 과도하게 부각되기 쉽다. 이럴 경우 탈정치화되고 있는 대중과 NGO들 간의 사회적 거리가 생겨날 가능성이 높아지는데 이는 NGO들의 만성적인 하부구조의 부실로 이어지게 된다. 이런 이유에서 우리는 한국사회에서 NGO를 정의하는데 공공 서비스의 제공 측면을 더 적극적으로 포괄할 필요가 있을 것이다.

그러면 NGO의 정의 문제에 관한 이런 사회과학적 입장을 염두에 두면서 우리는 한국사회에 존재하는 기독교 NGO를 어떻게 정의할 수 있을까? 필자의 소견으로는 기독교 NGO와 세속 사회의 일반 NGO 간에 그렇게 큰 차이가 존재하지는 않는다고 생각된다. 이 양자는 주체와 동기부여에서만 차이가 있을 뿐 목표와 활동영역, 그리고 활동방식에서는 거의 유사하다고 할 수 있다.

기독교 NGO의 경우 일반 NGO에서와는 달리 단체를 결성하고 운영하는 주체가 기독교인들이다. 그리고 이런 단체의 주체가 하나님 나라의 도래에 대한 신앙적 희망(die glaubende Hoffnung auf das Kommen des Reiches Gottes)을 자기활동의 원동력으로 삼는다는 점에서 일반 NGO의 경우와 차별성을 갖는다고 할 수 있다.

기독교 NGO가 지니고 있는 보편성과 특수성에 근거하여 우리 사회에 존재하는 기독교 NGO를 정의해 보면 다음과 같은 결론에 도달할 수 있을 것이다. '한국사회에서 기독교 NGO란 하나님 나라의 도래를 희망하고 있는 기독교인들이 정부와 기업의 민주화를 비롯하여 정치, 경제, 문화 등 사회 전체의 개혁을 추구하거나 정부가 포괄하지 못하는 사회적 약자 계층과 결핍자들에 대한 사회 서비스를 제공하기 위해 결성한 시민운동단체를 의미한다.'

3. 기독교 NGO의 유형

NGO가 내세우는 중요한 이념 가운데 하나는 다원성이다.

기독교 NGO의 경우도 예외는 아니다. 이런 다원성으로 인해 기독교 NGO들이 관심하고 있는 영역은 상당히 다양하다. 또한 그들의 조직 구조나 운영 방법도 다양하고 다른 단체와 관계를 맺는 방식도 다양하다. 그러므로 기독교 NGO의 성격이나 기능에 관해 더 체계적으로 이해하기 위해서는 일정한 방식에 따라 기독교 NGO의 유형을 분류하는 작업은 필수적이라고 할 수 있다.

기독교 NGO의 형태를 분류하는 방식은 그 기준에 따라 다양할 수 있다. 기독교 NGO의 유형을 가르는 기준에는 여러 가지가 있을 수 있겠으나 본고에서는 그 가운데 중요하다고 판단되는 네 가지 기준에만 관심을 갖고자 한다. 곧 지향성, 조직 구조, 교회와의 관계 그리고 일반 NGO와의 관계라는 기준이 그것이다.[17]

제2절에서 서술된 기독교 NGO의 정의에 따르면 기독교 NGO가 지닌 지향성은 크게 두 가지로 나뉠 수 있다. 사회 전체의 개혁을 추구하는 것과 사회적 약자 계층에게 사회 서비스를 제공하는 것이 그것이다. 이런 지향성의 차이에 따라 기독교 NGO는 세 가지 유형, 곧 견제형 기독교 NGO, 봉사

---

17) 여기서 주의해야 할 점은 지향성이나 조직 구조에 따라 분류된 기독교 NGO의 형태들은 한국사회에 실제로 존재하고 있는 반면 교회와의 관계나 일반 NGO와의 관계에 따라 구분된 기독교 NGO의 유형들의 대부분은 현재 우리 사회에서 발견될 수 없다는 사실이다. 물론 그렇다고 해서 교회와의 관계, 그리고 일반 NGO와의 관계에 따라 분류된 모든 형태들이 현실사회에서 구체화가 전혀 불가능하다는 것을 의미하는 것은 아니다. 이 두 가지 기준들에 근거한 기독교 NGO의 유형들은 우리 사회에 아직 존재하고 있지 않으나 앞으로 구체화될 가능성이 있는 이념형적 형태들이다. 이런 이념형적 형태들은 기독교시민운동이나 기독교 NGO의 발전방향을 제시해 줄 수 있다는 점에서 실제적 형태들만큼이나 중요하다고 할 수 있다.

형 기독교 NGO 그리고 혼합형 기독교 NGO로 분류될 수 있다.

견제형 기독교 NGO는 정부와 기업을 견제하고 정부의 정책 변화를 유도함으로써 사회 전반의 개혁을 실현하려는 기독교시민운동단체를 의미한다. 이 형태는 1987년 민주항쟁 이전에 전개되었던 구 사회운동의 전통을 계승하면서 시민사회의 정치화를 강화하기 위해 시위, 집회, 농성, 서명, 청원 등의 활동을 전개한다.

봉사형 기독교 NGO는 사회적 약자나 결핍자들에게 공공 서비스를 제공함으로써 전체 사회구성원들의 삶의 질을 향상시키려는 기독교시민운동단체를 가리킨다. 이 유형은 사회복지의 전통에서 비롯된 것으로 자원봉사자를 활용하여 직접 서비스를 전달하거나 정부와 협력하여 서비스를 제공하기도 한다.

혼합형 기독교 NGO는 사회개혁의 차원과 공공 서비스의 차원을 포괄하려는 기독교시민운동단체를 뜻한다. 이 유형은 개혁적 측면이 활동의 거시적 방향성을 정립해 주는 반면 서비스적 측면은 대중적 설득력이나 친화력을 확보해 줄 수 있다는 사실에 착안하여 양자의 성향을 내부적으로 결합하고 있다. 그런데 이 유형의 기독교 NGO는 대부분의 경우 뒤에서 언급될 종합형 기독교 NGO의 형태를 띠고 있다.

일반적으로 NGO는 조직 구조에 따라 세 가지 형태, 곧 전문형 NGO, 종합형 NGO 그리고 연합형 NGO로 구분된다. 이런 분류 방식은 기독교 NGO의 경우에도 그대로 적용될 수 있다. 따라서 기독교 NGO는 조직 구조에 따라 전문형 기독교 NGO, 종합형 기독교 NGO 그리고 연합형 기독교 NGO로 나눌 수 있다.

전문형 기독교 NGO는 특정 이슈에 관심하면서 하나의 조직으로 이루어진 기독교시민운동단체를 지칭한다. 환경, 여성, 인권, 평화, 문화, 주민 자치 등 개별 문제에 주목하는 규모가 작은 대부분의 기독교 NGO들이 이 유형에 속한다고 할 수 있다.

종합형 기독교 NGO는 다양한 이슈들을 다루면서 여러 하부조직들로 구성되어 있는 기독교시민운동단체를 의미한다. 구체적으로 YMCA나 YWCA와 같은 단체가 종합적 기독교 NGO로 분류될 수 있는데, YMCA의 경우 정치, 사회, 교육, 환경, 언론, 주민 자치, 소비자, 문화 등 다양한 분야에서 활동하고 있고 사회 교육 과정과 평생 교육 과정까지도 개설하고 있다.

연합형 기독교 NGO는 여러 기독교 NGO들이 결합해서 설립한 기독교시민운동연합체를 뜻한다. 1990년대에 활동하였던 기독교사회운동연합이나 최근까지 존재하였던 기독교시민사회연대 등이 이런 유형의 대표적인 실례라고 할 수 있다.

한편 전통적으로 기독교의 대표적인 조직체는 교회라고 할 수 있다. 따라서 기독교 NGO와 교회의 관계를 중심으로 해서 기독교 NGO의 형태를 구분해 보는 것도 유익할 것이다. 교회와의 관련 정도에 따라 기독교 NGO는 세 가지 유형, 곧 독립형 기독교 NGO, 의존형 기독교 NGO 그리고 포섭형 기독교 NGO로 나눌 수 있다.

독립형 기독교 NGO는 개별 교회와 직접적인 관계를 유지하지 않는 기독교시민운동단체를 의미한다. 하나님의 선교

(missio dei)의 관점에서 보면 기독교인들이 하나님의 활동에 동참하는데 반드시 전통적인 교회 형태를 고집할 필요는 없다. 이 유형은 이런 신학적 주장에 착안하여 교회의 모습을 갖추지 않거나 개별 교회와 직접적인 관련을 맺지 않은 기독교 NGO도 하나님의 선교를 충실히 감당할 수 있는 단체라는 사실을 강조한다. 그리고 이런 신학적 입장에 충실하여 재정, 인력, 사무 공간 등을 확보함에 있어 개별 교회로부터 독립된 상태를 지향한다.

의존형 기독교 NGO는 조직상 개별 교회와 분리되어 존재하지만 자신의 실질적인 존립 기반, 특히 재정과 인력의 확보에서 개별 교회에 의지하고 있는 기독교시민운동단체를 뜻한다. 여기서 개별 교회는 시민사회의 활성화를 통해 국가와 시장의 과잉 발전에 따른 시민사회의 식민화를 저지하고, 나아가 하나님 나라를 확대한다는 기독교 NGO의 설립취지나 주장을 지지한다. 그래서 이 유형은 자신이 내세우는 근본 목적에 관심을 갖고 있는 개별 교회의 외부에 존재하면서 개별 교회로부터 물적, 인적 지원을 받는다.

포섭형 기독교 NGO는 개별 교회의 하부조직으로 결성되는 기독교시민운동단체를 가리킨다. 이 유형에서 교회는 하나의 사회 집단으로서 시민사회를 구성하고 있다는 사실이 강조된다. 따라서 교회는 시민운동을 담당해야 할 의무가 있다. 한편 교회가 자신이 속한 사회에 민주주의를 공고하게 정착시키는 일은 단순한 사회단체로서의 의무 준수를 넘어서 하나님 나라를 건설하는 신앙적 과업과 결부된다. 따라서 교회가 시민운동을 담당하는 일은 신앙 공동체 본연의 임무에 속하는 것이라고 본다.

이런 사회적, 신학적 근거에 입각하여 개별 교회가 자신의 조직 안에 NGO를 수립하게 되는데 우리는 이것을 포섭형 기독교 NGO라고 지칭할 수 있다. 물론 이런 형태의 기독교 NGO는 재정, 인력, 사무 공간 등을 확보함에 있어 해당 교회에 전적으로 의존한다. 그런데 이처럼 개별 교회가 자기 내부에 NGO를 구축한다는 것이 자신이 지니고 있던 종교단체로서의 본래적 성격을 배제시킨다는 사실을 의미하는 것은 아니다. 따라서 여기서 교회는 NGO적 성격과 종교단체적 성격을 공존시키고 있는 것이다.

한편 기독교 NGO는 정부와 기업의 민주적 규율이라는 견제 기능이나 사회적 약자들을 위해 서비스를 제공하는 복지 기능을 수행하기 위해 어떤 방식으로든 세속 사회의 일반 NGO와 대면하게 된다. 이에 기독교 NGO와 일반 NGO의 관계를 더 명확히 설정하는 것은 기독교 NGO의 특성이나 역할을 규명하는데 도움이 될 것이다. 세속적인 일반 NGO와의 관계라는 측면에서 기독교 NGO는 세 가지 유형, 곧 병렬형 기독교 NGO, 비판형 기독교 NGO 그리고 선도형 기독교 NGO로 구분될 수 있다.

병렬형 기독교 NGO란 일반 NGO의 자율성을 인정하면서 그것의 정치 노선이나 운영 원칙 혹은 행동 전략에 대해 어떠한 문제제기나 평가도 시도하지 않는 기독교시민운동단체를 의미한다. 이 형태는 기독교 NGO와 일반 NGO가 공동의 목표를 가졌음에도 각기 고유한 특성과 내부 논리를 가지고 있다는 사실을 인정하면서 이 양자 사이에 존재하는 다양성을 최대한 존중한다.

비판형 기독교 NGO는 다른 NGO들의 행태를 내부적으로 감시하고 비판하는 역할을 수행하는 기독교시민운동단체를 가리킨다. 제2절에서 시사한 바와 같이 NGO의 최종적 목표는 사회 전반의 공고한 민주화에 있지 정치권력의 인수에 있지 않다. 따라서 NGO는 제도정치권과는 다른 성격의 조직체로 존재할 때 그 사회적 의미를 지니게 된다. 이런 맥락에서 비판적 기독교 NGO는 다른 NGO들로 하여금 정치사회의 개혁에 개입하면서도 제도정치권과 일정한 거리를 유지하도록 감시한다.

또한 비판형 기독교 NGO는 다른 NGO들이 안정적 재정상태를 유지하기 위해 기업과 결탁하려는 행태를 비판한다. 우리 사회에 존재하는 대부분의 NGO들은 재정적인 측면에서 열악한 수준을 벗어나지 못하고 있다. 그래서 이런 NGO들은 자신이 견제하고 비판해야 할 기업, 특히 대기업이 제공하는 경제적 후원에 의존하기 쉽다. 이런 상황에서 NGO들이 대기업과의 결탁 유혹을 떨쳐버리는 것은 매우 중요하다. 비판형 기독교 NGO는 다른 NGO들로 하여금 이런 유혹에 대한 경계를 늦추지 않도록 감시하는 내부적 비판자로서의 역할을 수행한다.

선도형 기독교 NGO는 시민운동의 주도자로서의 위치를 차지하고 있거나 그러기 위해 노력하는 기독교시민운동단체를 뜻한다. 이 형태는 온 세계의 주재자이신 하나님을 신앙하는 기독교가 하나님 나라의 전위대로서 사회개혁을 주도해야 한다는 사실을 강조한다. 이런 신앙고백적 측면에서 기독교 NGO가 시민사회 전체를 이끌어가는 선도적 시민운동단체의 위치에 올라서야 한다는 당위적 주장을 내세운다.

4. 기독교 NGO의 유형들에 대한 평가

제3절에서 우리는 사실적인 차원에서 네 가지 기준에 따라 분류된 열두 가지의 기독교 NGO유형들을 객관적으로 살펴보았다. 그런데 후술하게 될 한국사회에서의 기독교 NGO의 과제 설정을 염두에 두면 이런 객관적 서술 작업에만 머무르는 것은 미흡하다고 할 수 있다. 왜냐하면 이런 과제 설정은 규범적인 차원에서 이런 형태들을 평가하는 과업에 상당 정도 의존하고 있기 때문이다. 이에 필자는 위에서 제시된 기독교 NGO의 유형들에 대해 규범적 평가를 시도하고자 한다.

기독교시민운동 진영에서는 1987년 민주항쟁 이전의 사회운동 전통에 집착하여 봉사형 기독교 NGO의 역할이나 가치를 폄하하는 흐름이 존재하고 있다. 그러나 봉사형 기독교 NGO는 기독교시민운동에 필요한 각종 자원을 동원해 줄 수 있다는 커다란 장점을 지니고 있다. 따라서 그것이 지니고 있는 중요성을 과소평가하는 것은 한국 기독교시민운동의 미래를 위해 바람직하지 않다.

생태계의 보존을 위해 종의 다양성이 확보되어야 하는 것과 마찬가지로 시민사회의 건강성도 다양한 성향의 NGO들이 고루 발전하는 데서 확보될 수 있다. 따라서 우리는 견제형 기독교 NGO와 봉사형 기독교 NGO가 서로 대체 관계가 아닌 보완 관계에 놓여 있다는 인식을 가질 필요가 있다.

견제형 기독교 NGO는 봉사형 기독교 NGO로 하여금 시민운동이 지향해야 할 거시적 사회 목표를 상기시켜 줌으로써 정치적 보수 세력과 결합하지 않도록 견인해 줄 수 있다. 반면 봉사형 기독교 NGO는 견제형 기독교 NGO로 하여금 회원과 재정의 안정적 확보를 통해 운동의 인프라를 견고하게 구축하도록 지원해 줄 수 있다. 결국 이 두 형태는 공동선에 이르는 서로 다른 방식을 채택하고 있는 경로들로 간주될 수 있다.

개혁성과 서비스성의 결합이란 면에서 혼합형 기독교 NGO은 긍정적인 평가를 받을 수 있다. 그러나 개혁적 차원과 서비스적 차원을 유기적으로 결합시키지 못하고 내·외부적 상황이나 조건에 따라 이 두 가지 차원들을 무원칙적으로 절충할 경우 단체 자체의 정체성이나 활동의 일관성을 확보하지 못할 우려가 있다. 또한 사회개혁과 공공 서비스에 관한 많은 이슈들을 포괄하려고 할 경우 다음에 서술될 종합형 기독교 NGO의 문제점을 그대로 노정하게 될 위험성이 있다.

한편 우리 시민사회 일각에서는 종합형 일반 NGO들이 백화점식 운동을 전개하고 있다는 비판이 제기되고 있다. 물론 이런 백화점식 방법은 급속한 산업화에 따른 다양한 문제들의 동시적인 등장이라는 사회적 상황을 고려해볼 때 불가피한 부분이 없는 것은 아니다. 그럼에도 이것이 시민운동의 관심과 역량을 분산시키고 의사 결정 과정에서 관료화를 심화시킬 수 있는 약점을 지니고 있다는 사실은 부인될 수 없다.

이런 문제점은 종합형 기독교 NGO의 경우라고 예외일 수 없다. 따라서 앞으로의 기독교시민운동은 조직 구조의 측면에서 종합적 유형보다는 전문적 형태를 취할 필요가 있을 것이다. 더욱이 사회 전체의 발전방향이 전문화나 반관료주의화로 정위되고 있는 만큼 장래의 기독교시민운동은 종합형 기독교 NGO 유형보다는 전문형 기독교 NGO 형태를 지향하는 것이 바람직할 것이다.

우리 사회에서 연합형 기독교 NGO의 결성은 상당히 부진한 실정이다. 제3절에서 언급한 바 있는 기독교시민사회연대는 1980년대의 기독교사회선교협의회와 1990년대의 기독교사회운동연합을 계승한다는 취지 아래 2000년에 출범한 단체로 한국 기독교시민운동을 대표하는 연합형 기독교 NGO라고 할 수 있다. 그러나 기독교시민사회연대는 2002년 1월 명칭을 기독교사회선교연대로 변경하고 사무국의 폐쇄와 위원회의 대폭 축소 등을 결의하면서 사실상 활동 중단을 선언하였다.

이런 연합형 기독교 NGO의 결성 부진은 다음과 같은 문제들을 초래할 수 있다. 곧 기독교시민운동 전체가 보유한 관철 능력을 부실하게 만들 수 있다는 것, 이슈에 따른 기독교 NGO들 간의 횡적 네트워크의 구축을 곤란하게 할 수 있다는 것, 기독교 NGO들 사이의 역할 분담을 조정하는 책임 주체를 형성할 수 없다는 것 등이 그것이다. 따라서 앞으로 기독교 NGO들은 개별적인 이슈들을 중심으로 다양한 방면에서 충실한 연대 활동을 수행하고 발전시키면서 새로운 연합체를 구축하는 사안을 더 진지하게 검토해야 할 것이다.

기독교 NGO들의 연대 활동이나 새로운 연합체 구축과 관련해서 한 가지 더 짚고 넘어가야 할 사항이 있다. 곧 에큐메니컬한 진영의 기독교 NGO와 복음주의적 진영의 기독교 NGO의 차이점을 지나치게 부각시켜 양자 사이의 교류를 차단하는 것은 전체 기독교시민운동의 활력을 떨어뜨릴 수 있다는 사실이 그것이다.

이런 맥락에서 우리는 신학적으로 에큐메니컬적(ecumenical)이냐 아니면 복음주의적(evangelical)이냐를 가르는 문제를 정치적으로 진보적(progressive)이냐 아니면 보수적(conservative)이냐를 가르는 문제와 구분할 필요가 있다. 그리고 기독교 NGO 활동과 관련해서는 신학적인 성향보다는 정치적인 지향성이 더 중요하다는 점을 분명히 인식할 필요가 있다.

물론 신학적으로 복음주의적인 기독교인이나 기독교 단체가 정치적으로 보수적인 경향을 띠기 쉽다는 사실은 인정한다. 그럼에도 복음주의 신학을 표방하는 기독교인들이나 기독교 NGO들 가운데 정치적인 진보성을 띠고 있는 경우가 드물지 않다. 따라서 에큐메니컬한 진영에 속해 있는 기독교 NGO들은 복음주의적이지만 진보적인 기독교 NGO들과의 연대를 강화하거나 연합체를 구축하는 문제를 진지하게 고려해야 할 것이다.

독립형 기독교 NGO는 의존형 기독교 NGO와는 달리 개별 교회의 직접적인 영향권에서 벗어날 수 있다는 장점을 가지고 있다. 그러나 동시에 이런 자율적 위상은 재정 능력의 악화로 이어질 수 있다는 면에서 약점으로 작용하기 쉽다. 의존형 기독교 NGO가 보일 수 있는 장점과 단점은 독립형 기독교 NGO의 경우와는 정반대가 될 것이다.

독립형 기독교 NGO나 의존형 기독교 NGO가 지니고 있는 이런 딜레마를 해소하기 위해서는 기독교계 내에 '아름다운 재단'과 비견할 수 있는 기부 재단이 설립될 필요가 있을 것이다. 이런 기독교 기부 재단을 통해 기독교 NGO들은 재정의 안정화를 꾀할 수 있는 동시에 기부자와 수혜자 사이에 형성될 수 있는 영향력 수수 관계에서 벗어날 수 있을 것이다.

포섭형 기독교 NGO는 단체의 책임적인 운영이라는 면에서 독립형 기독교 NGO나 의존형 기독교 NGO와 비교해 볼 때 커다란 강점을 가지고 있다. 따라서 이런 형태의 NGO에 대해 해당 교회의 절대적 영향력 행사라는 문제점을 내세워 부정 일변도로 평가하는 것은 적절하지 않다. 그럼에도 포섭형 기독교 NGO의 방향성이나 운영이 해당 교회를 이끌어가는 지도계층의 입김에 일방적으로 좌우되지 않기 위해서는 교회 운영의 민주화와 교회 재정의 투명한 관리가 선결 과제로 제시될 필요가 있다.

병렬형 기독교 NGO는 기독교 NGO가 지닌 특수성을 고려하고 있다는 점과 NGO 세계에 존재하는 다원주의를 존중한다는 점에서 긍정적으로 평가될 수 있다. 그러나 이런 점들이 지나치게 강조될 경우 기독교 NGO는 일반 NGO와의 차별성을 과도하게 부각시키면서 시민사회 내에서 게토화된 운동단체로 남을 가능성이 높아지게 된다.

또한 기독교 NGO가 지닌 이런 차별적 정체성이 강조될 경우 기독교시민운동이 사회 환경의 변화에 적절하게 대응하지 못하고 있는 현재의 문제점을 증폭시킬 수 있다. 1987년 민주항쟁 이후 제도적인 차원에서 일정 정도 민주화 조치가 이루어지면서 우리 사회의 모순 구조는 상당히 복잡해지고 정교한 양상을 보이고 있다. 그러나 기독교운동의 논리는 1970-80년대에서와 마찬가지로 신앙양심에 입각한 단순한 수준을 벗어나지 못하고 있는 실정이다. 이런 상황에서 병렬형 기독교 NGO는 일반 NGO에 대한 개방성과 대화가능성을 제고함으로써 일반 NGO로부터 사회 모순을 객관적으로 분석하는 방법을 배우고 이에 근거하여 더 정교한 운동 논리를 개발해 나가야 할 것이다.

비판형 기독교 NGO는 원칙적인 수준에서 시민운동의 제도 정치 진입을 반대하지만 그렇다고 모든 NGO들의 정치세력화를 반대하는 것은 아니다. 우리 사회와 같이 사회구성원들의 분출하는 개혁 욕구를 충족시킬 새로운 정치세력이 거의 부재한 상태에서 시민사회의 정치세력화가 불가피한 면이 없지는 않다.

그럼에도 NGO가 노골적으로 정치사회의 주체를 배출하는 양성소로 전락하는 것은 경계해야 한다. 왜냐하면 이런 행태가 우리 시민사회에 보편적인 경향으로 정착될 때 NGO들의 이미지가 결정적으로 훼손될 수 있기 때문이다. 국가와 시장에 대해 NGO가 내세울 수 있는 최대의 무기는 도덕성이다. 그런데 이런 도덕성은 무엇보다도 의도의 순수성에서 확보된다. 이런 맥락에서 기독교 NGO가 다른 일반 NGO들이 제도 정치권에로의 진입 유혹으로부터 벗어날 수 있도록 내부적 비판자 내지 감시자로서의 역할을 수행하는 것은 시민운동의 도덕성을 확보하는데 적지 않은 기여를 할 수 있을 것이다.

선도형 기독교 NGO는 위에서 열거된 다른 형태들과는 달리 시대착오적인 유형이라고 판단된다. 종교사회학적인 시각에서 볼 때 현대사회는 이미 세속화되어 있다고 규정할 수 있다. 여기서 세속화란 사회의 다른 제도들과 문화 및 학문에 대한 종교의 영향력이 현저하게 떨어지는 현상, 곧 사회 전체의 비종교화를 의미한다.

한국사회라고 이런 세속화의 흐름에서 벗어나 있는 것은 결코 아니다. 우리 사회 역시 거의 모든 영역에서 세속화되어 있다. 현재 우리 사회에서 기독교를 비롯한 모든 종교들이 사회의 여러 제도들에 대해 행사하는 영향력이나 통제력은 미미한 수준에 머물고 있다. 또한 학문과 문화의 영역에서도 종교적 혹은 기독교적 관점은 광범위한 설득력을 지니고 있지 못하다. 이런 종교적 상황에서 시민운동의 주도 세력은 기독교 NGO가 아니라 세속적인 일반 NGO이어야 한다. 아니 더 정확히 말해서 그럴 수밖에 없다.

한편 기독교 NGO가 시민운동의 주도자의 위치를 차지하려는 것은 한국의 다종교상황을 고려해 볼 때도 바람직하지 않다. 한국사회는 세계종교사에서 그 유례를 찾아보기 어려운 다종교상황을 경험하고 있다. 단일한 종교가 종교 영역을 지배하지 않고 불교, 유교, 기독교, 신종교 등과 같은 여러 종교들이 공존하고 있는 것이 우리의 종교상황이다.

이런 종교상황에서 기독교 NGO가 시민운동의 주도권을 추구하는 것은 사회 통합의 실현이나 사회갈등의 해소라는 측면에서 긍정적으로 평가될 수 없다. 왜냐하면 기독교 NGO의 이런 노력은 종교 간의 경쟁의식을 자극하여 가뜩이나 반목과 분열이 공고화되어 가고 있는 우리 시민사회 내의 갈등을 더욱 증폭시킬 우려가 있기 때문이다.

5. 기독교 NGO의 과제

이제 한국사회에서 기독교 NGO에게 부여된 과제를 설정할 차례이다. 기독교 NGO의 과제 설정은 우선적으로 기독교 NGO의 유형에 대한 평가로부터 도출되는 것이 논리상 자연스러울 것이다. 제4절에서 서술된 평가 결과로부터 기독교 NGO의 과업들을 이끌어 내면 다음과 같이 정리될 수 있다.

① 견제형 기독교 NGO와 봉사형 기독교 NGO의 교류와 연계를 더 활성화해야 할 것이다.

② 전문화와 비관료주의화를 지향하는 전문형 기독교 NGO들을 더 많이 설립해야 할 것이다.

③ 기독교 NGO들 사이의 다각적 연대 활동을 통해 연합형 기독교 NGO의 설립을 시도해야 할 것이다.

④ 에큐메니컬 진영의 기독교 NGO와 복음주의 신학을 표방하지만 정치적으로 비판적인 기독교 NGO의 연대강화나 연합체 구축 문제를 더 긍정적으로 검토해야 할 것이다.

⑤ 기독교 NGO들을 재정적으로 후원할 기독교 기부 재단을 설립해야 할 것이다.

⑥ 교회와 관련된 기독교 NGO의 자율성 확보를 위해 개별 교회들에게 운영의 민주화와 재정의 투명한 관리를 요구해야 할 것이다.

⑦ 일반 NGO와의 교류, 특히 이론적 교류를 확대함으로써 우리 사회의 복합적 모순들을 객관적으로 분석하는 능력을 배양하고 이에 근거하여 체계적인 기독교운동 논리를 개발해야 할 것이다.

⑧ 다른 NGO들이 제도 정치권에로의 진입 유혹과 기업과의 결탁 유혹으로부터 벗어날 수 있도록 내부적 비판자 내지 감시자로서의 역할을 감당해야 할 것이다.

⑨ 세속화와 다종교상황을 충분히 고려한 기독교시민운동을 전개해야 할 것이다.

그런데 기독교 NGO가 수행해야 할 과업을 기독교 NGO의 유형에 대한 평가의 결과물에만 한정하는 것은 논의의 지평을 축소시킬 위험이 있다. 이에 필자는 이런 평가 결과에서 이끌어 낸 과제들에 이어서 현재 한국 기독교계나 시민사회가 처한 전반적인 상황을 고려하면서 도출해 낸 과업들도 부가하고자 한다.

첫째, 개별 교회와 기독교인에게 사회과학적 지식을 제공해주는 역할을 감당해야 할 것이다. 기독교 NGO를 통한 교회나 기독교인의 사회 참여를 더 활성화하기 위해서는 무엇보다도 이들에게 사회과학적인 관점에서 사회를 분석할 수 있는 능력과 사회개혁을 위한 현실적 방안을 모색할 수 있는 능력을 배양해 주는 일이 우선적으로 요구되기 때문이다.

둘째, 한국 기독교 NGO 총람을 발간해야 할 것이다. 기독교 NGO의 현황과 변화 과정이 밝혀지지 않고서는 효과적인 기독교시민운동의 전개나 체계적인 기독교 NGO론의 정립을 기대하는 것은 불가능하기 때문이다.

셋째, 사회과학자들과 협력하여 사회-경제적 모델형성의 문제에 관한 기독교백서를 발간해야 할 것이다. 거시적 목표 설정의 부재는 한국 시민운동이 지닌 커다란 문제점의 하나다. 현재 기독교 NGO들은 물론이고 대부분의 일반 NGO들까지도 미시적인 담론과 국부적인 사회문제에만 몰두함으로써 장기적인 사회-경제적 모델의 정립이란 과제를 소홀히 하고 있다. 이러한 상황에서 기독교 백서의 발간은 시민사회 내에서 거시적 목표 설정에 관한 논의를 촉발시킬 수 있을 것이다.

넷째, 기부 문화 정착에 결정적인 걸림돌이 되고 있는 연고주의를 극복할 수 있는 사회적 에토스를 확산시켜 나가야 할 것이다. 우리 사회와 같이 연고주의가 강력한 사회 운영 원리로 기능하는 사회에서는 사회구성원들이 내집단(in-group)에 속한 이들에게는 과도한 정도의 배려를 베풀지만 외집단(out-group)에 속해 있는 이들에게는 인색하며, 심지어 적대적이기까지 하다.

이렇게 볼 때 우리 사회에서 연고주의가 완화되거나 무력화되지 않는 한 사회구성원들이 자신과 무관한 사람들이나 단체들을 위해 기부하는 문화가 뿌리내린다는 것은 거의 불가능하다고 할 수 있다. 이런 사회적 병폐에 직면해서 기독교 NGO는 혈연관계를 지양하고자 했던 예수의 새로운 가족 개념(막 3:31-35)을 강조함으로써 이제까지 공론화되지 못해왔던 연고주의의 극복 문제를 시민사회의 중심 의제로 부각시키고, 더 나아가 연고주의에 대한 대안적 에토스를 제시해야 할 것이다.

다섯째, 정보 사회의 도래로 새롭게 열리고 있는 사이버 공간을 적극 활용해야 할 것이다. 네티즌을 중심으로 형성되는 사이버 여론은 이미 현실 사회에 상당한 영향력을 행사하고 있다. 이런 시대적 흐름에 직면하여 기독교 NGO는 사이버 공간 속에서 정부와 기업을 감시하고 견제하는 영향의 정치를 더 활성화할 필요가 있다.

여섯째, NGO들의 국제적인 연대 구축에 기여해야 할 것이다. 우리 사회는 식민 지배와 남북 분단으로 인해 아직까지 제대로 된 국민국가를 경험하지 못하고 있다. 한국 NGO들의 세계관에는 이런 국가적 상황에 따른 심리적 상처가 그대로 반영되어 있다. 이러한 특성은 NGO들로 하여금 외세 저항적이고 민족 중심적인 성향을 보유하도록 하고 있고, 그래서 국제적인 연대 활동에 미온적으로 반응하게 하는 요인으로 작용하고 있다.

그러나 초국적 자본에 의한 세계화가 심화되고 있고 인권, 환경 등과 같은 문제들이 개별국가의 경계를 넘어 전 지구적 차원을 지닌 이슈로 부각되고 있는 현시점에서 이런 사안들에 대응하는 NGO들이 국제적인 차원에서 서로의 연대를 공고하게 하는 일은 더욱 절실해지고 있다. 이러한 시대적 요구를 고려해 볼 때 한국 NGO들이 보이고 있는 폐쇄적인 행태는 지양되어야 할 것이다. 이에 기독교 NGO는 수십 년 동안 한국 기독교가 보유해 온 세계 교회와의 연대 경험을 살려 우리 NGO들의 국제적인 연대 활동을 매개하고 지원해 주는 역할을 감당할 필요가 있을 것이다.

도움 받은 글

김호기, "NGO 주도의 사회개혁의 방향", 이화여대 사회과학연구소-가버난스교육연구단 제5차 학술심포지움, 『구조조정과 사회개혁의 과제』 (2000).

김호기, "한국 시민운동의 현주소", 조효제 편, 『NGO시대의 지식 키워드 21』 (서울: 아르케, 2003).

박상필, 『NGO를 알면 세상이 보인다 - N세대를 위한 NGO특강』 (서울: 도서출판 한울, 2001).

박상필, 『NGO와 정부 그리고 정책』 (서울: 도서출판 아르케, 2002).

시민의신문, 『한국시민사회연감 2003』 (서울: 시민의신문사, 2003).

오경환, 『종교사회학(개정판)』 (서울: 서광사, 1990).

이혁배, 『개혁과 통합의 사회윤리』 (서울: 대한기독교서회, 2004).

정종권, "시민운동에 대한 비판적 평가", 유팔무·김정훈 편, 『시민사회와 시민운동 2』 (서울: 도서출판 한울, 2001).

조효제, "한국 시민사회의 개념과 현실", 『창작과 비평』 제123호

(2004년 봄).

조희연, 『비정상성에 대한 저항에서 정상성에 대한 저항으로』(서울: 도서출판 아르케, 2004).

A. Rich, *Wirtschaftsethik I – Grundlagen in theologi- scher Perspektive*, 4. Aufl. (G tersloh: G tersloher Verlagshaus Gerd Mohn, 1991).

A. Rich, *Wirtschaftsethik II – Marktwirtschaft, Plan- wirtschaft, Weltwirtschaft aus sozialethischer Sicht*, 1. Aufl. (G tersloh: G tersloher Verlagshaus Gerd Mohn, 1990).

디딤돌교회 이야기

윤선주 · 디딤돌교회 담임목사

1. 들어가는 말

이 땅에 처음 복음이 전파되었을 때, 교회는 새로운 희망과 비전을 불어 넣어 주기에 충분한 '대안'이었다. 당시 한반도는 열강들의 제국주의 침탈과 봉건주의 굴레에 매여 있었다. 이 암울한 현실 속에서 교회는 신분 타파, 남녀평등, 민주주의, 반봉건주의, 주권재민사상, 신교육 등을 기독교 신앙과 함께 전파했다. 교회는 사회개혁의 사상적 모태요, 사회 변혁 운동의 진원지가 되어 그야말로 새로운 대안으로서 희망의 불씨를 돋우었다. 그것은 세계교회사에 전무후무한 선교적 업적을 말미암게 하였다. 거기에는 분명 우리 민족의 자발적이고 주체적인 수용이 큰 배후로 자리하고 있음을 기억해야 할 것이다. 처음부터 이 땅의 교회들은 채 뿌리도 내리기 전에 3·1운동을 비롯한 애국애족의 대열에 적극 앞장

서왔으며, 해방 후 산업화에 의한 사회 양극화와 개발 독재와 군사 정권에 항거하며 사회적 약자 편에 서는 좋은 전통도 남겼다.

그러나 현재의 한국교회는 믿음의 선진들이 물려 준 신앙의 유업을 무색케 하는 절박한 위기 상황에 봉착했다. 그 원인은 무엇보다도 그리스도께서 '교회'를 세우신 목적과 또 그것을 이루어 가는 기독교의 본래 가치와 정통으로부터 이탈한 결과라 할 수 있다. 한국교회는 세속 가치에 길들여져 세상 속에 실재하는 '하나님 나라 백성 공동체'라는 고유의 정체성을 망각해 버리고, 오만한 종교적 선민의식과 천박한 성장주의에 침윤되어 세상을 변화시켜야 할 텐데도 오히려 세상으로부터 변화의 대상으로 지탄을 받는 참담한 지경에 이르고 있다. 그 연장선상에서 2006년 통계청에서 발표한 『2005년도 전국 인구조사 보고서』에 나타난 결과는 당연한 귀결일지도 모른다. 지난 10년 동안 천주교 신자가 무려 74.4%의 증가, 불교 신자도 13.9% 증가했음에 비해 기독교 신자는 총 876만 6,000명으로, 오히려 1.6%(14만 4,000명) 감소했다. 무엇보다도 눈길을 끄는 대목은 한국사회의 유력 종교 가운데 가장 성장지향적인 개신교가 유일하게 감소세를 나타내고 있다는 점이다. 이는 그동안 한국교회를 향해 제기되었던 우려와 비판의 소리들이 이미 현실로 드러나고 있음을 깊이 생각하게 만든다.

안타깝게도 이러한 객관적 사실에 대해 한국교회는 그 의미를 애써 외면, 폄하하거나 그 원인을 외부 탓으로 돌리는 등, 소극적이고 부정적 태도로 대처하고 있다. 이에 더하여 우려스러운 점은 교회를 향해 제기되고 있는 여러 문제에 대해 "교회 스스로의 자정 의지와 자정 능력이 과연 있는가?"라는 근원적 회의가 점차 확산되고 있다는 것이다. 자정 의지, 자정 능력 상실은 결국 생명력 상실로 이어져, 머잖아 한국사회에서 교회 존립의 의미가 유실되고 마는 '비극'을 초래할지도 모른다는 우려와 두려움을 품는다.

이에 한국교회의 철저하고도 심대한 자기 각성과 갱신이 요구된다. 곧 교회가 고유한 자기 정체성을 회복하고 또 스스로 쌓은 높은 성벽을 허물고 다시 세상과 새롭게 소통하기 위한 실제적이고 구체적인 노력들이 이루어져야 할 것이다. 아울러 초기 기독교 공동체들이, 그리고 이 땅의 처음 교회들이 세상을 향하여 그랬던 것처럼 세상 속에 실재하고 활동하는 하나님 나라를 증언하고, 사회의 책임 있는 구성원으로서 요구되고 요청되는 역할과 책임을 수행할 수 있어야 할 것이다.

위기의식을 공유하고 그 실천적 노력을 결단하며 삶의 헌신을 각오하기로 뜻을 모은 소수의 교인들이 모여 2004년 11월 27일 디딤돌교회가 본격적으로 출범하였다. 디딤돌교회가 문을 연 여러 동기를 한 단어로 함축해 표현한다면 그것은 바로 '대안'이다. "교회를 놓고서 탄식하고 비판만 하고 있기보다는 대안을 만들어 보자." 정확히 말해 "새로운 대안을 시도해 보자"는 것이다. 그리고 이러한 시도는 창립 이후로 지금까지 계속되고 있다.

2. 디딤돌교회는 어떤 교회인가?

앞서 언급한 바와 같이 디딤돌교회는 한국교회의 암울한 현실에 대한 대안을 적극적으로 모색하고 초대 교회의 비전과 건강한 공동체성을 구현하는 교회를 만들자는 취지에서 시작한 신앙 공동체이다. 이에 따라 기성 교회와는 구별되는 특징을 갖고 있다. 몇 가지 주요 내용을 언급하면 다음과 같다.

첫째, 예배당 전용 건물을 소유하지 않는다. 이것은 단순히 교회 재산을 소유하지 않겠다는 의미를 넘어서, 교회 건물로 상징되는 외형적 성장주의와 성과 속의 이원화(세상과의 단절)를 극복해 보자는 의지를 담고 있다. 현재 디딤돌교회는 별도의 사무실을 두고 공공시설(현재는 서울 송파구 방이동에 소재한 지역사회교육회관 소강당)을 예배처소로 활용하고 있다.

둘째, 재정 운용(헌금 사용)에 대한 사항으로 교회 운영을 위한 최소한의 경비(경상비)를 제외한, 교회의 모든 재정을 헌금의 본래 목적에 따라 선교, 구제 등의 항목으로 나눠 사회에 환원하는 것을 원칙으로 삼고 지금껏 시행해 오고 있다.

셋째, 담임목사를 포함해 교회의 모든 직분을 공동의회에 의한 선출직 임기제로 하고 있다. 담임목사의 임기는 5년이며, 공동의회에서의 재신임 과정을 거쳐 연임이 가능하도록 했다. 이는 목회자에 의한 교권주의와 교회 사유화의 폐해를 미연에 방지하고 목회자를 정점으로 한 수직적 리더십에 의

한 서열 조직체가 아닌 모두가 공동체의 책임 있는 일원이 되는 수평적 리더십에 의한 민주적이고 건강한 공동체를 구현하기 위한 조치다.

넷째, 교회의 최고 의결 기관은 일정한 자격 요건을 갖춘 정회원에 의해 구성된 공동의회이며, 당회와 같은 과두 체제를 채택하지 않는다. 성도들에 의해 자율적으로 구성, 운영되는 각 위원회와 공동의회를 통해 선출된 위원회 장들로 이루어진 협의회로 교회가 움직이고 있다.

다섯째, 작은 교회(소공동체)를 지향한다. 이것은 앞서 언급한 특징들이 가능할 수 있는 가장 큰 원동력이기도 하다. 그동안 부흥하지 못했거나 대교회로 가는 잠정적 단계로만 여겨 부정적, 소극적 의미로만 이해해 온 '작은 교회'가 아닌 한국교회의 대안으로서의 '소공동체 운동'을 적극적으로 실천해 나가는 것을 규약에 명시했다. 이것은 하나님 나라 백성의 공동체성과 그리스도의 몸 된 교회의 유기체성을 세우고 보존하기 위한 의지적인 선택이다.

이 외에도 민주적 정관에 의거하여 교회의 모든 의사결정과 예결산 및 집행 과정이 투명하고 공개적인 절차에 의해 이루어지게 하였다. 매년 전 교인을 대상으로 목회자와 교회 사역 전반에 대한 심도 깊은 설문조사 실시하고 그 결과를 분석, 발표하는 워크숍을 정례 실시한다. 이렇게 하여 목회자를 비롯한 온 교인이 자기반성과 발전의 계기를 마련했다. 또한 한국교회의 오랜 병폐로 지적되어 온 개교회주의를 타파하고 교회가 공동으로 갖는 사회적 책임에 대한 적극적인 응답과 더불어 에큐메니컬 운동을 적극적으로 펼쳐 나가도록 했다.

3. 디딤돌교회의 정신

디딤돌교회를 지탱하고 이끌어 가는 영적 동력과 지침들-
교회 비전, 핵심 가치, 사명 언문, 디디머(Didimer) 정신

• 디딤돌교회의 비전
① 하나님 나라를 확장하는 교회(마 28:19,20)
구원받은 하나님의 백성들을 날마다 더해 가는 동시에 삶
의 전 영역을 통해 하나님 나라를 증언하는 신앙 공동체가
된다.
② 선한 이웃이 되는 교회(마 5:16)
소외된 계층을 섬기고 약자를 돌보며 이웃을 유익케 함으
로써 그리스도의 사랑을 전하고 실천하는 신앙 공동체가 된
다.
③ 예배와 삶이 일치하는 교회(롬 12:1)
신령과 진정의 예배와 구별되고 헌신된 예배자의 삶을 구
현하여 하나님께 영광을 돌리는 신앙 공동체가 된다.
④ 성경을 배우고 실천하는 교회(딤후 3:16,17)
진리의 말씀인 성경 배우기에 늘 힘쓰며, 배운 것을 실천
하여 믿음의 열매를 결실하는 신앙 공동체가 된다.
⑤ 전인(全人) 구원을 이루는 교회(요삼 1:2)
삶의 전 영역 속에서 예수 그리스도의 복음으로 말미암은

구원의 은혜와 하나님 나라를 경험하고 나누는 신앙 공동체가 된다.

⑥ 하나님의 사람을 키우는 교회(엡 4:13)

교회의 모든 구성원들이 그리스도의 유능하고 충성스러운 일꾼이 되며, 예수 그리스도를 닮은 하나님 나라 백성으로 세우는 신앙 공동체가 된다.

⑦ 하나님의 공의를 세우는 교회(암 5:24)

성별된 하나님의 백성으로서 부끄럽지 않게 살며, 이 땅에 하나님의 의를 실현해 나감으로써 세상을 변화시키는 신앙공동체가 된다.

⑧ 교회 연합과 일치에 앞장 서는 교회(요 17:21)

함께 예수 그리스도의 몸을 이루는 교회들과 하나님 백성 간의 협력과 일치에 앞장서는 신앙 공동체가 된다.

• 디딤돌교회의 핵심 가치

① 우리는 신구약 성경 66권을 신앙과 진리에 대한 최종적 근거로 믿으며, 신앙고백의 모범으로 삼는다.

② 우리는 성육신의 연장으로서 주님의 몸이며, 따라서 교회의 주인(머리)은 오직 예수 그리스도이시다.

③ 우리는 교회의 제 기능-예배·선교·나눔·교육·섬김-에 충실하고 균형 잡힌 사역으로 전인 목회를 지향한다.

④ 우리는 어떤 형태의 교권주의도 배제하고 민주적 회중정치와 개교회의 독립과 자치를 고수한다.

⑤ 우리는 그리스도의 몸의 동등한 지체로서 하나님 앞에서 교회에 대한 공동의 책임과 권리를 공유한다.

⑥ 우리는 하나님이 주신 사명과 은사에 따라 하나님과 교회와 이웃을 섬기는 일꾼이 되어야 한다.

⑦ 우리는 예배당 전용 부동산을 소유하지 않으며, 일체의 자산을 공동체의 비전과 핵심 가치를 실천하는 일에 우선으로 사용한다.

⑧ 우리는 시대가 요구하는 교회의 사회적 책임과 역할을 감당하는 일에 헌신한다.

⑨ 우리는 기독인재들을 양육하고 사회 각 분야에 배출함으로써 하나님 나라의 확장을 도모한다.

⑩ 하나님께는 영광, 성도들은 기쁨, 목회자는 보람을 갖는 건전한 신앙 공동체를 이루어 간다.

이러한 비전과 핵심 가치를 함축하여 아래와 같은 사명선언문을 제정해 사용하고 있다.

• 디디머(Didimer) 정신
디디머(Didimer)는 디딤돌교회 교우를 뜻하는 호칭

D	Disciple	예수 그리스도의 제자 된 삶을 산다.
I	Identity	하나님 나라 백성이라는 정체성을 확립한다.
D	Doer	행동하는 신앙인이 된다.
I	Innovation	나와 세상을 혁신(상향적 변화)한다.
M	Membership	건강한 공동체의 책임 있는 일원이 된다.
E	Evangelism	하나님 나라의 가치를 확장한다.
R	Ready	세상을 위해 준비된 일꾼, 준비된 교회가 된다.

• 디딤돌교회 사명선언문

"신앙과 삶이 일치하는 하나님의 사람을 세우고, 예수 그리스도의 몸 된 교회의 건강성을 회복하며, 부흥을 이끄시는 성령의 역사와 막힌 담을 허무는 소통과 연대로써 하나님 나라의 지경을 널리 확장해간다."

4. 디딤돌교회는 어떤 일을 하고 있나?

(1) '부름'의 사역

A. 예배학교

예배를 단순한 기독교 종교의식으로써가 아니라 하나님과의 만남의 장이요, 언약을 새롭게 갱신하는 사건이 되게 하고 하나님의 임재를 경험하는 시간이 되도록 성도들에게 예배를 교육한다.

B. 기도학교

기도 훈련과 영성 훈련을 목적으로 24주 과정으로 매주 목요일(오전/오후) 실시한 바 있다. 이 프로그램 역시 매년 업데이트(Update)해 실시할 예정이다.

C. 기도회

매주 중보기도사역과 금요기도회 시간을 통해 공적인 기도제목과 개인기도 제목을 함께 나누며 깊은 기도의 시간을 진행한다. 매월 1회는 전 교인이 참석하는 전체 기도회를 실시하고 있다.

D. 설교

창립 때부터 디다케와 케리그마를 통합한 설교와 성경공부를 지향해 왔다. 수요예배 설교는 책별 성서강해로 창세기·출애굽기·민수기를 거쳐 현재 신명기를 진행하고 있으며, 주일공동예배는 목회 계획과 교회 행사, 기념일, 교회 절기와 명절 등을 고려하여 매주 예배를 특성화하고 그 형식과 주제에 맞는 설교를 다음과 같이 실시하고 있다.

(2) '세움'의 사역

A. 교회학교

디딤돌교회의 규모와 특성상 기성 교회와 같은 형태의 각 부서별로 진행되는 별도의 교육은 이루어지지 않고 있다. 다만 유초등부와 중고등부는 주일예배 전에 모여 분반공부를 실시하고 있다. 디딤돌교회는 세대 간의 통합을 중시하여 온 가족이 함께하는 예배를 드리고 있다.

B. Book Study

올해부터 매월 교회가 이달의 도서를 선정하여 교인들에게 독서를 권장하고 있다. 단순한 책읽기(Book reading)가 아닌 책 공부(Book study)로써 먼저 읽을 범위를 정해 주고, 그 해당 내용을 읽고 질문지에 답을 기재해 오도록 하고 있다. 참여자들을 소그룹으로 나눠 매 주일 오후에 모임을 갖는다.

C. 디디머칼리지(Didimer Collage)

디디머칼리지는 디딤돌교회 전 교인을 대상으로 실시되는

정책적으로 주력하는 양육 프로그램으로, 디딤돌교회의 창립
정신을 구현하고 교육철학을 실현하고자 개발한 것이다. 계
속 업데이트(Update)되고 있으며, 현재 새가족반, 확신반,
제자반을 단계별로 진행 중이며, 지도자반을 추후 시작할 예
정이다. 전체과정의 기본구조와 커리큘럼은 각각 아래와 같
다.

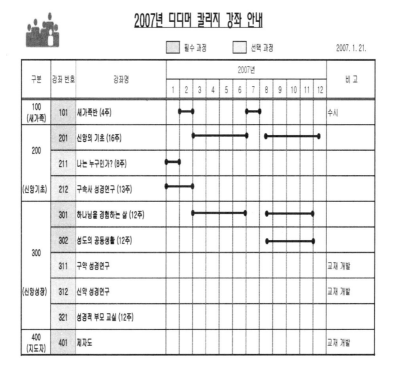

2007년 디디머 칼리지 강좌 안내

■ 필수 과정　　□ 선택 과정　　2007. 1. 21.

구분	강좌 번호	강좌명	2007년												비 고
			1	2	3	4	5	6	7	8	9	10	11	12	
100 (새가족)	101	새가족반 (4주)		■━■				■━■							수시
200 (신앙기초)	201	신앙의 기초 (16주)			■━━━■				■━━━━━■						
	211	나는 누구인가? (8주)	■━■												
	212	구속사 성경연구 (13주)	■━━━■												
300 (신앙성장)	301	하나님을 경험하는 삶 (12주)			■━━━■				■━━━■						
	302	성도의 공동생활 (12주)								■━━━■					
	311	구약 성경연구													교재 개발
	312	신약 성경연구													교재 개발
	321	성경적 부모 교실 (12주)													
400 (지도자)	401	제자도													교재 개발

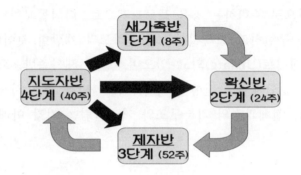

E. 코이노니아 사역

• 공동체 훈련

특별한 관심을 갖고 전교인을 대상으로 한 공동체 훈련을 수시로 진행하고 있다. 필요에 따라서는 공동체 사역 전문가를 초청하여, 세대 간의 통합과 공동체 전체 구성원의 단합을 도모하여 건강한 신앙 공동체성을 다져나가는 프로그램을 실시한다.

• 수련회

연 2회 하계와 동계 수련회를 실시하고 있는데, 매년 대부분의 교인이 참여하고 있다. 지난 2006년 하계수련회는 포천에 소재한 '그 나라 공동체'에 입소하여 '개인 영성'과 '공동체성'에 대해 공부했고, 올해 2007년도에는 가평에 소재한 '루디아의 집'에서 '교회의 사회적 책임'에 대한 집중적인 훈련을 하여 성도 개인과 교회 전체에 많은 유익을 얻었다.

• 자치회 활동

각 자치회가 중심이 되어 정기적 비정기적 모임 등을 통해, 구성원 간의 친목을 다지고 신앙 안에서의 건강한 사귐

이 이루어질 수 있도록 장려하고 유도하고 있다.

3) '보냄'의 사역

A. 봉사활동 및 대외 협력 사역

적극적인 봉사활동과 사회적 약자들을 돌보는 섬김과 나눔, 그리고 협력 사역 등을 통해 사회에 대한 기독교인의 책임과 역할을 일깨우고 그리스도의 사랑을 구체적으로 실천하게 한다. 디딤돌교회가 직·간접으로 관계를 맺고 나눔과 섬김을 실천하고 있는 기관 및 단체는 다음과 같다.

사랑의 집	결손가정 자녀 보호 시설
루디아의 집	장애 노인 수용 시설
서울시각장애인복지관	시각장애인 복지 사업
이웃장터	아나바다 장터 수익금 전액을 장애인과 수용 시설을 위해 사용
양지무료복지원	장애인, 유기 아동, 무의탁 노인 수용 시설
노숙인 다시서기	노숙인 지원
장학금 사업	결손/극빈 가정 학생 지원, 루마니아 신학생 학비 후원
미자립 장애인 가정 지원	해당 지역 복지관 추천과 감독 아래 5가정
교회개혁실천연대	교회개혁NGO
개혁교회네트워크	한국교회의 변화와 개혁을 지향하는 교회들의 연합 단체
생명평화연대	생명운동, 평화운동을 위한 종교인들의 연대

• 현장예배

건물 없는 교회의 장점을 최대한 살려서 교회 절기 등에 맞춰, 나눔과 섬김의 현장으로 찾아가 전 교인들이 소외된 이웃과 함께 하는 예배를 드리고 있다. 현장예배를 마치고 함께 식사를 나누고 교제하며 그리스도의 사랑을 실천하는 봉사활동을 전개하고 있다.

B. 선교 사역
디딤돌교회는 현재 아래와 같은 선교 사역을 진행하고 있다.

· 아동 구호 사업
  매달 10명의 스리랑카 아동들에게 교육/양육비 지급
· 베트남 탱화교회
  베트남 현지 교회 재건 지원
· 베트남 북카페
  베트남 청년층을 대상으로 한 문화 선교 사역
· 베트남 외국인 근로자 지원
  양주 베트남 공동체
· 모잠비크 선교 지원
  이반석/최순덕 선교사 (학교/병원 사역)
· 인도네시아 선교 지원
  경의영/양희윤 선교사
· 연변과학기술대학 장학금, 평양과학기술대학 설립 후원
· 군 선교
  강원도 철원 토성부대 군인교회

• 비즈니스 선교(Business Mission)
2007년 10월 '인터홀드'(InterHold)라는 사업체를 설립하

여 새로운 선교 모델을 시도하고 있다. 그 기본 콘셉트와 구도는 다음과 같다.

✳ 비즈니스 선교란?

비즈니스 선교는 개인과 기업의 이윤 추구 극대화만을 목적으로 하는 신자유주의적 자본주의를 극복하고자 하는 이타적 자본주의와 공정 거래 정신에 터한 '비즈니스'와 기독교 교세 확장이 아닌 예수 그리스도의 조건 없는 나눔과 섬김의 실천, 그리고 하나님 나라 확장 도구로써의 '선교'를 통합한 개념이다.

배경1: 기존의 선교 정책과 방식에 대한 반성

→ 최근 아프간 인질 사태로 불거진 한국교회의 선교 사역에 대한 반성과 변화가 요구됨

　① 빵을 던져 주는 선교 방식에서 탈피

　② 기독교 우월의식에서 비롯된 배타성, 일방성 회개

　③ 식민시대의 제국주의적 선교 방식 청산

　④ 교회 중심적 패러다임 극복

　⑤ 교세 확장(교회 성장)을 위한 선교 정책 반성

배경2: 제3세계의 구조적 빈곤에 대한 기독인들의 책임

→ 현재의 '신자유주의'와 그에 수반되는 '세계화'는 세계 경제와 지역 경제의 양극화를 가중시키고 있음. 제3세계 국가들, 특히 그들 국가 내의 사회적 약자들이 처한 상황은 더욱 열악해질 전망임. 최근 뜻있는 NGO, NPO 등을 중심으

로 신자유주의와 세계화의 폐해를 줄일 수 있는 '이타적 자본주의'와 '공정거래운동'을 확산시켜나가고 있음(실례: 그라민은행, 막스하벌라르, 기아대책 등).

이에 하나님의 공의를 실현하고 약자들에 대한 교회의 책임을 다하며, 무엇보다 그리스도의 섬김과 나눔을 실천하고 하나님 나라 확장의 도구로 쓰여지는 차원에서 기독인들의 적극적인 참여와 역할이 요구됨.

❋ 비즈니스 선교 개념도

	상품주문/발송	제품 개발	
		홍보 / 영업	
	품질 관리	상품유통(판매)	
제품생산	생산자 관리	시장(소비자) 관리	상품 소비
↑	↑	↑	↑
현지인(생산자) ⇄	현지 선교사(교민) ⇄	InterHold ⇄	소 비 자
↓	↓	↓	↓
안정된 생계	안정적 신분 보장	이익발생	물품 구매
선교적 돌봄	선교 접촉점 확보	(선교/구제)	선교,구제에 기여
마을 만들기	선교 사역의 확대		
community building	이익발생(선교/구제)		

* 비즈니스 선교의 의의

· 하나님의 공의와 그리스도의 사랑 실천
· 교회(선교) 사역의 새로운 지평을 엶
· 기독교적 블루오션 구현
  (현지민-선교사(교민)-교회-소비자)
· 제3세계 빈곤문제 개선에 기여
· 이타적 자본주의 정신의 실천

  아울러 정기적으로 선교 전문가, 일선 선교사를 초청하여 교회의 선교적 사명을 고취시키는 프로그램을 진행하고 있다.

  C. Community building (지역사회 운동)
  ① 지하철 봉사
  교회 인근 지하철역(8호선 몽촌토성역)과 협력 관계를 맺고 봉사활동을 실시하고 있음
    a. 질서캠페인
  대중교통 사용 권장 및 공중시설 이용에 대한 질서 운동(월 1회)
    b. 양심우산
  우천 시 사용할 수 있는 우산을 제공
    c. 지하철 도우미
  수능시험일 등 특별한 기념일에 따른 봉사활동
  ② 주민자치센터 활동 참여(계획 중)
  ③ 지역 복지기관 및 수용시설 봉사활동(시각장애인복지

관, 루디아의 집)

5. 앞으로의 과제

디딤돌교회가 지향해 온 나름의 교회상이 있다면 그것은
한마디로 한국교회를 변화시켜나갈 새로운 대안 모델이다.
이를 위해 디딤돌교회는 창립 이후 마치 연구소의 실험실과
같이 다양한 시도들을 감행해 왔다. 그 가운데 나름의 성과
도 있었지만, 시행착오 또한 적지 않았던 것이 사실이다. 이
특별한 경험 속에서 디딤돌교회는 이제 약간의 궤도 수정이
필요함을 깨닫게 되었다.

그것은 역사 속에서 하나님 나라의 확장과 사회 변혁의 주
체가 교회일 수 없었듯이, 교회의 개혁에 있어서도 그 주체
는 결코 교회 자신이 될 수 없다는 깊은 자각에서 비롯된 것
이다. 교회는 종교개혁자 칼빈의 말대로 끊임없이 항상 자신
을 개혁시켜가야 한다. 그런데 중요한 것은 그 개혁의 주체
는 교회 자신이나 또는 교회의 구성원들이 아닌, 바로 모든
교회의 주인이시요, 인류 역사와 온 우주의 주인이 되시는
하나님이시라는 것이다. 이에 교회의 변화 와 개혁은 교회에
대한 하나님의 완전한 통치(나라)를 선포하는 '교회(敎會)의
지기부인 사건(自己否認 事件)'이 되어야 할 것이다. 이러한
맥락에서 디딤돌교회는 세 가지 과제를 스스로에게 상정한
다.

첫째, 신학적, 성서적 기반이 든든한 교회.

디딤돌교회를 섬겨오면서 절실히 느끼게 되는 것은 한국교회와 성도들이 의외로 기독교 신학에 대한 기본적인 이해가 크게 잘못되어 있다는 점이다. 이 말은 단순히 조직신학이나 성경 본문에 대한 지식이 부족하다는 뜻이 아니라, 하나님의 통치(나라)가 무엇이며, 교회란 무엇이고, 목회자는 누구이며, 교회 내 섬김의 직분들은 어떤 것인가 등에 대해 매우 제한되고 왜곡된 이해를 갖고 있다는 것을 의미한다. 디딤돌교회는 이를 시정해 나가고자 한다.

아울러 우려하는 것은 소위 교회의 개혁과 변화를 추구한다는 그룹들 안에서 공통적으로 자주 발생되는 두 가지 맹점이다.

첫째는 기성 교회와 무조건 반대로 가는 것이 개혁이요 갱신이라고 여기는 왜곡된 관점이다. 이것은 교회사에 등장하는 급진 종교개혁파들이 범했던 과오들을 다시 재현할 위험성과 함께 자칫 분파주의로 흘러 한국교회의 분열을 더욱 조장할 가능성이 높다.

둘째는 교회 개혁과 변화의 의의를 또다시 '양'과 '숫자'에 두는 오류이다. 이것은 '개혁'이라는 간판을 내걸었다고 하더라도 실상은 성장주의의 또 다른 기만이요 아류일 뿐이다. 이에 올바른 교회론과 평신도신학을 정립하기 위해 건전한 신학 교육 프로그램을 실행하여 실천신학적 기반을 든든한 교회를 세워 나가려 한다.

둘째, 시민사회의 책임 있는 구성원이 되는 교회

교회가 터한 한국사회는 역사의 흐름 속에서 새로운 변혁기를 겪고 있다. 1980년대 후반 이래로 한국사회에는 민주화에 대한 강렬한 국민적 여망과 산업화로 인한 사회 구조의 다원성을 계기로 수많은 시민단체들이 발흥하였으며, 이념적·사회적·경제적 갈등 구조에서 발생한 민중운동을 넘어서는 새로운 통합 이론에 근거한 시민운동이 확산되는 과정을 거쳐 왔다.

이러한 사회적 상황 속에서 유독 교회만이 예외일 수는 없다. 교회가 선교의 대상으로 삼고 있는 사회적 다수 계층은 의식화된 '시민'들로서 예전처럼 일방적인 권위에 복종하는 '신민'이 아님을 알아야 한다. 또한 한국사회가 앞으로도 시민사회를 지향해 나갈 것이라는 전망과 함께 무엇보다도 교회가 시민사회와 무관한 상태로 존재할 수 없다는 현실, 달리 표현해 기독교인들은 하나님 나라의 시민인 동시에 세상 나라의 시민임을 깊이 숙고해야 한다.

그들은 '이미' 하나님 나라의 시민이기에 결코 이 세상에 종속될 수 없으나, 동시에 '아직'이 세상 나라의 시민이기에 이 세상 나라로부터 초월해서 살 수 없다. 이와 같이 '이미'와 '아직' 사이에 위치하는 교회는 성도들로 하여금 시민사회의 구성원으로서 삶의 현장에서 하나님의 나라를 소망하며 이 땅에서 그 나라를 선험하고 선취해 나가는 사명을 감당하도록 이끌어야 할 것이다. 또한 성서가 진술하는 기독교 신앙은 삶의 여러 영역에 또 하나의 영역으로서 신앙생활을 더하는 것이 아니다. 성서는 우리 삶의 모든 영역을 이끌어 가는 토대가 신앙이어야 함을 이야기하고 있다. 이러한 점에서 기독교 신앙은 '삶의 신앙'이라 할 수 있으며, 삶의 신앙으로서 교회가 마땅히 자신이 터한 사회에 책임 있는 일원으로 참여해야 함은 지극히 마땅한 일이다.

셋째, 교회의 새로운 가능성-Community building-을 여는 교회

디트리히 본회퍼는 "성경에 계시된 그리스도께서 어떻게 이 세상의 한 가운데에 진정으로 현존하시고 현실적으로 파악할 수 있는가? - 그리스도께서는 이 세상 안에서 이 세상을 위하여 교회를 통해 실존하신다"고 주장했다. 이것은 교회가 개인적인 삶의 영역에서 뿐만이 아니라 '공동의 삶의 영역'에서도 그리스도의 주 되심을 인정해야 하며, 근본적으로 교회의 자리는 세상을 위한 곳이어야 한다는 메시지를 담고 있다.

오늘날의 한국교회와 성도들은 이 점을 새롭게 재인식해야 한다. 곧 교회는 스스로를 목적으로 존재하는 것이 아니라, 이 땅에 하나님 나라를 실현하는 목적에 자신을 내어 줄 수 있어야 한다는 것이다. 여기서 교회는 하나님 나라를 자신이 터한 지역사회에서부터 펼쳐 가야 하는 사명과 책임을 갖는다.

교회가 처음부터 그 존재 목적으로 설정해 온 '하나님 나라'를 다소간의 무리를 감수하고서 사회학적 관점으로 환언한다면 그것은 '더 폭넓은 견지에서의 이상적인 시민 공동체(시민사회)'로 표현할 수 있을 것이다. 기독교 신앙이 삶의 구체적 자리로부터 떠날 수 없는 것이라면, 또한 '하나님의 일하심'이 결코 교회 안으로만 제한될 수 있는 것이 아니라면, 이러한 이해와 시도는 얼마든지 가능할 수 있다. 이 땅의 그리스도인들과 교회들이 이러한 가능태를 현실태로 바꿔나간다면, 한국교회는 지역사회에서 '초월성을 견지한 시민 종교'로서 새롭게 자리매김하게 될 뿐만 아니라, 선교에 대한

새로운 지평과 가능성을 확보할 수 있게 될 것이다.

6. 맺는 말

오늘날 교회(개신교)가 한국사회에서 갖는 이미지가 매우 부정적인 것은 주지의 사실로 인정되고 있으며, 그것은 각종 통계나 조사연구 그리고 언론보도 등을 통해서도 뒷받침되고 있다. 그 주된 원인으로 지목되고 있는 내용을 열거하면 교회 사유화와 세습, 불투명한 재정 관리와 비민주적이고 독단적인 교회 운영, 왜곡된 교권과 교회의 물량주의 그리고 교회 지도자들의 부정, 비리 등이다. 그러나 보다 근원적인 관점에서 바라본다면 이 모든 것은 한국교회의 위기를 나타내는 하나의 증상(현상)일 뿐, 위기의 본질은 아니다. 아울러 교회를 향해 제기되는 비판의 내용 또한 면밀히 살펴보면, 그 대부분이 교회가 갖고 있는 고유한 가치나 정신에 대한 거부감 때문이라기보다는 한국사회가 교회를 향해 기대해 오고, 또 기대하던 바에 크게 미치지 못하고 있는 현실에 대한 비판이며, 문제제기인 것이다.

한국교회는 분명 큰 위기 상황 가운데 처해 있다. 개개의 교회들이 처한 개별적인 상황에 차이가 있을 순 있으나 한국교회의 위기는 부정할 수 없이 총체적인 것이다. 그럼에도 이 위기 상황을 어떻게 현명하게 대처하느냐에 따라 한국교회의 위기는 '위대한 전환기'가 될 수도 있다. 디딤돌교회는 한국교회 '위대한 전환기'를 여는 일에 작은 디딤돌로 쓰여지기를 감히 소망한다.

도움 받은 글

김경동. 『급변하는 시대의 시민사회와 자원봉사』(서울. 아르케. 2007)

박영신, 정재영 공저. 『현대 한국사회와 기독교』(서울. 한들출판사. 2006)

차성환. 『글로벌시대 한국의 시민종교』(서울. 삼영사. 2000)

한미준. 『한국교회 미래 리포트』(서울. 두란노. 2005)

바르트. 『공동체 국가와 교회』 안영혁 역 (서울. 엠마오. 1992)

박영신, "잊혀진 이야기: 시민사회와 시민종교", 「현상과 인식」 제24권(2000년 봄/여름호)

교회갱신을 위한 목회자협의회. 「교회갱신에 관한 목회자 의식조사 보고서」 2005.

한국기독교목회자협의회. 「한국교회의 미래방향성에 대한 성도들의 의식조사 보고서」 2007.

보편적 가치를 선도하는 시민사회에서의 '선교'

한기양 · 울산새생명교회 담임목사

1. 시민사회와 NGO의 등장

산업사회 이후 정보 사회의 도래와 함께 멀티미디어와 인터넷의 발달로 시민들의 자발적인 참여와 연대가 용이하게 됨으로서, 현대사회는 급속도로 시민사회로 변하고 있고, 시민자치단체인 NGO들의 활동이 활발해지고 있다.

특히 한국교회가 정체기에 들어서던 1990년대에 들어와서, 현재 활발하게 활동을 전개하고 있는 많은 시민단체 (NGO)들이 만들어지기 시작했다. 그리고 이미 국내 사업을 전개하고 있던 외국 국적 국제 NGO의 한국 지부들과 한국 사람들에 의해 자생적으로 만들어진 NGO들이 해외 사업을 전개하기 시작했다. 이 변화는 한국교회의 성장 퇴보와 맞물려 매우 의미 있는 사회 현상이다.

NGO는 '다원성'을 바탕으로 한 '합리성', '투명성', '지속성'등을 추구하며, 모든 구성원의 '참여'를 주요한 특징으로 한다. 이는 시민사회가 추구하는 가치 기준의 가늠자이기도 하다. 또한 교회가 다원화된 오늘의 시민사회에서 보편적 가치와 의미를 선도적으로 추구해야 할 선교 방식이기도 하다.

복잡하고 역동적이며 다원화된 현대사회 속에서 과연 우리가 믿는 신앙적 양심을 어떻게 세상과 소통할 것인가에 대해서 우리는 이제 정말 진지하게 묻고 성찰해야 한다. 그리고 이제까지와는 근본적으로 다른 접근방식으로 선교를 이해하고 실행해야 할 것이다. 선교에 대한 공공성의 관점은 포스트모던한 현대사회 속에서 실행해야 할 복음에 합당한 삶일 것이다. 그런데 우리는 이러한 준비가 과연 얼마나 되어 있는가?

2. 한국의 '교회와 목회' 현장의 문제

오늘의 한국교회는 경제주의와 권위주의에 매몰되어 공동체성을 상실하고 있다. 또한 교회의 존재 근거와 존재 양식의 혼동으로 인해 교회의 본질을 놓치고 오로지 세력화를 추구하는 교회성장제일주의에 깊이 침윤(浸潤)돼 가고 있다고 볼 수 있다.

더구나 대형교회들이 중세교회처럼 교회 조직을 제도화하여 '경영'함으로써, 관료화와 기득권의 체제 유지(세습 문제, 인사권 전횡 등)에 급급하고 있는 현상은 한국교회 전체를 이기적이고 배타적인 이미지로 비쳐지게 하는 현실을 통렬히 반성해야 할 것이다.

교회들마다 교회 성장에만 초점(목적인 것처럼)이 맞춰져 있어서 진정한 의미에 있어서 '교회다움'의 참다운 신앙 공동체는 형성하지 못하고 있는 실정이다. 전도 역시 "구원받은 기쁨의 전함"이라기보다는 영업적 기법을 통한 세력 확대와 정복적 자세가 문제로 지적할 수 있다.

이를 개선하기 위한 것은 사회봉사나 더 공익적인 일에 앞장서거나 나아가 사회적·시대적 아젠다(Agenda)를 선도하며 교회의 사회적 책임을 감당함으로써, 감동을 주는 모습으로 보편적 가치를 획득하는 선교가 되어야 할 것이다.

양육이란 의미도 "하나님의 백성으로 살아가는 교육"이 되어야 하는데, 온전한 시민적 인격과 역사적 시대정신이 결여된 단순한 호교론적 교리 교육에 그침으로써, 지성(知性)과 영성(靈性)을 획득하는 데 실패하고 있는 형편이다.

3. 지역교회의 교회 중심적 신학 구조 유형
– 탈역사적, 사회적 책임 결여

많은 교회들이 예수님의 사랑과 섬김과 정의와 평화보다는 성장과 권세와 축복만을 기원하며 바알(배금사상, 경제주의)의 포로로 전락되고, 주의 많은 백성들은 방향을 잃고 "양다리를 걸치고"(왕상 18:21) 있는 현실 속에 휩쓸리고 있는 울산 지역교회들은 중세교회처럼 현실에 안주하며 역사종말론적 관심보다는 현세적·물량적 축복에 더 많은 관심을 두고 있음을 부인할 수 없다.

바알(물질만을 추구하는 자본주의)과 아세라(향락 문화)의

엄청난 물량적 파도 앞에 맥없이 투항하거나 타협하고 있는 한국교회의 수구적, 교조적, 반생명적 성장제일주의와 성공주의적 경향이 울산 지역교회에 그대로 나타나고 있다. 아마도 전형적인 곳이 아닐까 여겨진다. 따라서 교회의 사회적 책임에 대한 실천은 극히 미미하고, 공동체보다는 잘 조직된 제도적 교회체계를 추구하며, 연대와 일치를 통한 하나님의 통치를 추구하기보다는 경쟁과 효율을 통해 '서로 잘하기를 드러내기'에 급급하며 극심한 개교회주의 추세 속에서 '키 재기'를 하고 있는 실정이다.[18]

4. 지역사회의 현황 및 현대사적 의미

우리가 저지르고 있는 산업화와 도시화로 인한 환경 파괴(오존층 파괴, 지구온난화, 산성비, 산림 벌채와 사막화 현상, 인구 증가와 식량 문제, 대기·수질·해양·토양·방사능 오염, 에너지 문제 등)의 문제군(問題群)은 '시대(時代)와 세기(世紀)의 문제'를 넘어 '전 지구적 혹은 문명사(文明史)적 전 인류의 문제'로 급속하게 도전해 오고 있다. 이러한 문제들을 안은 채 급격한 산업화와 도시화가 온 세계를 뒤덮고 있는 현실이다. 우리나라도 이미 도시화율 90%에 이르고 있다.

아시아-태평양 지역은 그 '문제군'의 중심이라고 할 수 있다. 그 중에서도 특히 한반도를 중심으로 서해와 동해를 연하여 살고 있는 한국, 중국, 일본, 대만 등 15억의 생명 터전

---

18) 한기양, 「말씀과 교회」 제16호, 기장총회신학연구소, 1997, pp.75~77

이야말로 진실로 인간이 얼마나 밀집된 지역에서 사람답게 살 수 있는가를 실험하는 인류 최후의 결전장이라고 해도 과언이 아닐 것이다.

이 지역은 지구에서 인구가 가장 밀집된, 대도시가 가장 많은, 그러면서도 경제 성장률이 가장 높은 지역이다. 또한 이곳은 세계 최대 쓰레기 발생 지역이며, 최대 인구 이동 지역이며, 최대 에너지 소비 지역이며, 최악의 환경오염 지역이 된다. 곧 세계 인류 '문제군'의 핵심 지역임을 의미한다. 한국은 바로 서해와 동해의 중심이며, 북경과 동경을 잇는 동북아 대도시 회랑 지역의 중심이다. 세계 인류의 문제군, '산업화와 도시화에 따른 환경 파괴의 문제군'의 핵심 지역의 중심이 바로 한국인 셈이다. 그런 한국의 각 지역에 근거를 두고 실재(實在)하고 있는 한국교회야말로 그 책임이 실로 막중하다.

그 문제군의 핵심 지역인 한국에서도 '산업화의 1번지'인 울산은 그야말로 그 문제군의 대표적인 곳이라 할 수 있다. 1,000여 개에 달하는 중화학 및 기타 업체들이 가동되고 있는 울산은 연간 250만 톤 이상의 연료를 사용하고 하루 86만 톤의 폐수가 방류되고 있다.

또한 울산은 '울산급할시'라는 말이 있을 정도로 급속한 도시화(40년 전 약 3만 명 정도의 인구가 지금은 110만 명의 인구가 모여 사는 대도시가 되었고, 그 중 약 70% 이상이 유입 인구다)가 이루어진 곳이다. 따라서 국내 최대 인구 이동 지역이고, 에너지 사용량이 국내 최대이자, 최악의 공해 지역이며, 기타 교통·교육·청소년·노인·여성 문제 등 각종 사회문제에서도 가장 열악한 지역인 울산이야말로 바로 그

'문제군'의 전형적인 곳이다.

울산은 지난 1997년 광역시로 승격되면서 인근 울주군 지역을 통합하여 그 면적이 1072.6㎢(서울시보다 1.7배나 넓다 / 605.39㎢)나 되는 대도시로 발돋움하여, 인구는 107만 2,867명(2003.12.31.기준)이다. 1,900만 평의 국내 최대 공업 단지에 산재해 있는 기간 산업체들은 울산으로 하여금 우리나라의 '산업 수도'로 불리게 하며, 경제적으로는 비교적 풍요롭다 할 수 있다. 하지만 복음화율은 10% 정도로 매우 뒤떨어지는 지역이기도 하다.[19]

5. 선교적 과제
- '생명 위기' 현실

하나님 앞에서 '그 문제군(問題群)'의 도전과 시험을 이겨내야 하는 사명이 한국교회의 선차적인 과제로 주어지고 있는 것이다. 이는 마치 엘리야 선지자가 홀로 바알(황금만능주의)의 사제 450인과 아세라(향락주의)의 사제 400인에게 둘러싸여 갈멜산에서 기도 대결(왕상18:19-40)을 펼치는 것과 같은 상황이라 할 수 있을 것이다. 그 핵심 지역에 실재하는 한국교회는 엘리야의 심정으로 물질문명(인간의 교만과 우상 숭배)의 '문제군'과 당당히 맞서서 하나님의 의를 드러내지 않으면 안 된다.

따라서 시민사회에서의 선교는, 우리의 삶을 근본적으로

---

19) 한기양, 「지방자치시대 환경선교의 방향과 과제」, KNCC '95환경선교 정책협의회 자료집, 1995.10.23, pp.35~36

하나님 중심으로 전환하지 않으면 안 되는 회개운동이요, 새로운 삶의 양식을 추구하며 모든 피조물의 조화와 균형을 생태적 연관 속에서 살려내는 생명운동이며, 편리함과 과소비에 길든 생활양식을 실천적으로 바꾸는 구체적인 경건·절제운동인 것이다.[20]

6. '환경선교' 영역의 개척

환경선교는 이미 오래전에 실천한 사항이었고 이제는 또 다른 모색을 해야 하는 상황이지만, 이전의 활동에 대한 해석과 평가는 필요하다. 그리고 새로운 사회선교를 실천하려 할 때 참고할 만한 사례로 삼을 수 있을 것이고, 아직 채 정리되지 않고 있는 '창조 신앙'의 현대적 이해와 기독교의 '생태 윤리' 영역에 인식의 지평을 열어 주는 계기로 삼을 수도 있을 것이다.

다음은 1997년 6월 5일(환경의 날) 울산시에서 추천하여 환경부장관 표창을 수상할 당시 효성교회(현, 울산새생명교회)와 담임목회자에 대한 '공적추천서'이다. 이는 공적을 내세우려 함이 아니라, 시민사회 속에서 교회의 선교적 실천이 일반 사회에서의 공익적 평가를 통해, "작게는 교회의 이미지를 좋게 하여 전도의 문을 열리게 하고, 크게는 복음의 보편적 진리로 세계를 품는" 좋은 모범 사례로 삼을 수 있기 때문이다.

---

20) 한기양, 「기장 총회 회보」, 1991.11월호, p.36

공적 요약서[21)

1. [울산환경운동연합] 창립 및 주도

그는 개발 이데올로기가 마치 스모그처럼 뒤덮여 있는 한국 산업화의 상징적인 도시이자 '공해 1번지'인 울산 지역에서 처음으로 조직적인 시민환경운동을 시작하여 민간 차원의 환경운동의 깃발을 내세운 선구적인 역할을 했으며, 평범한 시민들의 환경의식을 조직적으로 한데 모아냄으로써 환경 문제를 대중적인 관심으로 이끌어내는 데 결정적인 역할을 했습니다.

그의 탁월한 업적은, 89년 당시로서는 관심을 끌기 쉽지 않았던 …… 개인으로 흩어져 있던 시민들의 환경보전의식을 끌어 모으는 구심점이 되었다는 점입니다.

환경운동의 구심점이 된 그는 …… [울산환경운동연합]을 조직함으로써, 한국환경운동에 있어서 새로운 지평을 여는 성과를 남겼습니다.

특히 그는 **유엔에서 권고하고 있는 지속가능한 개발을 위한 「Local Agenda 21」을 울산 지역에 가장 먼저 소개하고, 지난 95년 7월에 "울산 아젠다 21"(안)을 작성하여 울산시에 제출한 바 있습니다. 뿐만 아니라 [환경기본조례] 제정을 줄기차게 주창하여 마침내 시의회를 통해 지난 97년 1월에 제정되게 하는 데 크게 기여**했습니다.

---

21) [울산환경운동연합]자료, 1997.6.

2. 환경 교육 활동

1) 신앙고백으로서의 환경선교 활동
(환경선교의 효시)

목회자인 그는 그리스도인의 존재 자체가 하나님의 청지기로서 **생명을 살리는 '창조질서의 보전'에 마땅히 동참하고 앞장서야 한다는 뚜렷한 성서적 관점을 교회와 기독교인들로 하여금 새롭게 인식하도록 역설**했으며, "지금, 여기에서" 구체적으로 실천하는 신앙적 행동으로서 환경보호운동에 나서게 하는 데 선구적인 역할을 함으로써, 한국교회에 새로운 사명을 갖게 만든 커다란 획을 긋는 업적을 쌓았습니다.

또 그는 **'환경선교'라는 용어조차 없었던 활동 초기에 '창조질서보전운동' '생명운동' '환경목회' 등등의 용어를 굳이 찾아서 사용하면서 활동의 정체성을 잃지 않으려 애쓰며, 그 자신의 환경운동을 교회적 신앙적 사명으로 일반화시키는 데 크게 기여**했습니다. 결국 그가 시무하는 효성교회의 별명이 '환경교회'라는 점이 이를 잘 웅변해 주고 있는 것입니다.

나아가 지난 95년 8월에는 그의 활동이 **종교의 벽을 넘어서 울산 지역의 개신교, 가톨릭, 불교 등 종교계 성직자 100인의 환경선언을 주도하게 했고, 그 이후 지금까지 [생명사랑성직자모임]을 주도적으로 이끌어가는 데까지 이르러 모든 신앙인들로 하여금 환경보호운동에 나서게 하는 중요한 역할**을 하고 있는 것입니다.

2) 환경운동의 산파로서의 환경 교육 활동

조직적인 환경운동의 산실이라고 할 수 있는 그의 환경 교육 활동은, …… 울산 지역에서는 최초였고 유일했다는 점에서 높이 평가할 만한 것이었습니다. 뿐만 아니라 그의 환경교육 활동은 **꾸준히 계속되었다는 사실**과, 철저하게 **지역 상황을 고려하여 독자적으로 계획되고 자율적으로 운영되고 있다는 점**에서 조직적인 환경운동이 울산지역에 뿌리내리는 데 결정적인 구실을 했습니다.

특히 그의 활동은 어린이와 청소년 등 미래세대에 대한 환경교육이 매우 중요하다고 생각하여, **독특한 생활 교육과 현장 교육을 결합시켜 매우 실질적이고 모범적인 환경 교육의 방안을 창출**해 내었습니다.(**어린이여름환경캠프, 주일생명학교** 등)

3. 환경운동의 일반화를 위한 『환경지도』 저술과 『에코21』 발간

1) 『환경지도』의 저술

그가 국내에서 최초로 『환경지도』를 기획하고 저술하게 된 것도 환경교육 활동을 통해 얻어진 '조직적 자각'이 그 배경을 이룹니다. …… 누구나 알기 쉽게 환경오염 상황을 이해할 수 있도록 해야 한다는 필요성을 절감하기까지 그에게는 환경을 지키고 찾아가는 '보물지도'가 절실히 필요했던 것입니다.

그가 시도한 『환경지도』는, 결국 환경운동의 방향을 잡아 주는 나침반이 되어, 보다 많은 시민들이 손쉽게 환경운동에 참여할 수 있는 좋은 방법을 제시해 주는 큰 성과를 낳았습니다.

94년판 『울산 수질환경지도』라는 책은 우리나라에서 '환경지도'라는 용어가 쓰여지게 된 동기가 되었고, 그것이 작성되는 과정 자체가 소개되어 "샛강을 살리자"는 캠페인이 여러 지역에서 전개되었습니다. 그후 94년 11월에는 범시민적인 '바다살리기'캠페인을 통하여 저술된 『울산 해양환경지도』는 큰 반향을 불러일으켜 전국적인 "바다살리기운동"의 도화선이 되었습니다. 이같이 계속된 그의 『환경지도』시리즈 집필은 울산의 환경문제를 과학적이고 체계적인 방법으로 접근한 선진적인 시도로서 높이 평가받았습니다.

2) 『에코21』의 창간(95년 12월4일)

마지막으로 주목할 만한 것은 그가 환경 뉴스와 세계 환경 기술 및 개선 현황, 환경운동 동향, 환경 정책 등 각종 환경 정보를 엮은 환경정보지 『에코21(Eco21)』을 기획 창간했다는 점입니다. 이것은 그가 정보화 시대에 걸맞는 환경운동의 또 다른 지평을 열어나가고 있다는 점에서 크게 주목할 만한 일입니다.

그는 오늘날 우리에게 세계화(Globalization)라는 과제와 지방화(Localization)라는 과제가 동시에 주어지는, 이른바 '세방화'(Glocalization)로 표현될 수 있는 세기적 과제를 환경운동의 정보화에서 그 열쇠를 찾을 수 있다고 생각하여 『에코21』을 창간했습니다. 그는 세계화의 원심력과 지방화의 구심력을 서로 조화로운 균형 상태로 만드는 것이 '환경운동의 정보화'라는 것을 강조하고 있는 것입니다.

이런 관점에서 그는 "생각은 지구적으로, 행동은 지역적으로"(Think globally, Act locally)라는 구호에 걸 맞는 진정한 환경인이 아닐 수 없습니다.

7. 시민사회 속에서의 교회와 선교

교회를 개척·설립함과 동시에 지역사회의 긴급한 문제를 선교 과제로 설정하고 이를 실천하는 과정 속에서 교회 공동체를 세워갔다. 참다운 교회는 그래야 된다는 목회적 결단에서 "아무리 소규모, 미자립 상태에 있다 할지라도 선교 지향적인 교회여야 하기" 때문이다.

선교적 차원에서 공개강좌 형식으로 실시한 환경과 공해에 대한 사회 교육은 결국 지역의 시민운동으로 발전하여 [울산공해추방운동연합](이후, [울산환경운동연합]으로 발전)이 조직되는 계기가 되었고, 한동안 우리 교회 내에 사무소를 두고 모든 성도들이 섬기다(인큐베이터 역할)가 지역사회에 봉헌했다.

당시의 상황과 그 이후의 경과를 지난 1995년 한국기독교교회협의회(KNCC) 환경선교정책협의회(울산에서 개최)에서 발표한 우리 교회 사례를 정리한 글에서 일부를 인용해 보았다.

"……이런 맥락에서 우리 교회는 창립과 동시에 지역사회의 보다 근원적인 문제인 환경 문제를 선교 과제로 삼았다. 1989년 2월 첫째 주 금요일부터 12명의 인원이 모여 공해 현실을 학습하는 모임을 시작했다. 당시만 해도 환경 문제에 대한 일반의 관심은 매우 미약했다(현상적으로는 노동 문제가 울산 지역의 최대 현안이었다). 심지어 방해하는 세력(권력과 개발주의자들)과 비방하는 집단(바리새적인 교회와 교조적인 일부 재야운동가들)마저 있을 정도로 당시는 환경 문제가 요즘과는 달리 이른바 '잘 팔리는 상품'(?)이 아니었다.

처음에 '공해학습모임'은 선교 프로그램의 형태로 진행되었지만 시간이 흐르면서 교인이 아닌 일반인(관심 있는 모든 사람)들의 참여가 늘어나면서 점점 조직적인 환경운동을 지향하는 목적의식성이 뚜렷해져 갔다. 우리 교회로서는 모임이 과도한 원심력에 휩쓸리지 않고 정체성을 찾게 하기 위해 의식적으로 **'창조질서보전운동', '생명운동', '환경선교', '환경목회'** 등등의 용어를 굳이 만들어 (혹은 찾아서) 사용해야만 했다. 그럼에도 불구하고 지역사회에 조직적인 환경운동단체가 없었던 까닭에 우리 교회는 그 '모임'을 교회 울타리 밖으로 '헌납'하지 않으면 안 되었다. 결국 깨끗이 마음을 비우고(?) **지역사회에 봉헌한다**는 심정으로 그 학습모임의 관성에 맡겨 버리게 되자 그 모임은 곧바로 「울산공해추방운동연합」(이하 울산공추련) 추진위원회로 전환하게 된다.

마침내 5개월 만에 200여 명의 모임으로 급성장한 추진위원회는 1989년 7월 3일, 우리 교회에서 발기인 대회를 열고 정식으로 조직적인 환경운동단체로 출범하게 된다. 이와 함께 산파역을 감당했던 우리 교회에 사무실을 두고 담임목회자였던 본인이 준비위원장으로 피선되고 실무간사 역시 우리 교회 청년이 맡게 된다. 이로써 개척 초기부터 우리 교회 10여 명의 교인은 울산공추련의 기간요원이 되어 '섬길' 수밖에 없었다. 결과적으로 두 개의 개척교회를 이끌어 가야 하는 짐을 짊어진 셈이었다.

이후 그 공해학습 모임은 '시민공해교실', '환경학교' 등의 명칭으로 계절마다 10~12강좌씩 93년(제6기)까지 우리 교회에서 울산공추련 주관으로 계속되었고, 지금은 '환경아카데미'로 발전하여 오는 11월에 제9기가 개강되는데 지역사회에서 범시민적 환경 교육 프로그램으로 정착되었다. 그리고 지난 1990년 10월 우리 교회 청년들이 중심이 된 「환경감시단」 활동은 민간 환경운동의 새로운 영역을 최초로 개척해 낸 성과라 할 수 있을 것이다(환경감시단 활동은 92~93년에 이르러 비로소 민간단체에 일반화되었다).

뿐만 아니라 1991년 4월 「지구의 날」을 기점으로 여신도들이 중심이 된 생활환경운동은 큰 성과를 거둔다. 예를 들면 나무젓가락안쓰기운동을 전개하면서 젓가락집(각자 젓가락을 휴대하기 위해)을 제작하여 보급하고, 비닐봉지를 추방하기 위해 장바구니를 만들어서 나누어 주기도 했으며, 폐식용유로 비누 만드는 방법을 보급하는 등 환경운동을 대중적인 시민운동으로 넓혀 나갔다. 그밖에 합성세제 안 쓰고 **천연세제를 보급하는 운동, 수입농산물 불매운동, 일회용품 안 쓰기 운동, 쓰레기 분리수거운동** 등을 주요한 사업으로 벌여 나가게 된다(지금은 이런 운동들이 상식화되고 환경운동의 대명사처럼 단골 메뉴로 일반화되었지만, 당시에는 지역사회에서 크게 주목받는 참신한 운동이었던 것으로 기억된다).

우리 교회의 잦은 이전과 함께 부침을 계속하며 더부살이 신세를 면치 못하던 울산공추련은 1992년 4월 즈음에 와서야 비로소 자립하기 시작했고, 1993년 6월 11일 「**울산환경운동연합**」으로 확대 개편되면서 울산 지역의 명실상부한 대표적인 환경단체로 자리잡게 된다. 교회에서 공동의장 1인(담임목사), 사무국장(상근), 여성위원장, 정보실장(상근), 환경감시단장 및 총무, 실무간사 2인(상근), 핵심 활동회원 20여 명 등을 '**파송**'하여 **환경선교를 감당**하고 있다. 결국 1,000여 명의 회원을 가진 환경단체를 40여 명의 교인뿐인 우리 교회가 주도적으로 '**섬기고**' 있는 셈이다.

아무튼 '**환경교회**'라는 별명이 붙어버린 우리 교회의 경우는 매우 독특한 사례라고 할 수 있을 것이다. 어쩌면 '공해 1번지' 울산이란 지역사회의 객관적 상황 속에서 지극히 당연한 결과인지도 모르겠다. 다행히 우리 교회가 환경 파괴의 위기를 생명의 위기 상황으로 신앙적인 성찰로 심화시키고 앞장서서 실천함으로써 하나님께 영광 돌리고 실천적인 환경선교의 영역을 개척할 수 있었다고 여겨진다.

우리 교회의 사례를 나름대로 그 성과와 의의를 요약해 보면 **첫째, 환경선교를 통해 현재와 미래의 교회가 당면한 시대적 사명과 비전을 구체적으로 발견할 수 있었다는 점**이다. 21세기 목회 비전 혹은 교회의 사명은 두말할 것도 없이 '신음하는 피조물들이 고대하는 바는 하나님의 아들들이 나타나는 것이니'(롬 8:19,22) 물질문명(바알)에 '사방으로 우겨 쌈을 당한'(고후 4:8) 상태에서 벗어나 하나님 중심주의로의 전적인 전환(회개운동)을 토대로 한 생명운동의 '야훼 닛시'(출 17:15)를 선포하는 것이다.

둘째, '정의와 평화'라는 교회의 사명이 '생명'이라는 하나님의 창조 질서의 보전 즉 생태학적인 인간의 죄를 회개하지 않고서는 온전히 이룰 수 없다는 사실을 명확히 깨달을 수 있었다는 점이다.

셋째, 하나님의 선교는 결코 형식적인 교회의 틀 속에 가둬지는 것이 아니라는 사실을 새삼 알게 하신 점이다. 작고 보잘 것 없는 자들을 들어 쓰셔서 예상하지 못한 도구를 통하여 큰일을 하게 하신 것이다. 결국은 몸 된 교회로 하여금 교회답게 만들어 주시고 하나님께서 영광 거두시게 해 주신 것을 알게 했다.

넷째, 극악한 재정 궁핍을 비롯한 갖가지 어려움을 통하여 우리를 연단하시며 오히려 그 가운데서 하나님의 은혜를 체험하게 하심으로 우리의 믿음을 더욱 굳세게 해 주셨다는 점이다.

결과적으로 **다섯째, 신앙적인 바탕으로「울산환경운**

동연합」을 가장 모범적인 시민단체로 가꿀 수 있었고 우리 교회 역시 충성스럽고 칭찬받는 교회로 자리 잡을 수 있도록 축복해 주신 점이다.……"22)

8. NGO를 통한 평화 통일 선교(북한 선교)

2002년 사순절 기간에 전 교인들이 "하루에 한 끼니씩 금식하여 그것을 모아 굶주린 북한 어린이들에게 사랑의 나눔을 전하자"는 운동을 전개하면서 선교 영역을 넓혔다. 그해 그것을 계기로 '굿네이버스'라는 NGO와 파트너십을 가지고 후원교회가 되었고, 이후 지금까지 교회 역량의 대부분을 북한 선교에 집중하고 있다.

하나님 사랑과 이웃 사랑을 실천하는 디아코니아(Dia-konia)적인 선교로서 특별히 '겨레 사랑'을 표방하는 북한 선교, "원수를 사랑하라"는 말씀에 따르는 민족적·이념적·역사적 책임을 다하며 '화해 선교'를 표방하는 북한 선교 등등을 성찰하면서 한국교회가 이 시대에 감당해야 할 중요한 과제 중 하나라는 인식 아래 여러 관점에서 시행하는 북한 선교가 '평화 통일 선교'로서 생명(생존)과 평화를 지향하고 있다.

이런 관점에서 교회는 인도적 대북 지원 사업을 하는 NGO인 '굿미션네트워크'를 후원하고 교인 개개인도 후원회원으로 참여할 뿐만 아니라 목회자를 파송하여 선교 현장과 선교

---

22) 한기양, 「지방자치시대 환경선교의 방향과 과제」, KNCC '95환경선교 정책협의회 자료집,1995.10.23., pp.37~39

기관(굿미션네트워크 사무총장)에서 사역하는 것을 적극 후원하고 있다.

9. 지역사회에 실천 가능한 사회봉사(Diakonia)적 선교 프로젝트

- '더불어 함께하는 행복한 우리 동네' 만들기
(Community Building)

(1) '골목문화'의 창달

뛰놀며 재잘대는 아이들조차 사라져 버린(차량으로 인해 위험해서 혹은 과외학원에 가야 해서) 오늘의 도시 대부분의 삭막한 현실을 모두 개탄하고 있지만, 우리 사회 어느 곳에서도 이를 개선하고 사회를 더 인간미 넘치고 희망을 함께 나누는 그런 사회로 변화시키려는 노력이 구체적으로 일어나고 있지 않다.

이런 현실 속에서 지역교회가 그 변화를 위해 '시민문화운동'을 생활 현장인 골목에서부터 소박하지만 진지하게 펼쳐 나간다면 매우 의미 있는 일이 될 것이다.

① 깨끗한 골목 만들기

이것은 사실 우리 사회의 아름다운 모습 중의 하나였는데, '쓰레기종량제' 실시 이후 쓰레기봉투를 돈 주고 사면서부터(사실은 급속한 도시화와 극단적인 이기주의의 급속한 확산이 더 큰 이유이지만) 골목을 깨끗이 청소하는 자발적인 봉사가 아예 사라져 버렸다고 해도 과언이 아니다. 이제 교회가 앞장서서 새벽마다 기도 마친 후에 골목을 청소하면서 주민들의 동참을 유도하는 '보이지 않는 봉사'와 '소리 없는 캠페인'을 전개하자는 것이다. 여기서 중요한 것은 교회 내에 이 일을 주관하는 소그룹을 형성하게 해서 그 소그룹에서 주관(Community Building)하게 하는 것이다.

② 벼룩시장 '생활나눔장터' 개설

교회 앞을 중심으로 작은 골목시장을 개설하여 어린이부터 노인까지(교인이 아닌 이웃주민들도 자유롭게 참여할 수 있도록 유도하여) 자신의 소지품이나 쓰지 않는 물건을 서로 사고파는 '벼룩시장'(Free Market)을 통해 이웃과의 친교와 소통의 마당(場)을 제공함으로서 지역사회의 공동체성을 살리자는 것이다. 봄·가을 두 차례에 걸쳐 시행했는데 주민들의 호응이 매우 좋았다. 이후 평가를 통해 추진위원회를 따로 조직하되, 이웃주민들을 위원으로 참여시켜서 스스로 운영하도록 할 계획이다.

③ 작은 전시회

주일학교를 중심으로 이웃주민들의 자녀들을 참여하도록 개방해서 어린이들의 그림이나 문학작품(童詩) 등을 교회 앞의 작은 공간에 매주, 매월 정기적으로 발표·전시할 수 있도록 하고 있다. 여기서도 중요한 것은 주관하는 소그룹을 열린 구조로 하여 교인들과 주민들이 함께 일을 기획하고 주관(Community Building)하도록 한다.

④ 꼬꼬마도서실

교회 공간의 일부를 개방하여 유아들과 초등학교 저학년들의 도서실을 꾸며서 아이와 엄마들이 함께 이용할 수 있는 공간을 제공해, 지역의 공동체성을 살리는 데 기여하게 될 것이다.

⑤ 보름달맞이 감사 잔치

1995년 2월부터 올해까지 정월대보름 행사를 교회에서 주관하며 쥐불놀이를 관리해 왔다. 구청으로부터 강 둔치 운동장 사용과 쥐불놀이를 할 수 있도록 사전에 허가를 받아, **"정월대보름은 우주를 창조하신 하나님께서 계절의 변화를 주시고 해와 달과 별을 주셔서 생명을 풍성하게 하심을 감사하는 날입니다. 자연을 사랑했던 우리 조상들이 지키던 세시풍속을 새롭게 이어받아, 창조주 하나님께 감사하는 절기로 지켜 갑니다."**라는 현수막을 크게 달아 놓아 의미를 새롭게 해석하여 기독교 신앙과 부딪히지 않게 했다.

동네의 모든 사람들이 나와서 즐길 수 있도록 '남자 교인'들은 나무와 깡통을 준비하고 사물놀이로 온 동네에 길놀이와 함께 홍보하고, '여자 교인'들은 어묵과 떡볶이 등을 준비하여 간식을 제공하면서 '북한 어린이 돕기' 모금함을 놓아두었다. 모금된 헌금은 북한 어린이 후원금으로 보내고 있다. 아이들과 부모들이 함께 쥐불놀이를 할 수 있도록 하고, 여러 가지 대동놀이로 잔치마당을 이끌어 이웃끼리 만나는 계기를 마련했다.

(2) 문화강좌를 통한 '세계시민교육'

지난 2005년 6월부터 시작한 문화강좌는 이웃주민들에게 무료로 개방한 강좌로서 생활 상식에서부터 자녀 교육, 건강관리 등 다양한 주제를 택하여 연 6~8회 실시해 왔다. 이제 강좌의 내용을 보다 보편적이고 실제적인 주제를 선택하여 주민들에게 유익한 만남의 광장이 될 수 있도록 함으로써,

교회의 공공성(公共性)과 공익성을 지역에 드러낸다.

이 강좌를 통해서 교인들과 이웃주민들이 민주적인 소양과 세계시민으로서의 인식을 갖게 하는 선도적인 역할을 교회가 감당한다. 여기서도 지금 문화강좌를 주관하는 소그룹(팀)을 열린 구조로 하여 교인들과 주민들이 함께 일을 기획하고 주관(Community Building)하도록 하는 것이 매우 중요하다.

10. 맺는 말

오늘날 모든 영역에서 변화를 요구하고 있다. "변화하지 않으면 죽는다"고까지 말할 정도이다. 변화의 소용돌이에서 갈팡질팡 어쩔 줄 모르고 허우적거리는 이 시대에 '변화'라는 것은 도대체 무엇을 말하며, 어디를 지향하는 변화인가?

표현은 가지각색이지만 변화에 관한 대부분의 이야기는 '부분의 변화'에 모아져 있다. 몸통이나 뼈대는 그대로 두고 고작 '옆 가지'만을 변화시키는, '보이는 부분 몇 항목'만 변화시키는 정도이다. 변화의 목표와 가치는 그대로 두고, 거기에 이르는 방법과 수단과 과정의 변화만 꾀한다. 흔히 듣는 '구조 조정'이라는 변화를 시도하고 있지만, 여전히 이익의 극대화라는 목표에서 출발하고 그것이 최종의 목표이다.

이 모든 것이 인간의 욕심과 계산에서 나온 변화의 시도이다. 부의 증식, 이익의 확장, 거대주의, 성장제일주의, 거기서 나오는 힘과 명성과 지위의 확보와 유지 등등, 변화의 욕구는 이런 가치와 목표에 깊이 침윤(浸潤)되어 있다. 모두 이러한 변화에 몰입하고 있다. 교회도 예외는 아니다.

변화하겠다고 한 것이 근본적으로는 '변화 없는', 나아가 근본의 '변화를 막는' 새로운 획일화를 가져오는 역설에 부딪치고 있다. '세상을 본받고' 자본(물질)을 따르는 한 줄 서기 획일화이다. 바벨탑을 쌓다가 하나님의 진노를 사는 형국으로 치닫고 있다.

진실된 변화는 이런 표피적인 변화가 아니다. '너희 몸'을 '산 제사'로 드리라고 한 이 말씀(롬 12:1)에서 '너희 몸'은 우리의 존재 전체를 일컫는다. '지난날의 우리'가 죽고 새로운 생명으로 다시 산 그 생명 넘치는 새로운 피조물의 '산 제사'를 드려야 한다.23)

오늘의 한국교회가 '세상의 본'을 따르지 말고, 진실된 변화를 이루어 모든 것을 하나님께 바치고 하나님의 통치에 따라야 할 것이다. 그러기 위해 한국교회를 근본의 차원에서 점검해야 한다.

수단과 방법을 가리지 않고 물질과 명성과 권세를 탐하는 세상, 그것이 성공이고 복이라고 믿는 세상을 교회도 흉내 내고 따르고 있지 않은가? 성장제일주의, 교권주의, 맘몬주의 등. '세상을 따르는' 오늘의 한국교회는 과연 본질을 회복하는 근본적인 변화를 할 수 있을 것인가? 세상의 가치와 기준이 아닌, 하나님의 뜻이라는 가치와 기준으로 교회는 변화해야 하지 않겠는가?

결론적으로 한국교회가 보다 역동적인 '거대 담론'(사상적, 시대적, 민족적, 세계문명사적)을 우리 사회와 세계를 향해 제기할 수 있어야 참다운 교회 모습을 드러낼 수 있을 것이다. 이기심이 극대화되어 개별적이고 분절된 채 창조 세계와

---

23) 박영신, 2005.3.3., 실천신학대학원대학교 개교식 설교 중에서 발췌

생명 그 자체가 위기를 맞고 있는 오늘의 세계 속에서 '하나님의 통치'를 선언하고 하나님 나라와 그의 의를 구하는 '생명과 평화'를 '더불어 함께' 선언해야 하기 때문이다.

이런 관점에서 우리 사회가 안고 있는 시대적 과제 몇 가지를 짚어봄으로써, '다원화 된 시민사회 속에서' 거듭나야 할 한국교회의 방향을 가늠해 볼 수 있을 것이다.

첫째, 낡은 허위의식으로서의 냉전적 사고를 하루 속히 청산하고 민족을 살리고 동아시아의 새로운 생명적 평화 공동체를 견인하기 위하여, 한국교회는 남북 화해와 교류·협력 사업에 앞장섬으로서, 평화 통일 선교에 더욱 힘을 모으고 나아가 '하나님의 평화'를 세계를 향해 선포할 수 있어야 한다.

둘째, 지난 50년간 강행해 온 경제 개발 우선 정책과 산업화 정책은 온 국토를 생태적 위기 지역으로 변화시키고 말았다. 토양·수자원·공기는 위험 수위에 도달해 있고, 모든 농·축산 생산물 먹을거리는 잔류 농약에 침윤되어 우리들과 후손들의 건강과 번식능력에 심각한 적신호가 켜지고 있다. 그야말로 총체적으로 하나님의 창조 질서가 깨지고 있는 것이다. 생태 환경(생명 세계)를 지키고 회복하는 녹색생명운동에 혼신의 힘을 다해 선교적 사명을 감당해야 하고, 피조세계와 인간과의 관계 정립을 새롭게 해야 한다.

셋째, 교회 성장 중심의 선교 신학은 참다운 영성 신학으로 거듭나고 수정되어야 한다. 영적 성숙이 동반되지 않는 양적 성장은 도리어 위기를 초래한다는 사실을 직시해야 한다. 인간은 사회적·경제적·정치적 존재만이 아니라, 영적 존재요, 자기 초월의 존재이며, 하나님의 현존을 모시고 있는 존재임을 드러내야 한다. 그러려면 보수적인 전통적 하나님관(觀) 자체를 보다 근본적으로 더욱 성서적 하나님관(觀)으로 재정립되어야 한다.

넷째, "땅 끝까지 이르러 내 증인이 되라"는 파송 명령은 지리·공간적 개념으로서의 이해를 넘어서서 문화와 종교사적 영역으로까지 확장해야 하며, 파송 명령을 받은 우리 기독인은 문명사적 관점에서 시민사회와 시대정신에 주목해야 할 것이다.

굿미션네트워크의 선교 정책과 사역

임태종 · 굿미션네트워크 회장

1. 들어가는 말

1990년대 초에 나타난 교회학교 학생들의 수적 정체에서 감지하기 시작한 한국교회의 위기 상황이 1990년대 하반기에 와서 교회학교 학생 감소현상이 나타나면서 자성의 목소리가 일기 시작했다. 이러한 한국교회의 자성의 소리와 위기의 의식이 현실로 드러나고 있다. 2000년에 들어서면서부터 노골화되기 시작한 대형교회의 문제와 선교사들의 문제들에 대한 언론의 연속적인 고발, 통계청의 2005년 인구 센서스를 통하여 공식적으로 확인된 개신교 교인 수 감소, 영화 〈밀양〉을 통한 한국교회에 대한 문화적인 도전, 2007년 6월 시작된 기독교 기업이라고 천명하고 나선 이랜드의 비정규직으로 인한 장기 투쟁 사건, 2007년 7월 샘물교회가 한민족복지재단을 통해서 보낸 23명의 봉사자 아프가니스탄 피랍 사건 등으로 한국교회는 선교 120년 이래 최대의 위기를 맞이하게 되었다. 그 사이에 한국교회는 반성의 노력이 전혀 없었던 것은 아니다. 대형 회개 집회도 있었고, 지도자들의 공개적인 회개의 고백도 있었고, 교회개혁운동도 여러 곳에서 일어났다. 그러한 노력에도 불구하고 한국교회에 대한 비호감도는 멈추지 않고 오히려 더 고조되고 있다. 이 시점에서 우리가 심각하게 생각해 보아야 할 것은 신앙의 본질에 대한 반성과 진지한 고민이다. 선교에 대한 신학적 성경적 이해에 대한 재검토, 더 나아가 목회 전반에 대한, 교회론에 대한 신학적이고 성경적 반성이다.

이렇게 시대적으로 요청된 진지한 고민을 안고 굿미션네트워크(Good Misson Network - 약칭 GMN)가 시작되었다. 그럼에도 불구하고 굿미션네트워크는 선교단체이기에 교회론과, 목회론에 대한 접근에는 한계가 있음을 인정하고 그 부분에 대하여는 전문 신학자들과 함께 고민하고 새로운 방향을 모색하는 장을 마련하기로 하는 대신 선교에 대한 전문적인 사역을 감당하려고 한다. 그리고 굿미션네트워크의 전문 선교 사역은 명칭에 표현된 대로 전문 단체나 전문가들을 연결하여 함께 한국교회의 선교 문제를 해결해 나가는 가교역할을 하는 것을 중점으로 한다. '단체'라 함은 한국교회와 전문 국제 NGO인 굿네이버스(Good Neighbors)이다. 그리고 '개인'이라 함은 뜻을 같이 하는 목회자, 신학자, 선교사, 전문 사역자들이다. 이러한 사역을 수행하는 GMN의 신학적 바탕은 총체적 선교라고도 표현되는 "하나님의 선교"이다.

이를 구체적으로 NGO 사역의 현장과 연결한다는 점에서 "NGO 선교"라고 한다.

2. 본론

(1) 하나님 나라와 선교 – "하나님의 선교(Misso Dei)"

증인 공동체로서 초기 원시 기독교 공동체의 선교는 통전적 선교였다. 통전적 선교란 '케리그마'라는 말씀의 증언과 '디아코니아'라는 봉사를 통해 '하나님 나라'가 시작되었음을 증거하고 성도의 교제인 '코이노니아' 가운데 하나님의 나라를 누리는 것이었다. 이러한 통전적 선교가 교부시대를 거치면서 당시의 서양문화인 헬라화 과정을 통해서 영과 육을 구분하는 이분법적 이원론의 세계관에 영향을 받게 되었고, 이러한 이원론의 영향은 선교를 영적인 일로만 이해하게 하였다. 세상과 교회를 포함한 하나님 나라의 틀 안에서 이해해야 할 선교를 교회의 틀 안으로 끌어들이는 우를 범했다. 이렇게 서구 기독교의 헬라화 과정에서 이원론의 영향으로 선교를 교회의 틀 안에서 영적인 것만으로 생각하게 된 왜곡된 선교 이해를 한국교회는 반성 없이 그대로 받아들였다. 게다가 한국교회의 선교 이해가 더욱더 왜곡되게 된 것은 한국사회의 오랜 문화로 자리한 유교 문화의 영향으로 육체적인 것을 천시하고 정신적인 것을 귀하게 여기는 풍토에 접목되었기 때문이다. 자연스럽게 이원론적 이분법을 마치 성경의 진리인양 무비판적으로 받아들이게 되었고, 그로 인하여 한국

교회의 선교의 이해는 교회를 세우는 일이 선교의 궁극적인 유일한 목표로 생각하게 되었다.

성서적으로 볼 때 선교는 단순히 전도가 아니라 복음화로서 하나님 나라가 시작되었음을 알리는 일이며, 완성될 하나님 나라를 종말론적으로 믿는 것이며, 이 땅 위에서 하나님 나라를 실천하는 것이다. 하나님(의 아들)이 인간이 되셔서 세상에 오신 성육신의 사건은 그 자체가 전도의 내용을 띤 봉사였으며 그 예수께서 선교하신 방법 또한 말씀과 행함, 즉 어느 곳에 더 비중을 둔 것으로 판단할 수 없는 전도와 봉사의 병행이요 결합이었다. 기독교 봉사는 십자가의 수평적 사랑에 대한 인정과 순종이며 복음 전도에 결부되어 인간에 대한 사랑을 실천하는 것이다. 약자의 편이 되신 하나님과 약자를 자신과 동일시하는 예수 그리스도를 통해 구원의 본질로 표현되는 기독교 봉사는 복음의 본질이다. 기독교 봉사는 선교의 결과일 뿐만이 아니라 선교의 방법이며, 또한 무엇보다 중요한 것은 그것이 선교의 내용이라는 것이다. 그러므로 선교는 기독교 제국을 만들기 위한 교권 확장이나 개교회의 성장을 위한 교세 확장이 아니다. 선교는 하나님 나라의 확장이고 하나님의 뜻의 실현이다. 한국교회는 선교를 이제 더는 교세 확장이나 개 교회의 성장 차원에 머무르지 말아야 한다. 한국교회가 이렇게 선교에 대한 이해가 좁아지고 왜곡된 것은 이원론의 영향을 받은 잘못된 선교 이해와 함께 교회 안에 침투해 들어 온 세속주의 영향인 개인주의 때문이다. 이제 한국교회는 연합 운동을 통하여 교회의 개교회주의와 신앙의 개인주의를 극복하고 선교를 복음화로서 복음전파와 봉사를 통한 하나님 나라의 확장이 되게 하여야 한다. 그러기 위해 선교의 주체가 하나님이심을 고백하고 교회가 하나님의 선교의 도구로서 선교를 함께하는 연합 운동이 되게 하여야 한다. 이것이 **하나님의 선교(Missio Dei)**이다.

(2) '하나님의 선교'의 장으로서의 NGO 선교

하나님의 선교는 선교의 대상을 영과 육을 모두 포함한 전인적이고 통전적인 선교이다. 1975년 세계교회협의회 나이로비 총회는 온 교회의 온 세상을 향한 온전한 복음 전파를 통전적 선교라고 표현하였다. 교회의 영향력이 미처 미치지 못하는 시간과 공간에 나타나는 하나님의 통치를 교회의 활동과 병행하여 이해하는 것이 하나님의 선교이다. 이러한 하나님의 선교가 가장 효율적으로 집행될 수 있는 선교 활동이 NGO 선교이다.

NGO(Non-Government Organization, 비정부조직)란 용어는 국제연합(UN)이 1949년에 선진국을 중심으로 이루어진 자원 부문의 활동을 일컬은 것이 계기가 되어 사용되었다. 비정부조직이란 정부 운영 기관이나 영리 단체를 제외한 모든 기구나 단체 집단, 조직 또는 결사체 운동 세력을 포괄하여 지칭하는 개념으로서, 어떤 특정한 목적이나 임무를 수행하는데 뜻을 같이하는 사람들끼리 함께 일을 하기로 합의하고 자발성을 바탕으로 만든 비영리 단체 혹은 그룹을 뜻한다. 이러한 비정부 조직은 자발적으로 구성된 시민사회의 조직이며, 비영리를 목적으로 하고 있다. 비정부 조직의 활동 영역은 환경, 개발, 농촌 사업, 의료 시설, 인권 보호, 여성 문제, 공적 보조, 난민 구호, 공정 무역 등의 공적 영역의 여러 쟁점이다. NGO는 지역주민들의 인식을 높이고 자발적인 참여를 이끌어내며 국제적 연대를 통한 사회문제 해결에 적극 개입하고 있다. NGO는 정치적인 국가 이익을 우선하지 않는 자발적인 조직체(voluntary organization)이며 인도주의적인 순수 단체이다.

NGO의 활성화와 더불어, 특히 기독교 선교가 금지되어 있는 국가에서는 지속적인 선교를 위해서 NGO 선교가 십분 활용되고 있다. 그런데 현재 NGO 선교는 단지 선교가 금지되어 있는 지역이나 국가뿐만이 아니라 선교가 허용되었거나 심지어는 기독교 국가에서조차도 활발하게 추진되고 있다. 그 이유는 교회나 기독교인들이 그들의 신앙생활을 교회 내의 생활로만 한정 짓지 않고 사회생활을 신앙생활의 현장으로 이해하고 있다는 반증이며 이것은 현재 교회와 그리스도인들이 NGO 선교를 복음 전도를 가능하게 만들기 위한 수단으로서만이 아니라 사회봉사 자체를 선교라고 이해하고 있다는 사실을 말해 준다.

2006년 7월 한국을 방문했던 미국 새들백교회의 릭 워렌 목사는 "**섬김과 나눔으로 세계를 품기 위해**, 즉 인류 사회를 돕기 위해 교회가 단독으로 사역을 수행하는 것을 넘어서 정부와 기업 및 다른 **NGO와 협력**할 것"을 요청했다. 각 영역이 가진 전문성과 인적, 물적 자원 그리고 네트워크가 효율적이고 효과적으로 결합될 때 더 큰 열매가 창출되며 시너지가 날 수 있다고 본 것이다.

분명 NGO 선교와 봉사의 관점에서 볼 때, **21세기는 공공성의 시대**이다. 교회가 교회 자신의 관점과 패러다임으로 세계를 대상화시키고 타자화해서 접근할 것이 아니라, 하나님이 창조하신 세계에 대한 따뜻한 연민과 사랑의 마음으로 섬김과 나눔으로 품으며 나아갈 때, 하나님의 선교로서 진정한 선교와 봉사가 실현될 수 있을 것이다. 이를 통해 이 세계와 사회는 교회와 그리스도인의 삶을 통해 밝히 드러나는 예수 그리스도의 복음을 온전히 신뢰하게 될 것이다.

한국 초기 선교는 NGO 선교였다. 1884년 한국을 찾아온 최초의 개신교 상주 의료 선교사 알렌은 당시 조선이 기독교 선교를 금지하고 있었기 때문에 미국 공사관의 의사라는 신분으로만이 입국을 허락 받을 수 있었다. 그리고 드러내 놓고 선교할 수 없었던 한동안 그는 "매일 가정에서 가사를 돌보는 일군들과 가정예배를 드리는 것만으로도 선교사로서의 사명을 수행하고 있다고 생각한다"고 말했다. 그러던 중에 이듬해에 입국한 언더우드가 노방전도 등 드러나는 전도 행위를 국법을 거스르며 감행할 때에 언더우드에게 자중해 줄 것을 요구하며 그 동안 자신이 만들어 놓은 친 기독교적 분위기를 언더우드가 해치고 있다고 분개했다. 당시의 분위기는 점차 개신교 선교가 허용이 되는 정세이었기에 언더우드의 선교도 다행히 긍정적인 효과를 가져왔지만, 이러한 분위기가 형성되기까지에는 알렌의 공로가 지대했음을 반드시 인정해야 할 것이다. 이것이 NGO의 선교이다. NGO 선교는 전도가 금지된 상황에서 선교를 가능하게 한다. 그러나 단지 이러한 상황을 위해서 만이 아니라, 전도가 가능하거나 이미 전도된 지역에서도 NGO 선교는 기독교 봉사를 통하여 하나님 나라 운동에 동참한다. NGO 선교는 복음 전파에도 유익이 되지만, 그 사회 봉사적 기능이 곧 하나님 나라의 실천이며 복음의 내용이다. 이것이 NGO 선교이고 이러한 NGO 선교의 파트너로서 굿네이버스와 함께하고자 한다.

(3) 한국 국적의 국제 NGO, 굿네이버스

한국 내에서 활동하고 있는 국제 NGO들은 대부분 UN ECOSOC에 협의 지위(Consultative status)를 가진 외국 단체들로서 한국에 지부를 두고 활동함으로서 국제 NGO에 대해 이해를 높이는 데 기여했다고 볼 수 있다. 이에 비해 한국에서 처음부터 국제 NGO로서의 목표를 세우고 1991년 3월 28일에 창립된 굿네이버스(Good Neighbors)의 등장은 한국 NGO 역사의 새로운 전환점이 되었다.

해외 원조 사업의 활성화의 계기는 국민에게 해외 원조 사업에 대해 크게 보도한 1994년 NGO들의 르완다 난민 구호 활동이었다.

1994년 8월 11일, 제일 먼저 굿네이버스가 8명의 의료 및 구호 단원을 르완다 현지에 파견하였다. 이는 우리나라 역사상 최초로 현지에서 공식 기구로 UNHCR(국제연합난민고등판무관사무소)과 함께 봉사하는 기회가 되었다.

굿네이버스는 빠른 성장과 함께 르완다, 방글라데시, 케냐, 에티오피아 등 저개발국가에 정식 NGO 등록을 하고 도움이 필요한 사람들을 위한 지속적 개발 사업의 실적을 인정받아 1996년 UN ECOSOC로부터 최상위 협의 지위(General Consultative Status)를 한국 NGO 최초로 획득하였다. 굿네이버스는 한국에서 설립된 단체로서는 최초로 UN에 진출하였고, 세계 저개발국을 위해 국제적으로 활동하는 NGO를 보유하고 있는 한국의 변화된 모습을 보여 주어 우리나라가 OECD에 가입하는 일에 결정적인 역할을 함으로 한국의 국위를 선양하기도 하였다.

현재 굿네이버스는 아시아와 아프리카를 중심으로 해외에 국내 단체로서는 가장 많은 21개국에 지부를 두고 71개 사업장에서 100여 개의 프로젝트를 활발히 전개하고 있다. 그리고 1995년 9월 이후 시작된 국내 민간 지원 단체의 대북 지원 사업에도 선두에 섰다. 1995년부터 사업을 시작하여 1997년 1차 방북단을 파견하였고 현재 북한 전역 25개 사업장에 의료, 축산, 농업, 교육, 종교 등 모든 분야에서 활발하게 사업을 전개하고 있다. 특히 북한 지원 사업을 단순 구호 사업 차원에서 개발 사업 차원으로 발전시키고 있다.

국내사업	해외사업	북한사업	수행인력	사업예산
아동보호전문기관 20개소, 복지관2개, 지역복지센터5개소, 가정위탁센터 1개소 전국 28개 지부	사업국: 세계 21개국 71개사업장 모금국: 2개국(미국, 일본)	25개 사업장운영 방북대표단 154차	국내 380여명 해외 370여명	연 400억원 규모

(4) 굿미션네트워크(Good Mission Network) 사역

굿미션네트워크(Good Mission Network)는 1991년 창립된 굿네이버스와 함께 북한 선교에 동참해 온 교회들이 자발적으로 북한 선교를 한국 국적의 국제 NGO인 굿네이버스와 함께하기로 하고 2002년 11월 12일 60여 교회가 '겨레사랑선교회'라는 명칭으로 창립총회를 가짐으로 시작되었다. 그 후 더 많은 교회가 참여하면서 NGO와 함께하는 선교의 영역을 국내와 해외까지 넓혀 나가기로 하고 2005년 3월 30일부터 4월 1일까지 실시한 금강산이사수련회에서 조직 명칭을 '굿미션네트워크'로 변경하고 200여 교회가 참여하여 한국교회 선교에 새로운 대안으로 NGO 선교를 활발히 전개하고 있다.

이를 위하여 GMN은

① NGO 선교의 **신학화 작업**과 확산을 위해 힘쓴다.
이를 위해
· NGO 선교 연구 프로젝트 개시
· NGO 선교 세미나, 포럼, 심포지엄 개회
· NGO 선교 콘텐츠 개발을 위해 NGO 선교 연구 용역 프로젝트

② 교회의 사역을 돕는 **콘텐츠를 개발**한다.
· 교회 교육 교재 개발하여 기독교 교육 프로그램 제공, 각종 연구소, 교회 프로그램 지원
· 교회 성장 프로그램(평신도 교육 프로그램)을 개발하여 총체적 사역 교회로 갱신운동을 실시
· NGO 포럼 및 다양하고 전문적인 협력 프로그램을 추가 개발
· 출판 사업, 교회 팬시 사업 등

③ **문화 사업 콘**텐츠를 개발한다.
· 지라니 어린이 합창단 사업의 활성화(해외순회공연 등)
· 굿미션 코랄 합창단 지원
· 뮤지컬(DMZ) 등을 문화 예술 단체와의 협력으로 진행

④ **지속적인 지역 네트워크의 확대**
· 지역 조직 네트워크를 강화함과 동시에 선교 협력 단체들과의 유대 강화
· 지역교회 목회에 필요한 자료와 프로그램을 적극적으로 개발하여 교회에 제공
· 교회 회원 관리(사업 선교 후원을 GNI 회원으로 전환, 교회 등 네트워크 중심회원은 GMN 회원관리)
· 이사회원 및 고액회원의 심층 관리와 회원 응집력 강화를 위한 회원 모임 제공
· 비전예배를 통한 GNI 지부 회원 개발 지원(GMN-예배 중심, GNI-개발 중심)
· 교회 연합 행사와 절기 행사를 통한 모금

⑤ 선교사 장학 사업을 통한 안정적 해외 선교사 파송

⑥ GMN 지역 조직과 해외 지부의 사업장을 결연하는 프로그램을 통해 해외 선교의 활성화

3. 맺는 말

(1) 한국 교회 선교의 지속성과 전문성을 위해 NGO 선교가 필요하다.

NGO 선교는 선교의 질적인 측면이나 선교지 현지 상황에서 위기를 맞이하고 있는 한국교회에 하나님이 미리 예비하여 주신 새로운 선교의 통로임을 확신하고 한국교회가 해외 선교에 있어서 이러한 NGO들을 적극적으로 활용해야 할 것이다.

(2) 한국국적의 국제 NGO 단체와 협력 관계(네트워크)가 필요하다.

북한 선교도 그 파트너에 따라서 사역 접근성에 차이가 있듯이 해외 선교도 그 사역의 파트너에 따라서 사역의 접근성이 차이가 있다. 한국 국적의 국제 NGO는 모든 나라에 모든 사업의 접근이 자유롭다. 한국 국적의 국제 NGO와의 협력을 통해 교회의 선교 사역을 전문적, 효과적으로 진행할 수 있다.

(3) 한국교회의 연합을 위해 NGO 선교가 필요하다.

한국교회의 연합과 동반 성장을 위해 섬기는 NGO와의 긴밀한 협력은 나눔과 섬김을 실천하는 지역교회로의 성장을 추구할 수 있다.

시민사회 참여 동기와 의식의 변화

조성돈 · 실천신학대학원대학교/목회사회학
정재영 · 실천신학대학원대학교/종교사회학

1. 들어가는 말

토크빌 이래 로버트 벨라 등 많은 사회학자들은 시민을 키우는 학교로서 자발 결사체의 역할에 주목해 왔다. 자발 결사체에 참여를 통해 사사로운 개인이 사회에 대한 책임과 시민으로서의 역할을 학습할 수 있게 된다고 본 것이다. 앞에서 살펴 본 바와 같이, 교회 역시 자발 결사체의 한 종류로 이해될 수 있다. 그러나 한국에서 교회가 실제로 자발 결사체로 기능하고 있는지에 대한 연구는 거의 없다. 따라서 우리는 이 연구를 통해 사람들이 교회 생활을 통해 시민의 역할을 배우고 있는지 또는 교회를 통해 또 다른 자발 결사체인 시민단체에 참여하게 되는지 알아보고자 한다.

아직까지 교회에서 시민사회에 대한 논의가 활발하게 일어나고 있지는 않지만, 이런 저런 경로를 통해 시민사회에 참여하여 활동하고 있는 기독교인들의 수가 적지 않다. 일부

시민사회에 관심을 갖고 있는 교회들에서 목회자가 앞장서서 교인들을 시민 활동에 참여시키고 있는가 하면, 공식 통계는 나와 있지 않지만 시민단체에서 활동하고 있는 사람들 가운데 상당수가 기독교인인 것으로 알려지고 있다. 우리는 한국 교회 중에 활발하게 시민사회에 참여하고 있는 교회와 시민단체에 참여하고 있는 기독교인들을 만나 면접 조사를 실시하였다. 그들의 참여 동기와 참여 과정에서 나타난 의식의 긍정적인 변화를 살펴봄으로써 참여하지 않고 있는 많은 기독교인들에게 참여에 대한 동기 부여를 하여 참여를 독려할 수 있을 것이라고 생각했기 때문이다.

시민사회나 공공 영역에 대한 기존의 연구들은 주로 사회 구조와 같은 거시 변수를 동원하여 진행되는 구조 분석은 시민사회의 재구성과 시민성 형성을 위해 무엇을 해야 하는지에 대해 별로 다루지 않는다. 실제로 어떻게 시민의 덕목을 키워낼 것인가에 대해서는 알려 주지 못하는 것이다. 따라서 우리는 미시적인 맥락을 통해서 교회와 같은 자발 결사체가 어떻게 시민을 키워내는 데 기여할 수 있는지 그리고 사람들은 어떤 이유로 자발 결사체에 참여하게 되고 참여 과정에서 어떤 경험을 하고 어떤 의식의 변화가 있는지를 살펴보고자 한다.

우리는 심층면접을 연구방법으로 택했는데, 그 이유는 몇 가지 질문을 피상적으로 던지는 설문 조사를 통해서는 시민사회 참여에 대한 동기와 시민사회에 참여함으로써 경험하게 되는 의식의 변화를 깊이 있게 파악하기 어렵다고 판단했기 때문이다. 먼저 시민사회 참여에 관심이 있는 교회의 사례로 이 책에 소개되고 있는 서울의 디딤돌교회와 울산 새생명교회의 교인을 각각 5명과 4명을 만나 면접을 했다. 그리고 기독교 NGO로 알려져 있는 굿미션네트워크와 일반 NGO인 평화네트워크, 한국앰네스티, 아시아교육연구원, 참여연대에서 활동하고 있는 기독교인 6명을 면접했다. 기간은 2007년 7월부터 8월까지 두 달 동안 진행되었다. 이 글에서는 이들을 심층 면접한 내용을 중심으로 참여 동기와 의식 변화에 대하여 살펴보도록 하겠다.

2. 시민사회 참여 요인

앞 장에서 살펴본 바와 같이 시민사회에 대한 참여는 우리 사회에 바람직한 결과들을 가져올 수 있으므로 현대사회에서 매우 중요하게 여겨지고 있다. 그러나 모든 시민이 풀뿌리 조직에 참여하는 것은 아니다. 따라서 중요한 의문은 "참여가 그렇게 좋은 것이라면 왜 사람들이 참여하지 않는가?"하는 것이다. 특히 교회나 기독교인의 경우, 아직까지도 사회에 대하여 큰 관심이 없고 대다수의 기독교인들은 교회 안의 활동에 머물러 있는 현실이다. 그럼에도 사회에 대한 관심을 갖고 자원봉사나 기타 사회활동을 하는 사람들은 어떤 동기에 의해 움직이게 되었는가 하는 것이 우리의 관심이다.

사회과학계에도 시민사회 참여 동기에 대한 연구는 그리 많지 않다. 자원봉사 참여에 대한 연구가 일부 발표되었는데, 이 연구들에서는 성별은 유럽에서는 의미 있는 변수가 되지 않았지만, 미국에서는 여성이 남성보다 자원봉사에 더 많이 참여한다는 보고가 있다. 연령에서는 중년기에 가장 높은 참여율을 보인다고 한다. 또한 교육은 문제에 대한 의식을 강화시키고 감정이입을 증가시키며 자신감을 높여 주기 때문에 자원봉사활동을 증가시키는 것으로 나타났다. 그리고 결혼한 사람은 혼자 사는 사람들보다 자원봉사에 더 많이 참여하고, 배우자가 봉사활동을 한다면 상대 배우자도 자원봉사 참여기회를 더 많이 갖게 되는 것으로 나타났다. 부모와 자녀 관계에서도 자원봉사를 하는 부모의 자녀들은 자원봉사에 대하여 긍정적으로 배우기 때문에 자원봉사에 참여할 가능성이 높은 것으로 나타났다. 또한 자원봉사 참여에는 이타적인 규범의 영향이 크기 때문에 종교인의 경우 비종교인보다 두 배 정도 높은 참여율을 나타내는 것으로 알려져 있다.

사람들은 대개 사사로운 목적이나 원인 때문에 공공 활동에 참여하다가 활동을 지속하는 과정에서 처음 참여 동기와 달리 점차 공공의 목적과 동기를 갖게 되는 경우가 많다. 그러나 우리의 사례는 사회활동과 관련하여 특별한 목회 방침을 표방한 교회들과 NGO에 참여하는 기독교인들이므로 처음부터 이러한 부분에 대하여 분명하게 인지하고 참여한 사람들이 많았다. 다음에서는 이에 대한 자세한 내용을 살펴보도록 하겠다.

(1) 지역교회 사례

우리가 만난 시민사회 참여자들은 앞에서 말한 대로 크게 두 부류인데, 교회를 통해 참여하는 경우와 개인이 시민단체에 참여하고 있는 경우이다. 여기서 다루고자 하는 두 교회는 앞장에서 자세한 내용들이 다뤄지고 있지만, 디딤돌교회는 원래 목회자가 보수교단으로 알려져 있는 침례교회 소속이었으나 대안교회 운동을 하면서 침례교단을 나와서 독립교단에 속하게 되었고, 새생명교회는 진보교단으로 알려진 기장교단 소속이다.

교인들이 사회적 참여에 동참하게 되는 데는 무엇보다도 교회라고 하는 공동체가 중요한 역할을 하였다. 이번 인터뷰에 참여한 모든 사람들은 교인이라면 대부분 사회적 봉사에 참여할 마음들이 있다고 지적하고 있다. 그들은 모두 전부터 그러한 마음을 가지고 있었는데 현재 사회적 활동을 활발히 하는 교회에 있기 때문에 동기화가 되었다고 한다. 이것은 주변에서 함께 할 수 있는 사람들이 있고 구체적인 활동의 장이 있다는 것이 중요하다는 것이다. 이러한 마음이 있다는 것은 굳이 교인들이 아니더라도 분명 보편적인 생각일 수 있다. 그러나 중요한 것은 그러한 마음을 구체적 현장으로 옮기기가 쉽지 않다는 것이다. 개인이 그러한 일들을 감당하고 있는 기관이나 NGO 단체를 찾아가서 개인적으로 참여하려고 하는 것은 현재 우리나라의 정서나 사정상 그리 쉬운 일이 아니다. 물론 요즘은 정부에서 적극적으로 자원봉사자를 개발하기 위해 노력하고 있지만 그래도 그것이 효과적으로 진행이 되고 각 개인들에게까지 영향력을 미치기에는 부족함이 있는 것이다. 이런 면에서 볼 때 사람들이 모이고 있는 교회가 자연스럽게 사람들에게 동기를 부여하고 함께 할 수 있는 장(長)을 마련한다면 시민사회 활성화에 큰 도움이 될 수 있을 것이다.

이렇게 공동체가 중심이 되어 참여하는 데는 무엇보다도 목회자의 역할이 중요하다. 한국적 상황에서 목회자는 아무래도 교회의 프로그램을 책임적으로 계획하고 진행하는 사람이기 때문이다. 여기에 더한다면 무엇보다도 목회자들이 각 개인들의 신학적 체계화를 만들어 주기 때문이다. 교인들은 매 주일 듣는 설교를 통해서 삶의 의미와 신학화를 이루어가고 있다. 물론 개인적 차원에서 그 말씀을 해석하고 확대하고 있지만 아무래도 그들의 삶에 가장 큰 영향력을 가지는 것은 설교이다. 바로 이 설교를 통해서 교인들은 삶의 방향을 설정하고 행동으로까지 이어지는 도전을 받기도 한다. 그리고 자신의 삶을 반성하고 갇혀져 있던 소아를 벗어나 더 큰 세상으로 나아가게 되는 것이다. 아래는 봉사를 하는 것에 있어서 어떠한 계기가 있었느냐에 대한 한 교인의 대답이다. 설교가 미치는 영향과 공동체의 의미가 나타나고 있다.

> 특별한 계기가 있었던 것은 아니고요 말씀을 들으면서, 지난주
> 에도 그런 말씀을 들었는데, '너희가 거저 받았으니 거저 주어
> 라'는 말씀인데, 대가를 바라지 말고 거저 주는 것이 기독교에서
> 말하는 봉사차원에 마음속에 태도랄까, 다른데 같은 경우는 자기
> 구원을 이루려고 하잖아요. 그것이 아니기 때문에.

설교 외에도 교인들에게 영향을 끼치는 것은 활동가로서의 목회자이다. 목회자들이 먼저 참여에 대해서 열려 있고 솔선수범하는데서 교인들은 도전을 받고, 동참하는데서 그 동기를 가지게 된다. 많은 목회자들이 이러한 열린 사고가 부족하다. 그래서 교인들을 교회의 울타리 안에 붙잡아 두려고하는 경우들이 많이 있다. 소위 봉사라고 하면서 사회적 봉

사가 아니라 많은 경우 교회 내의 봉사로 이해가 되는 이유가 여기에 있다. 예를 들어 식당봉사, 차량봉사, 성가대, 교사 등등의 일이다. 여기다 교회의 여러 집회와 교육 프로그램들에 성도들이 참여하기도 벅찬데 교회 밖의 일들에 사람들을 동원한다는 것이 쉽지 않을 것이다. 그러다 보니 교회에 적극적으로 참여하는 사람들의 경우 일주일에 4~5일을 교회에 가야 하고 수고하여야 하는 것으로 나타난다. 그러니 다른 자발적 참여를 요하는 일에 동참한다는 것이 어려울 것이다. 그러나 목회자들이 주목해야 할 부분이 있다. 그것은 이제 성도들의 의식이 성장하고 있다는 것이다. 목회자들은 바로 이러한 의식이 성장하고 있는 성도들의 욕구를 정확히 읽어야 한다. 실제적으로 한 성도는 큰 교회에서는 프로그램에 휩쓸려 다니기만 한다는 이야기를 했다.

> 큰 교회에서는 아무래도, 물론 본인이 나서서 한다면 하겠지만 교회 내에 어떤 프로그램들이 많이 있기 때문에 거기에 휩쓸려 다니다 보면 이렇게 실천적으로 할 수 있는 시간이 안 되더라고요. 청년 때도 다녀봤고, 중고등부 때도 작은 교회는 아니었는데 거의 어느 일정한 단계가 되어서 이 사람이 이만큼 되어서 일을 할 수 있다면 일을 할 수 있게 해 줘야 되는데 그것보다는 계속 교회 내에서 그런 것만 너무 추구하는 것 같다는 생각에 우리는 큰 교회는 체질적으로 아니라는 결론을 내리면서 그런 교회를 찾았어요.

바로 이러한 욕구들이 교회에 들어오면서 채워지고 있다. 이것은 곧바로 의식의 전환으로 이어지고 신앙의 성숙으로 이어지고 있다. 이것은 행동과 의미부여, 그리고 공동체 안에서의 성숙으로 이어진다.

사실 디딤돌교회가 창립되고 윤 목사님과 함께 믿음 생활을 하면서 그 전까지 제가 한 20년 했던 믿음 생활과 180도 달라진 생활을 하고 있거든요. 그 때까지 눈이 감겨져 있었다면 새로운 눈을 떴고 우리의 삶의 자세라든가 신앙의 자세 같은 것이 많이 바뀌었어요. 그런 부분, 마음속에서 뭔가 했으면 하는 생각이 있으면 실천으로 옮기는 것이 하나님이 기뻐하시는 일이 아닌가 싶고 그런 삶의 자세의 변화가 디딤돌교회가 창립이 되고 난 뒤라고 생각합니다.

물론 일반 교회에서 봉사를 안 하는 것은 아니다. 그러나 봉사의 동기나 목적이라는 측면에서는 차이가 있다. 봉사 자체를 의미 있게 보기보다는 다른 목적을 이루기 위한 수단으로 보는 경우가 많다. 대개의 경우 복음전도의 수단으로 이용하기도 한다. ○권사는 큰 교회에 다니는 자신의 친구도 여전도회를 통해서 봉사는 하는데 교회의 이름을 드러내기 위해서 하거나 봉사를 함으로써 더 많은 축복을 받을 거라는 기대로 하는 경우가 많다고 한다.

이 교회에서 자원봉사에 참여하는 사람들 중에서 의식의 차이는 있었다. 봉사와 신앙과의 관계에 대해서, 봉사가 신앙생활과 연장이 되고 신앙생활에 도움은 되지만 봉사 자체가 신앙생활이라고 생각하지는 않는 사람이 있는가 하면, 기독교인의 삶 자체가 섬김과 봉사이기 때문에 봉사가 곧 신앙의 표현이라고 생각하는 사람도 있었다.

어떻게 보면 그것이 신앙생활이 아닌가 싶기도 해요. 우리가 예수님의 삶을 사는 것이 신앙생활이니까 예수님이 원하는 삶, 예수님이 사셨던 삶을 산다면 그 자체가 신앙생활이 아닌가, 봉사라는 것은 어떤 일을 원하는 것이 아니라 그 사람 자체 특별히 소외된 자들을 귀하게 여기는 것이고, 봉사는 아래로 하는 것이기 때문에 그들을 귀하게 여기는 행위잖아요. 이것은 예수님의 정신이라고 생각을 해서 당연하다고 생각을 하고 확산되어야 된다고 생각을 해요.

교회의 본질, 신앙의 본질 자체가 하나님을 사랑하는 일이고 이웃을 사랑하는 것이 교회의 본질이 아닌가, 그런 것에 대해서는 같은 공감대가 있었거든요. 하나님을 사랑한다는 것은 결국 하나님이 원하는 일을 하는 것이고, 사랑의 하나의 방법이 결국은 봉사가 될 수가 있고, 그렇게 하다 보면 그것을 보는 사람들이 그것을 보고 자연히 하나님을 더 깊이 알게 되고 그것이 선교가 아니겠는가 하는 생각이랄까요, 그런 공감대가 형성이 된 것 같아요, 참여하셨던 분들이. 그래서 그런 생각을 갖고 창립이 되었고 그 이후에 오신 분들도 우리 교회의 기본적인 생각이나 그런 부분을 좋게 보시고 동참하시고 해서 그것이 저변에 깔려 있는 것이 아닌가 싶어요.

이 교회 구성원들은 교회에 대하여 상당한 자부심을 가지고 있었다. 그것은, 일반 교회들이 큰 관심을 두지 않는 사회활동에 관심을 갖고, 그것이 기독교 정신과 일치하는 것이라고 생각하며 이러한 관심을 갖고 있는 교회가 소수이지만 옳은 길을 가고 있다는 데 대한 자부심이었다. 한 사람은 이에 대해 자부심과 함께 '거룩한 부담감'을 느낀다고 표현을 하였다.

> 믿음의 동지를 만나서 부담도 되죠. 저희들도 그냥 편하게 교회를 왔다 갔다 하고, 목사님도 마찬가지로 큰 교회에 가셔서 연봉 많이 받으시고 약간의 어떤 위선을 하시면서 편하게 하시면 될 것 같은데 그것이 하나님이 원하는 방법이 아닌 것 같아요. 저하고 목사님 같은 분들한테는. 어떤 거룩한 부담을 가지고 신앙생활을 하고 있습니다. 다른 종교는 자기가 잘 되기 위해서 가는 것이잖아요. 자기가 성공하고 마음 편하고, 기독교의 핵심은 그것이 아닌 것 같아요. 내가 희생이 되어야 된다는 것, 그것이 하나님의 복음에 직결되는 것인데. 그리고 디딤돌교회를 하나님이 세우신 취지대로 우리가 가야 한다는 부담감, 그 길이 결코 쉽지는 않은 것 같아요. 하지만 누군가는 해야 되고, 우리는 하나님이 원하시는 것이 무엇인지를 알기 때문에 부담이 되더라도 우리는 이 길을 가기 위해 노력은 해야 되고, 그런 부담감이 있습니다.

(2) NGO 사례

NGO와 같은 시민단체에 참여하고 있는 활동가들을 만나서 놀란 사실은 이 영역에 생각보다 기독교인들이 많다는 것이었다. 단체 이름에 '기독교'라는 간판을 달고 있는 경우도 있지만, 기독교인들이 모여서 기독교 정신을 추구하기 위해서 만든 NGO가 아님에도 많은 기독교인들이 참여하고 있었다. 이렇게 비기독교 NGO에서 활동하고 있는 기독교인들은 자신이 기독교인이라는 것을 특별히 드러내고 있지 않기 때문에, 우연히 서로 기독교인인 것을 알게 되고 크게 놀라는 경우도 많다고 들었다. 자신들조차 비기독교 NGO에서 활동하는 기독교인들이 이렇게 많을 것이라고 예상하지 못했기 때문이다.

먼저 기독교 NGO로 알려져 있는 단체에 참여하고 있는 활동가들을 만나 보았다. 흥미로운 것은 두 사람 모두 선교(한 사람은 문화 선교)에 관심이 있어서 선교 활동을 하려고 했었다고 한다. 그러다가 NGO 활동에 대해서 알게 되면서 NGO 활동 역시 신앙과 관련하여 이루어질 수 있는 것이고, NGO 활동 역시 선교 활동의 일부로 이해하게 되었다고 말한다.

저는 신학을 처음에 할 때 단순한 목회의 관심보다는 제가 문화선교에 관심이 많았어요. 문화선교의 기반을 둔 통전적인 선교에 관심을 갖다가 사실 그때는 NGO에 대해서는 잘 몰랐고 NGO에 대한 개념도 없었고, 통전적인 선교의 방법으로 신학을 처음 공부할 때 문화선교 쪽으로 관심이 많았어요. 그런데 군대를 갔다 와서 NGO에 대한 특강을 들었는데 앞으로 도래할 사회에 대한 이야기를 들으면서 제가 갖고 있던 통전성에 대안으로 문화선교보다는 NGO가 좀 더 탁월하겠다, 좋은 도구가 되겠다는 생각이 들어서 사회복지를 공부하게 되었고, 사회복지를 공부한 것이 단순히 학문이 아니라 이런 NGO쪽에 관심이 더 있어서 공부를 하게 되었던 것 같아요.

처음에는 선교와 NGO는 다르다고 생각을 했어요. 워낙에 그렇게 배웠어요. 전도를 배운 것이죠, 선교를 배운 것이 아니라. 직접 사영리를 들고 다니면서 해외를 나가더라고 그 나라 말로 읽어주고, 기도하고, 이 사람이 영접을 했으면 다른 사람을 만나서, 그런 식으로 전도를 했던 것이죠. 그런데 여기에 들어오면서 제 틀이 깨진 상황이에요. 저는 그런 것을 전혀 모르고 들어왔었는데 NGO 선교에 대해서, 선교가 단지 말로서 전도를 하는 것만이 아니라 몸으로 보여 주고 이미지로 보여 주는 것, 전반적인 지역을 개발해줌으로써 그 지역이 하나님의 형상으로 회복되어 지는 것, 이런 것에 대해서 많이 배우게 된 계기가 된 거죠.

이러한 입장은 일반 NGO에 참여하고 있는 경우에도 마찬가지이다. 대학원 정외과에서 석사 과정을 하고 있고, 인권 분야에 관심이 갖고 있는 ㅊ 씨는 난민을 위한 자원봉사활동을 하고 있다. 그는 목회자를 희망하는 친구들 사이에서 고민하다가 새로운 길을 찾게 되었다고 말한다.

주변에 친구가 10명이 있으면 그 중 8명은 목사가 되겠다는 애들이고, 그래서 저는 내가 목사가 되어야 하는 것 아닌가 하는 고민이 되게 많았어요. 그런데 성경을 읽다가 열두 사도 말고 일곱 집사 이야기를 들으면서 '아, 이런 길도 있구나' 하고 생각을 했어요. 그래서 "꼭 선교, 사람을 살리는 것, 이런 것들이 꼭 목사가 되거나, 설교를 하거나, 전도를 하는 것만이 아니다." 라는 쪽으로 어릴 때부터 마음이 되었어요. 사실 교회에선 그것 때문에 항상 갈등은 있었던 것 같아요. 집회를 가거나 찬양집회를 가면 선교사 될 사람은 다 일어나라고 하고 교회에서 기도를 하면 약간 그런 기도를 많이 하잖아요. 그런데 평화를 위해서 기도한다거나 통일을 위해서 기도한다거나, 이런 것은 거의 없으니까 그런 것 때문에 고민을 많이 했는데 대학 와서 책들을 읽으면서 많이 도움을 받았어요. 그리고 인권문제에 관심을 갖게 된 것은 사람을 살리는 일이 결국 전도 외에도 다른 일들이 있다고 생각을 하면서였지요.

ㅊ 씨와 같이 일반 NGO에 참여하고 있는 활동가들은, 대체로 특정한 경험을 통해서 사회에 대한 관심을 갖게 되었고 이것이 NGO 활동에 참여하게 되는 계기가 되는 경우가 많았다. ㅊ 씨의 경우, 군 생활을 전라도 광주에서 했는데 일 년에 두 번씩 전남 도청에서 일주일씩 훈련을 받으면서 많은 고민을 했다고 한다. 또한 다른 여성 활동가는 대학 시절 학내 재단 비리 문제로 학생 운동에 참여했다가 사회에 대한 활동에 관심을 가지게 되었다고 말했다. 널리 알려진 NGO에서 행정 감시 센터에서 활동하는 ㅈ 씨 역시 학창 시절 기독교 대학의 학내 분규와 관련해서 시민단체에서 일하는 선배들을 찾아다니면서 자문을 구하다가 현재의 NGO에 일반 회원으로 가입하게 되었다고 한다. 이전에는 사회에 대한 관심이 별로 없거나 관심이 있었더라도 직접 사회에 참여할 기회를 갖지 못하다가 주변에서 발생한 사회문제가 직접적인 계기를 마련해 준 것이다.

또한 NGO에 참여하고 있는 기독교인 활동가들은 자신의 사회 참여 활동과 관련해서 대부분 다니던 교회를 옮긴 경험을 가지고 있었다. 기존 교회에서는 사회에 대한 관심이 부족하기 때문에 기독교인으로서의 사회 참여에 의미를 찾는 이들에게 정신적인 후원을 하지 못하였던 것이다. 그래서 이들은 대개 사회활동에 관심이 있는 것으로 알려진 교회로 옮기게 된다. 이들이 다니던 교회는 보수 교단으로 알려진 교회도 있었고, 널리 알려진 대형교회도 있었다. 흔히 소형 교회에서는 다양한 영적 욕구를 충족 받지 못하여 대형교회로 수평 이동을 하는 젊은이들이 많은 것으로 알려져 있으나, 이와 같이 사회에 대한 관심 부족으로 사회 참여가 활발한 교회로 옮기는 젊은이들이 있다는 것은 시사하는 바가 적지 않다. 많은 교회들이 양적인 성장에 관심을 갖고 교회 구성원들도 개인주의적인 신앙에 머물러 있는 현실에서, 사회에 관심을 갖는 젊은 기독교인들은 기존 교회에서 의미를 찾지 못하고 다른 교회로 옮겨야 하는 상황으로 내몰리게 되는 것이다. 한국 교회가 내적인 성숙과 함께, 사회에 대한 책임 의식을 갖고 교회 구성원들이 책임 있는 시민으로서의 역할을 할 수 있도록 도울 수 있는 여건의 마련이 시급히 요구되고 있다.

3. 참여 과정의 의식 변화

교회를 통해서나 NGO를 통해서나 시민사회에 참여하는 사람들은 생각의 폭과 깊이가 더해지고 있는 것을 보게 된다. 그것은 때로 자신의 신학화로 나타나기도 하고 한 차원 높은 의식으로 나타나기도 한다. 특히 이들은 교회와 사회, 성경적 의미와 보편적 가치와의 연결 등을 통해 자신의 행위를 정당화하는 과정을 거치기도 하고 그 생각을 주변의 사람들에 전하며 그 가치들을 전파하기도 한다.

(1) 지역교회 사례

여기서는 한 성도의 예를 통해 의식의 변화를 살펴보고자 한다. 그는 디딤돌교회 교인이며 56세의 가정주부이다. 그녀는 정기적으로 시각장애인복지관에서 행하고 있는 이웃장터에서 봉사하고 있고 루디아의 집이라는 시각장애인 시설에서 청소 등의 일을 하고 있다. 그녀가 봉사활동에 참여하게 된 것은 교회를 통해서이다. 믿는 사람이라면 당연히 받은 사랑을 소외된 약자들에게 나눠야 하지 않겠나하는 생각을 가지고 있었지만 적절하게 봉사할 수 있는 기회를 가질 수가 없었다고 한다. 그런데 디딤돌교회를 통해서 그러한 계기를 얻게 된다. 그리고 무엇보다도 목회자가 제시하는 비전들을 공동체의 비전으로 받아들이고 자신의 것으로 옮기기 위해 노력했다.

> 처음에 목사님이 이런 정신을 가지고 디딤돌교회를 세우시겠다고 할 때 약간은 부담이 되었죠. 이것저것 생각에 부담은 되었는데 이 교회의 비전이 나의 비전이 되어야겠다는 생각이 들더라고요. 그래서 제가 그 비전을 품었어요, 품으면서 그냥 이제는 당연히 하는 것으로 생각을 하고 앞으로의 어떤 기대감도 많이 있고, 그런 비전을 품고 있어요.

이러한 봉사 가운데 그녀의 신앙은 성숙되어져 간다. 그것은 자신의 삶에 대한 반성과 함께 더 겸손한 자세로 일해야 함을 이야기하는 것이다. 그녀는 자신의 봉사는 아무 것도 아니라고 한다. 오히려 시설에 있는 노인들의 대소변을 받아 내고 그들을 씻겨 줄 수 있을 정도가 되어야 하는데 하는 마음에 부채감을 가지고 있었다. 그리고 하나님께서 중심을 보신다고 하는데 자신의 이러한 적은 봉사들을 보고 하나님께서 기뻐하실까 하는 반성의 단계로까지 나아가고 있다.

> 정말 주님의 사랑으로 (이러한 일들을 해야 하는데), 저한테는 그것이 없거든요. 그렇게 모든 사람들을 다 수용할 수 있고 힘들고 어려워서 남들이 안 하는 것도 예수 믿는 자로서 자연스럽게 언제 어디서나 할 수 있으면 더, 우리의 행함을 통해서 얼마나 하나님이 드러날까, 아직은 그러지 못한 것이 좀 아쉬워요.

여기에 더 나아가서 이러한 봉사를 통해서 성숙되어가고 있느냐는 질문을 던져 보았다.

> 성숙? 글쎄 해야 할 일을 한다는 것이지, 우선으로 한다는 것은 있어요. 다른 많은 일 가운데서도 우선으로 한다는 마음, 옛날 같으면 '뭣 땜에 못해' 했는데, (이제는) 다 뒤로 하고 우선해야 한다는 그런 것은 있거든요. 아까 제가 얘기했던 그런 경지에 가야 성숙했다는 생각이 들어요.

아주 소박하지만 그 스스로 성숙되어져가고 있는 모습을 담백하게 그려 주고 있다. 자신은 성숙되어져 있다고 이야기하지 않지만 그녀의 변화가 보이는 대목이다. 그러면 이러한 봉사와 신앙생활은 어떤 관계가 있을까?

> 저는 신앙생활하고 연장은 되는 것 같아요. 그러면서 여러 사람을 접하는 기회도 되고, 거기는 저희들이 봉사를 하지 않으면 안 되거든요, 돈을 지불하고 사람을 쓸 수 있는 그런 곳도 아니기 때문에 의미 있다고 생각을 해요.

그녀에게 신앙생활은 단순히 교회에서만 이루어지는 것이 아니다. 봉사의 현장에서 사람을 만나는 것, 그리고 자신을 필요로 하는 곳에서 일하여 수고하는 것까지도 봉사로 나타나고 있다. 많은 교회들이 신앙의 생활이나 성숙이 모두 교회라는 울타리 안에서 이루어지는 것으로 보는 현실에서 신선한 해석이라고 보인다.

그녀에게서 또 의식의 발전을 엿보게도 된다. 다른 봉사의 이야기를 하다가 그녀가 불쑥 '차상위 계층'이라는 단어를 사용하였다. 일반적인 주부로서 사용하기에는 낯선 단어인데 아주 자연스럽게 그러한 이야기를 하길래 그러한 단어를 어디서 들으셨는지를 물어 보았더니 봉사의 현장에서 그러한 단어를 사용하고 교육된다고 한다. 바로 이러한 것이 현장에서 이루어지는 교육이라고 본다. 이러한 단어를 안다는 것이 아니라 봉사가 아주 구체적으로 이루어지고 무엇보다도 사회적 문제에 대해서 실제적으로 경험하여 알게 된다는 것이다.

또 이러한 봉사를 주변에 권하겠는가 하는 질문에서는 우리에게 오히려 좋은 통찰력을 선사해 주기도 했다.

그렇죠, 제 동생도 예를 들어서 요즘 한국 아줌마들 너무 할 일이 없거든요. 할 일이 없어서 매일 쇼핑하고 가서 맛있는 것 먹고, 뭐 그러고 다녀요. 그러면 아무 남는 것도 없고 오히려 더 허전하거든요. 그런 일을 하는 것이 보람이 있죠.

이러한 생각을 또 사회적인 영역으로까지 넓혀나가고 있다.

선진국 같은 경우는 봉사자들이 활발하게 활동을 하잖아요. 각 분야에 봉사자들이 많이 생기면 너무 이 사회가 살기 편안하고 환해질 것 같아요. 특히 나이 먹은 분들, 할 일 없잖아요. 가만히 있으면 모든 면에 무료하잖아요, 봉사를 함으로써 의미도 찾고 도움도 주고, 서로서로 그런 사이가 되면 너무 좋을 것 같아요.

즉 봉사라는 것이 사람들에게 삶의 의미를 줄 수 있다는 것이다. 특히 의미 있는 일들이 필요한 사람들에게 봉사는 보람이고 자아의 실현일 수 있다. 더군다나 이러한 일들을 통해서 그녀는 사회가 살기 편안하고 환해질 수 있다는 메시지를 전해 주고 있다. 그리고 더 나아가서 파트타임 형식의 봉사를 권하고 있다. 여성이나 노년들은 체력적으로 감당할 수 있을 만한 일들을 찾아보면 얼마든지 할 수 있는 일들이 있다고 한다. 그리고 그러한 일들이 더욱 많이 만들어져야 할 것도 제안하고 있다. 사람들이 그렇게 봉사할 수 있는 자리를 못 찾아서 행하지 못하고 있다는 것이다.

한 가정주부인 여성도가 봉사를 통해서 신앙과 의식이 넓어지는 것을 살펴보았다. 아주 평범할 수 있는 가정주부가 교회를 통하여 사회에 봉사할 수 있는 기회를 가지게 되고 신앙의 영역을 넓혀가는 현장은 아주 흥미진진하다. 처음에 그녀는 교회가 그러한 일들을 하고 있고 목사님이 앞장서 교회의 비전으로 제시하니까 따라 나서게 되었다는 것이다. 그런데 봉사를 하면서 신앙과 생각이 성숙되어지고 넓어지고 있다. 더군다나 자신과 비슷한 형편인 가정주부들이나 나이가 드신 분들에 대해서도 이러한 봉사가 필요함을 강조하고 있다. 그것은 개인적인 도움도 되고 더 나은 사회를 이루기 위해서도 필요한 일이라는 것이다. 그녀에게서 신앙은 어느새 단순한 교회의 울타리 안의 일들이 아니라 남에게서 그리고 사회 안에서 찾아지는 일이 되어져 있다. 이러한 것이 바로 봉사와 참여의 의미가 될 수 있을 것이다.

(2) NGO 사례

NGO 단체에서 활동하는 6명의 면접을 통해서 놀라웠던 사실은 6명 모두가 전부터 NGO 단체에서 사역하기를 원했다는 것이다. 교회의 언어로 보면 그들은 소명의식과 함께 비전으로서 NGO에서 활동하기를 바라왔던 것이다. 이제 그들이 NGO에서 활동을 하는 것은 이러한 소명과 비전의 완성 단계라고 볼 수 있다. 이것을 통해서 보건대 이제 한국사회에서도 시민사회에 대한 인식이 많이 성숙되어져 있다. 청년들에게, 특히 기독청년들에게 NGO는 중요한 사역의 장으로서 자리하고 있는 것이다. 그것이 구호적 단체이든 광의의

의미에서 정치적 단체이든 그 스펙트럼은 넓었지만 각 개인
들은 그곳에서 자신들이 생각했던 비전을 실현할 수 있는 가
능성을 보고 그 참여를 위해서 노력했다는 것이다.

> 저는 굿네이버스에, 여기 들어오는 직원들 중에는 여러 동기들
> 이 있는 것 같아요. 왜냐하면 사역이, 분야가 많이 다르고 그렇지
> 만 근본적으로 자기의 기본적인 사명감과 자기의 인생의 직업으로
> 서의 전문성을 잘 이루고 싶은 그 두 가지 욕구가 굿네이버스에서
> 맞지 않나 싶어요. 다른 단체와는 다른 신앙적인 동기가 충분하고
> 신앙적인 기반이 분명하고 거기에 자기가 전문가로서 성장할 수
> 있는 기회가 마련되지 않을까 하는 생각들로, 저도 유사했으니까
> 요. 그런 생각들로 많이 오는 것 같더라고요.

위의 예는 굿네이버스의 한 형제이다. 그는 대학에서 신학
을 전공했는데 목회보다는 이 사회와 소통할 수 있는 사역을
원하였다. 그러던 중 NGO 사역에 대해 소개를 받았고 현재
이 사역이 자신의 소명을 이루는 길임을 인식함과 동시에 이
러한 사역을 통하여서 직업으로서의 전문성을 살릴 수 있게
되었다고 고백하고 있다.

또 다른 경우는 평화운동을 전개하고 있는 단체에서 사무
국장으로 일하는 ㄱ 자매이다. 그녀는 복음주의적인 배경에
서 훈련을 받았다. CCC 출신이고 한동대에서 교육을 받았
다. 그 가운데서도 그녀는 사회에 관심이 많았고 특히 기독
교 세계관에 대한 교육이나 사회적 책임에 대한 교육을 받으
며 생각이 많이 커 나갔다는 것이다. 그러한 배경이 NGO 사

역으로 미래를 정하게 되었다고 한다.

　참여연대에서 일하는 한 형제는 역시 대학교 선교단체 출신이다. 대학생활 중에 학내분규를 통해서 사회적 의식이 일어났고 정치개혁 대학생 연대라는 단체를 구성하여 나름대로의 활동영역을 가지고 있었다. 그러던 것이 후에 참여연대에 직업을 얻게 된 배경이 되었다. 나름 선교단체 출신으로서 참여연대라는 곳에서 일하는 것에 대해 어떠한 생각일지 궁금했다. 전에는 선교사를 꿈꾸기도 했다고 고백을 했었기 때문이다.

　　(기독교 단체에서 일해야 한다는 기준이 없었느냐는 질문에) 기준은 아니지만 어쨌든 고려대상은 되죠. 참여연대 활동이 100%는 아니지만 어느 정도 이상은 활동이나 지향이 하나님 나라를 만들어 가는데 맞지 않은가, 제가 그때 판단에. 지금 생각은 조금 다를 수도 있는데 그때 판단은 그랬고요. 정말 그때로서는 제 신앙을 잃지 않고 활동할 수 있는 공간이라고 봤고, 많이 배운다는 생각도 있었고 그랬죠.

　이와 같이 젊은 청년들은, 비록 그들이 이미 NGO 단체에 몸을 담고 있는 사람들이지만 기독교인으로서 사역하는 데에서 NGO 단체가 좋은 대안이 될 수 있다고 생각한다. 이것은 이미 언급한 바와 같이 NGO에 대한 사회적 인식이 영향력을 끼쳤다고 본다. 즉 시민사회에 대한 인식이 성숙되어진 것이 그 배경이다. 이전에는 일반적으로 수입이 좋은 직장을 갖고 먹고 살기에 급급했었다면 이제는 의미가 있는 직업들을 찾고 있다. 특히 사회봉사 쪽에 젊은 청년들이 관심을 많이 가지고 있다. 그것은 소아(小我)로부터 자신을 이끌어서 하나님께서 주신 자신들의 소명을 충족할 수 있는 가능성이 있고 동시에 직업으로서의 충족성도 가지게 되었기 때문이다. 아마 불과 몇 년 전만 해도 이러한 가능성은 그렇게 높지 않았다고 본다. 그러나 요즘 시민의식이 높아지고 직업의 폭이 넓어지면서 나타나는 현상일 것 같다. 실제로 굿네이버스에서는 요즘 20명을 뽑게 되면 300~400명의 지원자가 몰릴 정도로 청년들에게 인기가 있는 직장이 되었다고 한다. 이러한 시민의식을 우리가 인식할 필요가 있다.

NGO 활동을 통하여 이들이 얻는 것은 더 넓은 시야이다. 굿네이버스의 사역자는 후배들에게 해 주고 싶은 이야기로 세계화를 지적한다.

사회복지를 공부하는 친구들에게도 사회복지가 단순히 막연하게 생각하는, 남을 도와서 착한 일을 하는, 이런 것에서 머무르는 것이 아니라 좀 더 세계적으로 볼 수 있는 시각들을 가져야 되고, 세계의 움직임을 알아야 한다는 얘기를 자주 하는 것 같아요. 그렇게 후배들이 했으면 좋겠고, 저도 아직 시작하는 단계지만 후배들도 같이 그런 열린 생각을 가지고 해야, 단순히 지역의 사회복지 기관으로만 머물러 있는 것이 아니라 그런 사회복지 기관들이 더 넓은 세계로 가게 되고, 대한민국이 선진국 대열에 들어서게 되면서 무역만 해외로 자유롭게 가는 것이 아니라 이런 NGO 사역이나 인력들도 더 자유롭게 갈 것이라는 생각이 있거든요. 일개 지역에 있는 사회복지 기관도 그 지역만 담당하는 것이 아니라, 지금 대

이렇듯 NGO 사역을 통하여서 많은 경험을 하게 되고 그것이 세계라는 더 넓은 세상을 보게 하는 것이다. 이 사역자는 자신도 주변에서 동역자들이 세계를 오고 가며 세계의 문제에 관심을 가지고 개입하는 것을 보면서 많은 의식의 변화를 일으키고 있다고 한다.

또 다른 의식의 변화는 주변에서 일하는 사람들을 통해서 얻게 되는 도전들이다. 그것은 그들이 신앙을 가진 기독교인이 아니지만 인류의 보편적 가치를 위해서 일하는 모습을 보면서 얻게 되는 도전들이다.

그리고 우리가 항상 선교단체에 있으면서 사회에 대해서 기도를 하고 그러니까 우리만 좋은 사람들이라고 생각을 했는데 나와서 보니까 기독교인은 아니지만 보편적인 가치들 있잖아요, 평화나 인권이나 아니면 생명, 이런 것에 대해서 헌신하는 젊은이들이 많은 것을 보면서 많이 깨어지는 것 같아요. 그래서 그런 것을 발견하는 것도 재미있는 일인 것 같아요. 아까 말씀 드린 것처럼 내 안에 보물들이 조금, 조금씩 있다는 그것, 또 일이 만들어지는 것도 재미있고.

이러한 경우는 아마 교회라는 울타리 안에 갇혀져 지냈고 단순한 이원론적인 사고, 즉 교회와 세상의 구분, 그리고 그 둘에 대한 선악에 의한 가치판단들이 깨지는 순간들인 것 같다.

또 다른 의식의 변화는 신학화이다. 자신이 하는 일에 대해서 그리고 그 외에도 폭넓은 신학적 사고를 은연 중 하게 되는 것 같다.

> 여기에 와서 평화에 대해서 배우고 평화 활동가라는 것이 무엇이고 평화감수성이라는 것이 뭔가를 배우는 입장인 것 같아요. 그래서 이런 나도 활동할 수 있다는 생각을 하는데, 하다보니까 예전에는 그냥 성경을 읽어도 화평으로 보통 많이 번역이 되어 있지만 개혁개정판이나 시온성경은 평화라고 되어 있더라고요. 평화의 하나님은 어떤 입장을 취할까, 제가 계속 질문하게 되는 것 같아요.

이러한 고민에 의한 신학화도 있고 좀 더 체계적으로 NGO를 교회로 보고자 하는 노력이다.

> 기독교 NGO를 제 언어로 그냥 정리를 한다면 하나님 나라를 확장하는 일에 교회나 기독교 NGO나 동일한 것 같아요. 하지만 이것은 파라처치의 개념인 것 같아요. 교회는 로컬 처치로서의 모습을 가지고 일을 하고 기독 NGO는 교회의 사명들을 그대로 받아서 어떤 파라처치, 기능적인 교회, 모습은 교회는 아니지만 기능적인 교회로서의 역할을 감당하는 하지만 교회나 NGO나 목적이 다 하

나님 나라의 확장이라는 공동된 목적이 있기 때문에 모습만 다르지 지향점은 같다고 생각을 해요.

또 NGO에서 일하는 청년들은 NGO가 교인들이 참여할 수 있는 기회가 될 수도 있고 교육을 통한 의식의 전환에도 기여할 수 있음을 강조하고 있다. 아마 이것은 그들이 이러한 교육과정에서 경험하였던 것에 터해 있을 것이다.

그 사람들을 계몽하는 것이 NGO의 역할이라고 생각이 돼요. NGO가 많아질수록 활동거리나 일거리는 많아질 것이라고 생각이 들어요. 왜냐하면 NGO들은 단순하게 일하는 것이 아니라 사람들을 계몽하기 때문에 거기에 대한 필요들이나 이런 것들을 인식개선을 시키고 하기 때문에 그 일들은 점점 더 증대될 것이라는 생각이 들어요.

교회에서 선교라고 하면 제가 처음에 얘기했던 전도, 교회개척 선교를 주로 부르짖고 하잖아요. 북한에도 교회를 짓겠다고 돈을 모아 놓고 그러고 있는데 저희는 인도적 지원, 아니면 NGO 선교, 지역을 총체적으로 개발해 주는 것에 대해서 설명을 하고 NGO 선교 포럼을 통해서 포럼을 하고 비전예배에 가서 그런 얘기를 하면서 그분들이 조금씩 '아, 그렇구나, 총체적인 관점에서 봤을 때 더욱 전략적으로 선교를 할 수 있구나,' 고 깨닫게 되고 그런 목사님들이 한 분, 두 분, 저희를 통해서 북한에도 갔다 오시고 또 관심 있게 참여를 하시는 것을 보면 조금씩 변하고 있구나, 한국교회가. 교회가 변하는 것이 힘든데 조금씩 변하는 것을 보면서

뿌듯하다 느끼죠.

(중략)

작년에 비해서 보면 참 많이 변한 것 같아요. NGO 선교라는 인식도 처음에는 뭔지 다 '대충 우리가 다 아는 것 아닌가', 하는 태도로 오셨다면 이제는 새롭게 배우러 오는 목사님들도 계시고 NGO 선교가 큰 역할을 하고 있다는 말씀도 하시고

또는 교육적 관점에서 참여를 강조하기도 한다.

박사님들이나 교수님들처럼 전문가는 아니지만 시민들의 감수성에 맞추어서, 우리가 학교에 다닐 때는 대학을 가서 유학을 가고 이렇게 하고 저렇게 할 것이다 생각을 했지만 상식의 수준에서도 할 수 있는 것이 참 많구나, 그리고 그 수준에서도 그냥 보편적으로 전문가가 아니지만 시민들과, 이런 문제에 관심은 있지만 아니면 일상을 살아가는 분들을 조금 더 돕는 입장에서 같이 그런 것들을 해 볼 수 있다는 것이 저에게는 굉장히 재미있는 작업인 것 같아요.

위에서 살펴본 바와 같이 사회적 분위기는 빠르게 변하고 있다. 특히 젊은 층에게 NGO는 그리 멀지 않은 지대로서, 그리고 봉사의 영역이며 동시에 기독교인으로서 자신의 소명을 확인하고 감당할 수 있는 곳으로 인식되고 있다. 동시에 그곳에서는 다양한 프로그램과 참여의 기회를 통하여서 사람들의 의식이 변화되고 있다. 신앙이 사회를 만나고 삶을 만나는 장소로서 이미 NGO는 교회와 밀접한 곳에 있음을 알

수가 있다. 특히 교회론적인 접근을 했던 사역자의 신학적 논증은 교회와 NGO와의 관계를 생각해 볼 수 있도록 해 주는 것 같다.

4. 맺는 말

이번 조사를 하면서 인상 깊었던 이야기가 있다. 지역교회가 어떤 가능성을 가지고 있는지에 대한 질문이었다.

> 일단 가진 것이 있잖아요. 공간이라든지, 이런 부분들을 충분히 활용할 수 있는 교회들도 있고, 그것과는 상관없이도 일단 사람들이 모여서 얘기하고 논의할 수 있는 공간과 그런 마음을 갖고 있는 사람들이 있다는 것 자체가 어마어마한 힘이거든요. 그 힘을 잘 사용하면, 지금은 잘못 사용하고 있다는 뜻으로 얘기하는 것은 아니지만 그러면 상당한 가능성이 있죠. 어떤 조직이든 그 정도 열심을 가지고 모이는 사람들이 어디가도 없다는 생각을 많이 하거든요. 참여연대도 엄청나게 좋은 분들이 많으신데, 좋고 열성을 가지신 분들이 많으신데, 그것을 담아내려고 노력하는데 잘 안 되는데, 교회만큼 그것을 잘 할 수 있는 곳도 없다는 생각도 가지고 있어요.

문득 드는 생각이 교회가 이렇게 대단한 곳인가 하는 것이다. 이 청년이 사역하고 있는 참여연대는 국내에서 가장 큰 NGO에 속하는 단체인데 그들도 지역운동에서는 한계를 가지고 있다는 것이다. 그런데 이와 같이 교회는 여러 가지 가능성을 가지고 있다고 말한다. 그것은 공간과 사람이다. 특히 열심이 있다는 것에 그가 강조하고 있는 바와 같이 교회에는 양질의 인적 구성원들이 있다. 문제는 목회자가 얼마나 열린 마음으로 이들을 사회로 돌려보낼 수 있을 것이냐에 달려 있는 것 같다. 이들에게 신학적 이해를 도와주고 소명의식을 불어 넣으며, 또 공동체로서 사회에 참여할 수 있는 길을 만들어 준다면 그것은 단순한 교회의 프로그램이 아니라 온전한 민주시민으로서 교인들을 훈련시켜가는 과정이 될 수 있다고 본다. 다시 말해 이 시민사회 속에서 참된 기독인으로 살 수 있는 길을 열어 주고 더 나아가서는 이 사회가 하나님 나라에 대한 기대를 가져봄직한 가능성을 가질 수 있도록 도와주는 것이다. 변화되는 사회 안에서 교회는 다시금 자신의 자리매김을 해야 할 때라고 본다. 그것은 시민사회라고 하는 현 대한민국의 상황에서 선교적 과제의 재설정이라고 본다.

시민운동 참여 교인 심층면접

1. 때: 2007년 8월 14일 오후 1:30~2:30
2. 곳: 울산 태화동 새생명교회 본당
3. 인터뷰 대상자: 이○○(여, 44세, 새생명교회 교인)
4. 인터뷰 내용

Q. 교회 관련해서 하시는 것일 텐데 교회 내부의 활동이나 봉사 말고 교회 밖에서 하시는 활동에 대해서 먼저 소개를 해주세요.

저희가 환경운동연합에 아주 깊숙이 활동을 했었어요. 지금은 후원회원으로 하고 활동은 안 하고 있는 상태이죠. 정말 10년 이상을 환경운동에, 일이 많거든요. 자원봉사 형태로 여러 가지 일을 했었죠. 목사님께서 그 때에는 거기의 의장님, 대표역할을 하셨는데, 그 때 우리 교회 성도들의 다수가 거기에 환경감시단, 그런 활동도 있었고 환경운동연합에 여성분과가 있잖아요, 그 당시에 나무젓가락 사용 안 하기 해서 젓가락 집 만들기, 젓가락을 휴대해서 가지고 다닐 수 있도록 천으로 만들고 친환경세제도 판매하고 또 그런 것도 알리고, 그런 다양한 일들을 했었죠.

Q. 처음에 거기에 관련해서 일을 시작하게 될 때에는 어떤 계기가 있었나요?

지금은 울산지역이 대기 환경이나 이런 조건들이 많이 좋아졌어요. 그런데 15년 전만 해도 여름에 습기가 많은 날은 공단에서 날아오는 냄새와, 시야가 짧고, 시내까지 악취가 나고 그런 것이 많았고, 유해물질을 많이 배출하는 와중에도 대규모 공장들이 또 화학공단에서 들어온다고 하고, 그런 상황이었어요. 90년도 초를 말씀드리는 것이거든요. 그런 것에 지역에 환경 관련된 이런 것들이 굉장히 이슈가 많이 되어서 이 지역에 사는 사람들이 관심이 많이 있었던 것으로 보여요. 그러면서 공해추방운동연합, 환경운동연합, 이렇게 이름을 바꾸고 발전해가고 지역에 자리를 잡으면서 시민단체가 성장을 하고 또 시민들이 관심이 많고, 자연스럽게 내가 살고 있는 지역의 문제니까 자연스럽게 관심을 가졌던 것 같고, 보다 더 나은 내가 사는 고장의 환경을 위해서 노력하는 것은 기본적인 것이라고 생각을 하고 그 다음에 저희는 교회를 다니니까 하나님의 창조질서 보존이 크리스천의 의무, 해야 될 일이라고 생각을 했던 것 같아요. 자연스럽게 했던 것 같아요. 창조된 세계를 너무 훼손하는 것이 청지기로서 맞지 않는다, 방관하는 것은, 이런 생각들을 자연스럽게 하면서 기본적인 상식, 도덕성, 이런 것에 기초해서 정말 순수한 마음을 활동을 했던 것 같아요. 그리고 10년 지나면서 듀폰이라든지 티타늄 공장이라든지 그런 것에 반대하는 운동도 하고 그랬거든요. 그래서 그런 것들이 저지되고 잘 되었어요. 그 뒤로 목사님께서 그만 두시고 목사님께서 또 대북선교 이런 일을 하시고 그래서 자연스럽게 그냥 후원회원으로, 또 자리를 잘 잡았어요. 우리가 자원봉사를 하고 그러는 것이 그것을 가지고 무엇을 누리고자, 정치인들은 그런 것을 하면 약력이 되는데 저희는 그런 것에 뜻을 두고 있지 않았고 그냥 신앙인으로서 실천, 하나님이 창조하신 질서를 보존한다는 그런 행위로 생각을 했기 때문에 아무 미련 없이 모두 다 철수를 했던 것 같아요. 그래도 그 단체가 굳건하게 이 지역에서 자리를 잡기 원하기 때문에 후원을 하고 있고 또 큰 행사가 있으면 참석을 하는 정도예요.

Q. 처음에 관여를 하실 때 그런 문제의식은 누구나 가질 수 있는 것이지만 모든 교회가 참여를 하는 것이 아니고 모든 목사님이 다 관심을 가지는 것이 아니잖아요. 그런데 한 목사님이 그런 문제에 대해서 관여를 하시고 참여를 하실 때 다른 교회, 다른 목사님하고는 조금 다른 생각을 가지셨을 것 같은데요?

대학교 시절, 젊은 청년시절에 갖고 있었던, '나와 이 사회가 유리되어 있지 않다, 나 개인의 영혼구원 흔히 보수교회에서 말하는 그것과 사회의 부조리함이 결코 분리되어 있는 것이 아니다'라는 생각을, 그런 철학을 갖고 있었던 것 같거든요. 그런 신앙을 갖고 있었던 것 같아요. 이 사회가 혼탁한 데 나 혼자 평안할 수 없다, 이런 아주 소박한 사회의식들을 가지면서 남들이 뭐라고 하건 당당했던 것 같고, 그리고 정말 그런 부분에 어떤 사심이 없었기 때문에. 그 단체를 처음 만들고 그랬거든요. 얼마나 힘들었겠어요? 실무자들을 만나고 힘들었는데, 저는 그것도 하나님의 뜻이라고 생각하는 것이 저희가 여기에 연고가 없거든요. 여기에 보내신 것도 하나님의 뜻이고, 거기서 그 당시에 이 지역에서 필요한 일로 저희를 쓰신 것도 하나님의 뜻이고, 고생한 것도 하나님의 뜻인 것 같고, 그런 생각이 들었어요. 그때 다른 목사님들도 굉장히 많이 협조를 해 주셨고 방패막이도 되어 주시고.

Q. 다른 교단 목사님들께서도?

네, 통합 측에 평강교회 목사님, 감리교회 목사님, 여기 시민교회, 고신, 교파를 떠나서 보수 진보를 떠나서, 울산의 교회가 100개라면 모두 참여를 한 것은 아니지만 지명도가 있으시고 영향력이 있으신 목사님들은 다 잘 협조를 해 주신 것 같아요. 환경을 지키는 보편적인 것이잖아요? 그러기 때문에 그 당시에 굉장히 잘 되었어요.

Q. 아까 말씀 중에 방패막이 되어주셨다는 것은 뭔가 공격하는 세력이 있었단 말씀인가요?

제가 지나고 나니까 그런 것이 모두 아름답게 느껴지네요.

그 당시에는 불신검문을 3-4번 당할 정도로 힘들었는데. 그 당시만 해도 운동이라는 것이 색안경을 끼고 보니까. 그래도 환경운동은 괜찮았던 것 같은데 노동운동이나 어떤 일반운동에 비해서는 그렇지 않았나 생각이 드는데 그것은 제 느낌인가요, 그런데 우리는 목사님이 워낙 그런 달란트를 가지고 계세요. 그런 것을 잘 하세요, 조직을 잘 하시고, 조직, 행정 능력, 이런 것이 너무너무 뛰어나세요. 이런 얘기가 있잖아요, 부모가 기가 세면 자식이 그냥 뒤를 줄줄 따라가는 그런 식이 많죠. 지금도 대북 관련해서 선교를 하시는 것을 보면 목사님이 잘 하시니까 그냥 뒤에서 줄줄 따라가는 식이 많은 것 같고, 우리 교회 교인들이 좀 진보적이라고 할까, 의식이 민주시민의 자질을 가지신 분이 다수가 있어요. 그래서 편안하게 그런 것들이 동의되어 지고, 양해되고, 지지를 서로 하고, 이렇게 된 것 같고, 지금도 그렇게 하고 있어요. 교회를 많이 비우는 데도 더 큰 목회를 하신다고 이해하고. 불편함이 많거든요. 심방이 빈번하지 못한데 그런 것들을 서로 다 지금까지는 잘 참아주고 있어요.

Q. 다른 교회를 보면 계속 자주 모여야 하고 기도회를 해서 감정적으로 뭐 이런 것이 있어야 하는데요.

그런데 그런 부분에서는 드라이한 편이에요. 목사님도 그런 것을 별로 좋아하지 않으시는데 그러니까 다른 형태로 모임을 해요. 기존 교회의 그런 모임들을 많이 해요. 낮에 구역 예배, 성경공부모임, 원하는 바에 따라서 조 모임들을 많이 해요. 그렇게 저렇게 메우고 있는데 그런 것을 원하시는 분들이 있잖아요. 집회, 부흥회, 이런 것을 원하시는 분들은 적응을 잘 못하시고 다른 교회로 옮기시는 분들도 있고 또 그 반대로 그런 것이 싫은 사람은 찾아오기도 하고 그렇게 되더라고요. 그렇지만 보면 다수의 정서는 아닌 것 같거든요, 그런 진보적인 신앙을 가지신 분들이. 그렇지 않나요, 우리 사회에서? 일반적으로, 보수적이고 기복적이고, 그것이 편하잖아요. 개인의 구원을 강조하고 그러니까 저희는 소수일 수밖에 없는 것 같아요. 그런데 중요한 것은 우리는 소수지만 너무 당당하다는 것, 그리고 어떤 사안이 있을 때 굉장히 힘이 있더라고요, 사람들이 소박하지만 어려운 일이나 이런 것을 할 때 서로 잘 돕고, 잘 밀어주고, 서로를 위해 기도해 주고, 그런 것들이 잘 되는 편이에요. 아주 다행스럽고 감사한 일이죠. 우리는 소수지만 타 교회와는 다르게 이 사회가 올바른 방향으로 나가는 것에 대해서 동의하고 있고, 그것을 위해 기도하고 협력한다, 이런 부분에 대한 자긍심 같은 것이 있고, 목사님도 그러시거든요, 목사님은 아무 것도 없어도 굉장히 프라이드가 있으시고 그런 것이 이 교회의 전체적인 분위기가 된 것 같아요, 지금까지는.

Q. 성도들이 목사님을 만나서 신앙이 변화된 것이 있나요?

신앙이 없던 사람이 갖게 되기도 했습니다. 그런데 저는 그것도 그런 것 같아요. 이미 예정되어 있었던 느낌, 우리 교회에 이런 캐릭터의 목사님을 만날 수밖에 없는 사람들이 아닌가? 보면 초신자도 오는 사람 결들이 다 똑같아요. 다 그냥 고우면서 소시민인데, 그 변화는 목사님만 통해서만 그런 것이 아닌 것 같아요. 교회라는 것이 성도 간에, 또는 연륜이 깊으신 또는 신앙심에, 아니면 깊지 않아도 그렇게 서로 상호작용하면서 서로 학습되어지고 말씀을 들어가고 기도를 하고 하면서 서로 발전해 가는, 저는 그렇게 보여요. 체계적으로 제자훈련도 하시고 그러셨어요. 사실은 목사님도 이 지역에서 하셨고 대북선교를 하시기 전에는 주로 계셨으니까 사랑의 교회에서 하는 제자훈련도 그대로 해서 몇 년씩 하고 그랬어요. 그런 것이 토대가 되어서 그 분들이 소모임을 이끌고 이렇게 되는 것 같아요.

Q. 아까 말씀 중에 초신자들이 오실 때 예정된 느낌을 받으셨다는 것은 그 분들이 한 목사님께서 여기에 계시고 이런 교회라는 것을 알고 찾아온 것은 아닌가요?

그것은 아닌데, 물론 와서 정착하지 못하고 떠나시는 분들도 계세요. 그런데 남으시는 분들을 보면 결국 세상 말로 유유상종이라는 느낌 있죠, 다 결이 비슷한 사람들끼리 모인다는 생각이 들고 그렇게 훈련되고 그렇게 신앙생활이 되는 것 같아요. 보수적인 교회처럼 방언을 하고, 그런 것은 아니에요. 저희가 기장이니까 또 좀 그렇거든요. 이 경상도라는 지역자체가 굉장히 보수적이거든요. 그리고 경상도가 고신인가, 기독교에서도 아주 보수적인 곳에서 잡고 있어요. 저희는 개척을 했는데 그냥 여기에 간판을 달고 지금까지 있는 것만도 기적이라고, 문 안 닫고, 그런 생각 많이 들어요. 예장에 저희 교회 같은 교회가 있었는데 결국은 안 되더라고요. 그런 것이 인도하심이고 하나님의 뜻이 아닌가, 그런 생각을 하죠.

Q. 목사님께서 설교뿐만 아니라 다른 방법을 통해서라도 교인들에게 사회활동, 봉사활동, 사회참여, 이런 것에 대해서 강조하거나 권면을 하시나요?

크게 강조를 하지는 않으세요. 왜냐하면 목사님은 스타일이 방임, 절대로 싫은 것을 억지로 권하는 스타일이 아니에요. 그리고 자원하는 마음 그것을 소중하게 여기시고 자기가 원해야 되지 강제로는 안 된다, 그렇지만 책임을 강조하는 설교는 하시죠. 그것이 얼마나 중요한가는 얘기는 하시지만 그 뒤는 당신들의 몫이라고 하시지요. 정보를 알려는 주세요. 알려 주시는 것은 십분, 백분 많이 해 주시고 좋은 책도 권해 주시고, 자료도 주시고, 자기 활동도 소개를 해 주시고, 그런 것에 대한 거리낌은 없는 것 같아요. 그것이 동의가 되시는 분들은 그 부분에 따로 특별한 것도 하시지요.

Q. 장례식이나 경조사는 교회라면 다 하는 일이지만 환경운동은 여느 교회에서 다 하는 것은 아니잖아요?

아니죠, 그런데 그 당시에 무슨 행사들이 많았어요. 그런 행사에도 다 참여를 하고, 또 행사를 하면 여성도들이 해야 할 일이 있잖아요. 그것도 마다하지 않고 서로 많이 돕고 꿩장히 순수한 사람들이었던 것 같아요. 그런 것에 아낌없이, 그리고 우리 교회에 세관에 다니는 집사님은 환경감시단이라고 해서 밤에 나가서 폐수 버리고 하는 것을 사진 찍고 그런 일도 하셨어요. 세관을 다니시면서 시간을 내서 열심히들 하셨죠. 그래서 굉장히 진행도가 있었죠, 우리 교회랑 목사님이.

Q. 제가 보니까 신앙하고 운동하는 것하고 잘 연결을 시키시는 것 같아요.

네, 다 그런 부분이 설교 말씀 속에서도 자연스럽게 그것이 하나님이 바라시는 것으로 몰고 가시고, 사실 우리는 잠시 왔다 가는 사람들이잖아요. 우리 마음대로 할 수 있는 것이 아니잖아요. 그러니까 그런 부분에 대한 양심, 크리스천으로서의 그런 것들을 강조하는 것은 너무나 당연하다고 자연스럽게 생각하고 있는데. 아무리 강조를 해도 모자라지 않죠, 지금 보면 컵 씻기 귀찮잖아요, 종이컵 쓰면 되는데 목사님이 잔소리를 하시거든요. 그런데 그런 것에 대해서도 듣기 싫다 안 하고 좀 조심하려고 하고, 생활 속에서 그런 것을 실천하려고 합니다.

Q. 옛날 얘기를 여쭤보려고 하는데 지금도 그것이 당연하다고 말씀을 하셨지만 옛날 대학생 때부터 그런 것들에 관심을 가지셨다고 했는데 그 때 어떤 특별한 경험이 있었나요?

제가 고등학교 때부터 교회를 갔는데 입시생활이 힘드니까 동네 교회를 나간 것이고 대학교 2학년 때인가 선배님의 권유를 받고 어떤 교회를 갔는데 그 교회에서 한 일이 그것이었어요. 구로동의 노동자들의 야학선생님이 필요했는데 그런 것이 인연이 되었던 것 같아요. 노동자들의 야학 선생님을 했던 것이 계기가 되었던 것 같고 그러면서 하나님을 만나게 되었어요.

Q. 보통 사람들이 야학이나 이런 활동을 하면서 하나님을 만났다는 고백은 흔히 들을 수 있는 얘기는 아닌 것 같은데요.

제가 구로동에 있는 사랑교회에 갔었어요. 사실은 그곳보다는 인천의 한뜻교회에 가려고 했는데, 그 교회는 없어졌지요. 사랑교회에서 야학을 했어요. 제가 그때 대학교 3학년 말인가, 제가 성균관대학교 사학과를 나왔거든요. 그래서 역사에 관해서, 제가 83학번이니까 그때가 참 어려운 때였어요. 그런 영향을 받아서 그런 교회에 가게 되었을 것이라고 저는 생각이 들거든요. 신앙이 있어서 갔던 것은 아닌 것 같아요, 그런 것 있잖아요, 나보다 어려운 사람을 도와야 된다, 선배가 부탁하면 거절할 수 없다, 이런 단순한 생각으로 갔는데 거기서 야학을 하려면 벽보를 붙이고 구로시장, 가리봉시장을 다니면서 전단지를 돌리고 하는 그런 일들을 하고, 닭장이라는 집이 있는데 방 한 칸으로 쭉 있는, 겉으로는 번듯한 집이 있어요. 그 집을 들어가면 문 하나에 방 하나, 그런 집도 다니면서 저는 어렵게 살지 않아서 '아, 이런 집도 있구나,' 하는 측은한 마음, 내가 너무 사치스럽구나, 하는 이런 것들이 서서히 깨졌던 것 같고. 그러면서 그 교회는 야학을 하면서도 성경공부를 하고 하셨는데 세례도 받고 하면서 그냥 자연스럽게 이런 일을 해야 한다는 것이 다가온 것 같아요.

Q. 그런데 아까 말씀 중에 야학을 하면서 하나님을 만났다고 표현을 하셨는데 야학 하는 것하고 신앙하고 어떻게 연결이 되셨나요, 당시에는?

그것을 제 삶으로 결단을 했잖아요? 그것이 청년시절에는 그냥 일회적인 것으로 끝날 수 있어요. 그런데 저는 그것을 나의 삶으로 받아들이는 선택을 했는데 그 선택이 지금 생각하면 제가 한 선택이 아닌 것 같아요. 그쪽으로 몰아가신, 나오고 싶은데 빠져나올 수 없는, 내가 어딘가에 이끌려 가는 듯한, 저는 그것이 성령께서 하셨다고 생각을 해요. 그 사람들을 만나면서 제가 철이 엄청 들었어요. 그 새로운 인격으로 세워주심, 신앙이라는 것이 인격의 변화나 이런 것이 없이 어떻게 바른 신앙이나 그런 전기를 맞게 된 거죠, 어려운 사람들을 돕고 그들의 삶과 함께 하면서 이런 것이 너무나 가슴이 아프고, 그 당시에 청년이어서 이런 부조리를 내가 어떻게 해서든, 하는 혈기왕성한 마음 있잖아요. 거기에 하나님께서 분명히 함께 하신다는 확신이 있었던 것 같아요.

Q. 당시에 그런 문제들 때문에 교회가 관심을 안 가져서 교회를 뛰쳐나간 사람들이 많았는데...

많았는데 저는 그냥 자기가 자기 주제파악을 해야 되잖아요. 그때 우리 학교와 우리 과가 굉장히 과격한 사람들이 많았는데 저는 그런 사람은 아니었던 것 같아요. 의식은 굉장히 진보적인 것은 갖고 있었지만 그것이 실천되어질 때는, 저는 누구를 가르치는 일들이 잘 맞았고 어떤 제안을 받았을 때 기꺼이 가서 했던 것 같고, 제 주제와 제 쓰임을 잘 알았던 것 아닌가 생각이 들어요.

Q. 긴 시간 말씀 감사합니다.

NGO 활동가 심층면접

1. 때: 2007년 8월 22일 4:00~5:00
2. 곳: 종로구 효자동 NGO 단체 사무실
3. 인터뷰 대상자: 김○○(ㅍ NGO 단체 사무국장, 여 31)
4. 인터뷰 내용

Q. 신앙이력에 대해서 간단하게 말씀해주세요.

모태신앙이고요, 엄마 쪽, 아빠 쪽 모두 제가 3대인 것 같아요. 전통적인 기독교 집안에서 자랐다고 보면 될 것 같고, 그러다가 중고등학교 시절에 변환기를 가졌고, 고 2 올라가면서 하나님을 인격적으로 만난 것 같고, 대학교 때 C.C.C에서 순장도 하고 사랑방 생활을 하다가 기독교 대학을 다시 들어갔어요.

Q. 기독교 대학이라면?

한동대학교요. 부산대학교에 다니다가 졸업하고 다시 한동대로 갔어요. 부산대학교에서 C.C.C를 하고, 전공은 경제학인데 그것은 부전공이었던 것 같고 C.C.C를 전공으로 하다가 공부를 더 하고 싶어서 한동대에 들어갔어요. 그리고 졸업을 하고 YWCA에서 일을 하다가 지금 단체에 왔어요. 여기에 오기 전까지는 계속 기독교적인 백그라운드, 안전망, 그런데서 계속 일했던 것 같아요.

Q. 질문이 하나 생기는데 C.C.C는 우리가 알기로 조금은 보수적이랄까, 사회에 큰 관심이 없어 보이는데 어떻게 이런 쪽에서 일을 하시게 되었는지?

C.C.C가 2학년 때까지는 재미있었던 것 같아요. 그런데 3학년 때부터 조금 복잡해지면서, 원래 제가 어려서부터 저널리스트, 기자, 이런 쪽에 관심이 많았거든요. 고 3 올라갈 때 신앙생활을 가졌기 때문에 그때는 하나님에 대해서 알고 싶었던 마음이 많아서 별로 사회문제에 고민이 없었던 것 같아요. 그런데 대학교 3학년 돼서 세상을 조금 더 알고 싶은데 그 부분에 대해서 설명이 잘 안되고, 기도하자는 것으로 끝나서 그런 것이 조금 아쉬웠던 것 같아요. 그런데 교회의 대학부 간사님들이 IVF 출신 간사님들이 많으셨어요. 그분들이 세계관 공부를 해 주시고, 교회에서 제자교육을 받아서, 또 대학교 때 우연히 〈복음과 상황〉을 봤는데 거기서 그런 부분들이 해소되었던 것 같아요. 대학교 3, 4 학년이 되고부

터는 사실 C.C.C가 어려웠던 것 같아요. 그 순수함이 참 좋은데 그것은 대학교 2학년까지는 참 좋다, 그런데 3, 4학년까지 LTC 그런 것 가지고, 참 문제의식이 많았어요, 안 바뀌니까.

Q. YWCA에 들어가게 된 계기는요?

한동대 졸업을 하고 유학을 준비하고 있었는데 준비를 하면서 이런 것을 공부하기에는 집중이 잘 안 되기도 하고, 유학 준비를 하면서 인턴 같은 NGO 경력을 쌓고 싶어서 그런 것을 절충하던 곳이 어딜까 하며 찾던 중에 기회가 와서 YWCA에서 연구원으로 활동을 했었어요. 간사는 할 수가 없어서 약간 편하면서도 NGO를 경험해 볼 수 있는 곳이 어딜까 하다가 YWCA 본부에 자리가 나서 일을 했어요.

Q. NGO에 관심을 갖게 된 것은 언제부터인가요?

한동대 있을 때부터인데, 관심분야가 사회 쪽에 관심이 있으니까 몇 가지 정했던 것 같아요. 국제정치나 관련분야를 공부를 한다, 아니면 국회 같은 곳에서 정책, 이런 부분을 살린다, NGO, 기업체질은 아닌 것 같고 아니면 언론사, 여러 가지로 고민을 하다가 예를 들면 어릴 때는 이것만 해야지 하고 생각을 했는데 이것들 중에 하나님께서 배열을 만들어 주시겠지 싶어서 다 생각을 해 보되 먼저 기회가 오는 것을 해 본다, 이렇게 생각을 했었어요. 사회에 관심이 많은데 그것을 활용할 수 있는 여러 가지 길 중에 하나라고 생각을 했고, 제가 기업이윤창출, 이것은 아닌 것 같다고 진작 알아서 바로 사회를 경험하고 사회의 뭐를 만들어 볼 수도 있고 그런 것이 어떤 것인가 할 때 그런 것 같아요.

Q. 그럼 사회에 대한 관심은 이미 대학에 들어가기 전부터 있었던 것인가요?

어릴 때부터 신문기자가 되고 싶어 했으니까 초등학교 5학년 때부터 관심을 가졌던 것 같아요. 계속 신문도 보고 사설도, 논술시험도 봐야 하니까, 계속 기자라는 것에 관심을 갖다 보니까 사회에 관심이 좀 많았던 것 같아요. 그것이 C.C.C를 하면서 한 2년, 3년, 하나님을 온전하게 믿으면서 옛날에 가지고 있던 것들이 분해되는 과정이 있더라고요. 그래서 그 때는 내가 꿈꾸었던 것이 아닌가보다, 선교사를 해야 하나, 이렇게 생각을 했는데 지나고 나니까 원래의 관심사로 다시 돌아오더라고요. 그것을 어떻게 하나님 앞에 잘 살릴까 고민을 하다가 보니까 하나님께서 이렇게 인도를 하신 것 같아요. 그리고 옆에서 기독교인이지만 〈복음과 상황〉 잡지랑 세계관 하신 분들이 사회적 책임에 대해서 알게 모르게 많이 얘기를 하셔서 이런 것에 관심을 가지는 것이 맞구나, 나한테는 그것이 체질이구나, 사람마다 다른 것을 주셨는데 이것이 그런 것 같다는 생각이 지나고 나니까 검증이 되더라고요. 또 재미있기도 하고, 국제정치나 이런 것이. 그래서 이것이 은사라면 은사라는 생각이 들기도 하고요.

Q. NGO의 전임 일을 하는 사람이 되었잖아요, 자신의 위치에 대해서 스스로 어떻게 생각하세요?

일을 해보니까 재미있어서 이것이 나한테 맞는다고 생각을 했어요. 사회문제에 관심이 많다고 했잖아요, 이것을 일반 직장을 다니면 신문을 보거나 무엇을 할 때 그 기사를 읽는 것이 노는 것이잖아요. 그런데 저는 관련기사를 읽는데 그것이 일이니까 그것이 굉장히 재미있고, 하고 싶은 것을 하고 있다는 것이 재미있고 좀 더 주체적이 되어야 한다는, 예를 들면 북한 핵문제 같은 것이나 남북 정상회담이 되거나 아프가니스탄 피랍자 문제 같은 것을 볼 때 이것을 어떻게 할까, 이것을 가지고 저나 저희랑 관련 평화단체들이랑 같이 어떻게 이 사안을 가지고 우리가 사회에 문제의식을 던질까, 최근에 피랍자 관련해서 너무 사회가 사람들이 살아 돌아오는 것에 마음이 모아져야 하는데 기독교인에 대해서 세력화 되어버리는 것을 보면서 제가 기독교인이기는 하지만 일반 기독교인이 아닌 평화 운동가들은 굉장히 문제의식을 가졌어요. 사람이 죽고 사는 문제에, 지금 2명이 죽고 19명이 피랍된 상황에 대해서도 사람들이 왜 이토록 무정하게 반응을 할까, 한국인이 이러지 않았는데, 뭔가 문제가 있다 해서 지금 현재 그 사람들이 어쨌든 기독교인이 잘못을 한 것인가, 아닌가, 이런 것에 대해서는 일단 살아 돌아오고 나서 비판을 할 것은 비판을 하고 논할 것은 논해야 한다. 이런 것에 대해서 마음들이 모아지고 난 다음에 그럼 어떻게 할까, 막 고민을 해서 노란리본 달기를 해 보자, 이렇게 조직을 하고 또 언론에 최대한 우리가 할 수 있는 것을 하고 이런 것들이 내가 고민하고 신문 보고 '아, 어떡해!' 이러던 것들을 해보자고, 어떻게든 해 볼 수 있는 그것이 너무 재미있는 것 같아요. 남북정상회담 같은 경우도 '되게 잘 되었다' 이것으로 끝나는 것이 아니고 이 남북정상회담이 어쨌든 저희들이 계속 얘기하는 것이 초당적으로 어떠한 정당이 오더라도 어쨌든 남북평화화해정책으로 가는데 계속 그런 기조가 갈 수 있도록 해보자고 저희가 많은 공감을 하잖아요. 그런데 그것을 위해서 진짜 이렇게 하도록 해보자, 남북정상회담이 이러 이러한 의제들이 들어가야 한다, 하고 우리가 계속 그런 의견을 올리자, 국민들 의견을 모아서 올리자, 그것을 어떻게 할 것인가, 이런 것을 한다는 것이 참 재미있는 것 같아요. 박사님들이나 교수님들처럼 전문가는 아니지만 시민들의 감수성에 맞추어서, 우리가 학교에 다닐 때는 대학을 가서 유학을 가고 이렇게 하고 저렇게 할 것이다 생각을 했지만 상식의 수준에서도 할 수 있는 것이 참 많구나, 그리고 그 수준에서도 그냥 보편적으로 전문가가 아니지만 시민들과, 이런 문제에 관심은 있지만 아니면 일상을 살아가는 분들을 조금 더 돕는 입장에서 같이 그런 것들을 해 볼 수 있다는 것이 저에게는 굉장히 재미있는 작업인 것 같아요. 또 하나 재미있는 것은 기독교인이면서 쭉 모태신앙으로 자라고 이렇게 하면서 대학교 올라갔을 때는 약간 이원론적인 회의가 있었어요. 기독교인이 아닌 사람은 다 죄인이고, 술, 담배를 하면 교양이 없고 덜 된 것 같고, 그리고 우리가 항상 선교단체에 있으면서 사회에 대해서 기도를 하고 그러니까 우리만 좋은 사람들이라고 생각을 했는데 나와서 보니까 기독교인은 아니지만 보편적인 가치들 있잖아요, 평화나 인권이나 아니면 생명, 이런 것에 대해서 헌신하는 젊은이들이 많은 것을 보면서 많이 깨어지는 것 같아요. 그래서 그런 것을 발견하는 것도 재미있는 일인 것 같아요. 아까 말씀 드린 것처럼 내 안에 보물들이 조금, 조금씩 있다는 그것, 또 일이 만들어지는 것도 재미있고.

Q. 좀 세속적인 질문일지 모르겠는데 여기서 보수를 얼마 받으시는지 제가 잘 모르는데, 다른 일을 하면 돈은 더 많이 받을 수 있는데 그런 것에 대해서는 전혀 갈등을 안 하셨나요?

갈등을 안 했다고 하면 거짓말이고 갈등을 했는데 특히 부모님들의 기대가 있잖아요, 아쉬워하는 경향이 있어요. 그래서 조금 죄송한 면이 있어요. 부모님들께 돈이 있을 때 크게 드리고 싶은 마음들이 있잖아요, 그래서 그런 쪽으로 따라가 보려고 노력을 해 본적도 있는데 너무 힘든 거예요. 일단 행복하지가 않아서, 또 관심이 별로 없어서, 예를 들어서 명품이나 이런 것이 있으면 일단 좋아 보이기는 하는데 그것을 사는 것이랑 내가 이런 일을 하는 것을 비교를 해 보았을 때 저한테는 비교할 수 없는 것 같아요. 제가 증명을 해 보았거든요. 좋은 거 있을 때랑, 좋은 것이 있는데 하기 싫은 것을 억지로 하고 있을 때에 그 차이는 비교할 수 없는 것 같아서, 보수는 진짜 적어요, 제가 여기서는 제일 많이 받는데, 100만원을 받거든요. 4대 보험이 되지 않고 이런 어려움이 있는

데 조금 아껴 쓰면 되는 것 같고 일단 감사한 것은 하나님이 그런 것에 욕심을 안 주셔서, 욕심이 있으면 아마 굉장히 머리가 아플 것 같아요. 아마 이런 곳에 쓰시려고, 그래서 할 수 있는 것 같아요.

Q. 김국장님은 기독교인으로서 이 일에 참여를 하고 있는 것인데 거기에 어떻게 연결이 되나요, 신앙이나 본인이 기독교인이라고 하는 것과 이런 활동이?

굉장히 제가 많이 배우는 것 같아요. 계속 질문하게 되는 것이, 제가 평화 감수성이 있어서 여기에 들어온 것이 아니고 한반도 문제에 관심이 있다 보니까 통일문제에 관심을 가지게 되고, 국제정치나 사회에 관심이 있어서 이렇게 하다 보니까 여기에 들어오게 된 것이잖아요. 그러니까 여기에 와서 평화에 대해서 배우고 평화 활동가라는 것이 무엇이고 평화감수성이라는 것이 뭔가를 배우는 입장인 것 같아요. 그래서 이런 나도 활동할 수 있다는 생각을 하는데, 하다보니까 예전에는 그냥 성경을 읽어도 화평으로 보통 많이 번역이 되어 있지만 개역개정판이나 시온성경은 평화라고 되어있더라고요. 평화의 하나님은 어떤 입장을 취할까, 제가 계속 질문하게 되는 것 같아요. 차라리 한국적 입장에서 양극화 문제는 도리어 되게 쉬운 것 같아요. 약자를, 고아와 과부를 돌보라는 명료한 것이 있고 그것에 대해서는 별로 한국사회도 그렇게 하는 것은 좋은데 못하는 것이 안타까운 것이죠. 그런 것은 대개 입장이 쉬운데 평화, 이것은 한국에서도 이념 논쟁이 있어서 교회 안에서도 평화라는 것을 쉽게 안 받아들이는 것 같다는 느낌도 들어서 계속 질문이 생겨요. 이번에 피랍자 관련해서도 그렇고, 저희가 이라크 전쟁을 반대하고 파병을 반대하는 입장을 취하고 그러니까 생각이 드는 질문이 기독교가 한국 내에서 평화진영이 되기에 가장 좋은 배경을 가지고 있는데 왜 우리는 그러지 못했나, 이런 것 있잖아요. 무엇보다도 전쟁에 대해서 가장 반대할 수 있는 그룹인데 우리는 왜 그러지 못했나, 그것이 굉장히 아쉽고 질문이 가장 많이 생겨요. 피랍자 관련해서도 피랍자 가족에게는 굉장히 미안하지만, 나도 똑같은 배경을 가지고 있는 입장에서 샘물교회는 그래도 건강한 교회였다는 것을 알고 있기 때문에 그나마 다행이다, 이 교회니까 이렇게 반응을 할 수가 있다고 생각을 하는데 어쨌든 우리의 반전이나 아프간 파병에 관해서 기독교인이 목소리를 많이 못 냈잖아요. 어떤 측면으로는 보수교단을 중심으로 지지하는 그룹이었고 이제 이것이 우리가 당장에 당면한 피해자가 되었기 때문에 바로 그렇기 때문에 파병을 반대한다고 했을 때 굉장히 안타까운 거예요. 우리가 미리 조금 더 원래 파병 반대나 전쟁이 대해서 그리고 아프간에 고통 받는 사람들에 대해서 우리가 미리 좀 더 얘기를 많이 하고 그랬다면 이 정도는 아닐 텐데 굉장히 안타까워요.

Q. 그런 것들은 서로 얘기가 통합니까, 예를 들어서 우리가 아까 보편적 가치라는 것이 관심이 있어서, 이해는 다르겠지만 우리가 동일한 언어를 사용하고 동일한 가치를 추구한다는 것들이 상충되지 않고 서로 이야기가 잘 된다고 생각하세요?

네, 제가 감사한 것이 이분들이, 활동하시는 분들이 운동권 출신도 아니고 한반도 문제, 북한 문제, 통일문제에 관심을 가진 사람들이 와서, 극좌 같은 스타일도 아니고 해서 저같은 백그라운드를 가진 사람이 들어 와서 활동하기에는 좋은 곳인 것 같아요. 여기서 자문위원, 운영위원 분들이 합리적인 진보의 마인드를 가지고 있는 그룹인 것 같아서 제가 굉장히 편하게 들어온 것 같고요, 그리고 술자리를 강요하는 스타일도 아니고, 그런 것도 재미있고. 쉽게 말하면 운동을 하다 진보지만 굉장히 권위적인 진보 하는 사람도 많잖아요. 농담조로 하는, 괴물 같은 분들이 많으신데 여기 있는 분들은 그렇지 않아서, 그리고 대표가 30대이고 다들 서른 중반이어서 감각이 젊으세요. 대표님 말씀이 자신도 뭔지 모르지만 소명의식이 있었던 것 같다는 얘기를 몇 번 들으면서 하나님이, 그 시대 97, 98년 한국의 남북한 문제가 전반적인 위기였을 때 이 문제에 대해서 하나님은 기독교인이 아니더라고 쓰시는구나, 하나님이 가슴아파하는 부분에 대해서 마음 아파하는 자가 있으면, 순수하게 마음 아파하는 자가 있으면 하나님은 그라도 쓰시는구나, 보통 하나님은 우리를 쓰신다는 생각이 굉장히 많잖아요. 그런데 여기에 와서 그런 생각이 계속 깨어지는 것 같아요.

그리고 굉장히 재미있는 것이 젊은 친구들인데 평화운동을 하는 친구들이 있어요. 필리핀에 있는 정치 살해 문제, 예를 들면 옛날에 이유 없이 정부에 안티 했다고 지나가다 죽고, 필리핀에 이런 사건이 계속 있고, 미얀마 가스문제, 이런 것에 대해서 젊은이들이 은근히 연대를 하고 있더라고요. 생활

비를 한 달에 5만원 받을 때니까 저희보다 심한 경우죠, 그러니까 저녁에는 학원에 가서 선생님을 하고 낮에는 인터넷에서 저희랑 비슷한 활동을 하는데 그런 친구들이 믿지 않는 친구들이에요. 그래서 저는 그것이 항상 신기해요. 우리는 하나님이 마음에 있다고 하고, 선교 마인드가 있는데 이 친구는 어디서 이런 것을 얻을까, 그것이 늘 궁금한 부분이에요. 저는 사실 백 만 원이라도 받는데 이런 친구들을 볼 때마다 할 말이 없는 거예요. 저는 국제정치에 관심이 있어서 평화를 했지만 이 친구들은 저보다 훨씬 더 평화의 감수성도 뛰어나고 더 개발이 되어 있고, 그러니까 여기서 계속 활동을 하다보면 낮아진다는 마음이 많아지는 것 같고 그런 것이 굉장히 신기해요. 그리고 이런 친구들이랑 어릴 때부터 술을 먹나, 안 먹나 이것은 진정한 문제가 아니더라고요. 그동안 이렇게 사회생활을 한 선배들이 교회에 와서 늘 술 문제, 술자리 문제를 얘기를 해서 그것이 메인인줄 알았는데 그것이 정말 메인이 아니라는 것을 여기에 와서 일을 하면서 알았거든요. 웬만하면 우리가 지엽적인 것을 가지고, 비본질적인 것을 가지고, 그런 것이 안타까워요.

Q. 단도직입적으로 한 가지 여쭙고 싶은데 일반 기독교인들에게 시민사회라는 것을 가깝게 느낄 수 있게 해 줘야 한다고 생각해요. 그리고 어떻게 보면 NGO, 시민단체니 다 제가 볼 때는 직업운동가라고 할까, 전문 운동가들의 영역이지 일반 교인들이 모르기도 하고 관심도 없는 것이 문제인데 어떻게 이게 손에 잡히게 해 줄 수 있을까, 아니면 이런 사람들이 참여할 수 있게 해 줄까, 그야말로 시민의 참여가 중요한데 어떻게 시민들이 이런 것에 관심을 가지고

참여할 수 있게 해 줄까에 사실은 관심이 있거든요. 그래서 어떤 분이 이런 일을 하고 계신지 보고 다니는 것인데 김국장님 입장에서는 어떻게 하면 그런 것이, 예를 들면 시민의 참여를 동기 유발할 수 있다고 생각하세요?

진짜 그것이 고민인데요, 저희들도 그렇지만 그것은 시민 사회가 문제인 것도 있어요. 너무 대중의 언어를 쓰지 않고 항상 역사적으로, 배경적으로 민주화 운동을 하다가 그 사람들이 주로 시민운동을 많이 하는데, 늘 정부랑 싸우던 버릇이 있어서 시민들이랑 먼저 해서 올라가는 것이 아니라 어떤 사안이 터지만 기자회견을 해서 언론, 정부를 압박하는 형태로 가잖아요. 그러니까 시민이 참여할 수 있는 부분이 부족한 것이 사실이에요. 그래서 반성을 많이 해야 하는데, 시민들이 참여할 수 있는 좋은 기회는 일단은 각 단체들에, 자기가 환경문제에 관심이 있다고 그러면 전국 감시, 정부 감시, 언론 감시, 이런 것, 북한에 관심이 있다고 그러면 그 단체에 회원 모임이 있어요. 회원 모임에 일단 참여를 해 보는 것이 좋은 것 같아요. 왜냐하면 일단 이런 데에 관심이 있는, 자기랑 비슷한 주제에 관심이 있는 시민들이 많이 참여를 하고 있으니까 같이 참여를 하면 좋을 것 같고, 제일 좋은 방법은 단체들을 후원해 주는 것, 5,000원 10,000원 이런 식으로 후원을 해 주면 물질이 있으면 어떻게 하고 있나 관심이 가니까, 그리고 후원자들에 대해서 단체에서 계속 관리를 해 주니까 정보를 계속 받을 수가 있어요. 그래서 아무래도 편하게 접촉점을 찾을 수가 있어요. 일단은 생각보다 각 단체들보다 항상 자원봉사의 문이 열려 있어요. 저희들 같은 경우도 그렇지만 늘 인력이 부족하고 온라인으로 번역 활동도 있고, 일단 제일 좋은 것은 일인 NGO 만들기, 일인 후원, 예를 들면 외국에 있는 한 가정의 어린이를 돕기처럼 한 가정에 NGO 하나씩 후원하기, 이런 것을 하면 목소리도 높아지고, 참여연대도 그렇지만 회원이 참여연대에 대해서 이것은 마음에 안 든다, 왜 이렇게 피랍자 문제에 대해서 무관심한가, 하고 한번 게시판에 올리면 그것이 중요한 자극이 되거든요. 그냥 내가 밖에서 네티즌으로서가 아니라 후원 회원으로서 목소리를 내면 굉장히 목소리가 높은 거예요. 그리고 참여연대도 만 명 정도가 후원을 하지만 거기서 회원 체육대회를 하면 백 명 정도가 온다고 하더라고요. 그러면 퍼센티지가 굉장히 낮은 거예요. 그런데 모임을 한 번 참석하고, 교회 모임 가듯이. 교회 예배가 수요일, 금요일, 토요일, 일요일 다 있잖아요. 그 모임 중에 사실 한 번이라도 한 달에 한 번 정도 모임에 가면 참여연대나 시민사회, 시민 NGO 안에서는 굉장히 목소리가 높아지는 거예요, 참여도가 높은 편에 속하거든요.

그래서 저는 우리 기독교인들이 교회 활동도 좋은데 교회 활동의 십분의 일만 NGO에 시간을 투자만 해보면 굉장한 파급효과가 있을 것 같다는 생각이 들어요. 거기서부터 출발하는 것이 제일 쉬운 것이 아닌가, 그런데 이러 이러한 단체의 논조가 마음에 안 든다, 쓸모가 있는 것 같은데 논조가 마음에 안 든다, 그러면 일단 후원을 하든지 가입을 해서 적극적으로 참여를 해 보는 거예요. 그래서 이것은 좀 그렇다, 저것은 이렇다는 식으로. 그리고 북한 입금 같은 경우도 저희 같

은 경우는 세미나가 있어요. 그것에 관련해서 계속적으로 2
년 넘게 세미나를 하고 있는데 무료거든요. 그렇게 열려진
세미나가 대개 많아요. 저희 같은 경우는 이런 관점을 나누
고 싶어 하기 때문에 그런 세미나에 참여를 하면 좋지 않을
까 생각해요. 어쩔 수 없이 교회랑 비슷하게 일단 마음을 좀
두고 한 달에 한 번도 사실 큰 것이고, 보통 단체들이 일 년
에 한 번 정도 뭘 하거든요. 그곳에 한 번 가는 것이 큰 힘이
되고 목소리가 높아지고, 어쩔 수 없이 참여를 해 봐야, 청년
부에 참여를 해 봐야 그 변화를 깨달을 수 있듯이 시민사회
안에 참여를 해 봐야 되는 것 같아요. 그리고 정말 좋은 것은
너무 말이 안 되는, 쉽게 말하면 진보라도 보수라도 말 안 되
는 그룹이 사실 있기는 있어요. 일부러 정치적인 것을 취하
고자 하는 곳이 있는데 그게 아닌 좋은 보수진영, 좋은 영향
력 있는 진보, 양쪽을 유연성 있게 목적은 사회변화, 그것을
위해서 언제든지 손을 잡을 수 있다, 그런 단체를 잘 발굴해
서, 100% 맞는 데는 없는 것 같아요. 저도 사실 100% 다 맞
지 않거든요. 그런데 큰 틀에서 동의를 할 수 있으면 접고 들
어갈 수 있는 것도 있고, 때로는 저의 목소리를 내고 싶을 때
는 위에서 갈 때도 있으니까 그것을 참으면 될 것 같아요. 믿
지 않는 사람들이랑 술자리, 그것이 맞지 않지만 조금만 참
으면 진짜 우리가 필요할 때 협력할 수 있는 폭이 넓어지거
든요. 우리 안에 그런 인내심만 조금만 있으면, 관용이라고
할까, 사실 교회 생활을 해 본 분이시라면 어려운 것은 아닌
것 같아요.

Q. 긴 시간 말씀 감사합니다.